Ludger Körntgen

Ottonen und Salier

Geschichte kompakt

Herausgegeben von
Martin Kintzinger, Uwe Puschner, Barbara Stollberg-Rilinger

Herausgeber für den Bereich *Mittelalter*:
Martin Kintzinger
Beratung für den Bereich *Mittelalter*:
Heribert Müller, Bernd Schneidmüller, Stefan Weinfurter

Ludger Körntgen

Ottonen und Salier

Wissenschaftliche Buchgesellschaft

Die Deutsche Bibliothek – CIP-Einheitsaufnahme
Ein Titeldatensatz für diese Publikation ist bei
Der Deutschen Bibliothek erhältlich.

Gedruckt auf säurefreiem und alterungsbeständigem Papier
Printed in Germany

Besuchen Sie uns im Internet: www.wbg-darmstadt.de

ISBN 3-534-15186-0

Inhalt

Geschichte kompakt

In der Geschichte, wie auch sonst,
dürfen Ursachen nicht postuliert werden,
man muß sie suchen. (M. Bloch)

Das Interesse an Geschichte wächst in der Gesellschaft unserer Zeit. Historische Themen in Literatur, Ausstellungen und Filmen finden breiten Zuspruch. Immer mehr junge Menschen entschließen sich zu einem Studium der Geschichte, und auch für Erfahrene bietet die Begegnung mit der Geschichte stets vielfältige, neue Anreize. Die Fülle dessen, was wir über die Vergangenheit wissen, wächst allerdings ebenfalls: Neue Entdeckungen kommen hinzu, veränderte Fragestellungen führen zu neuen Interpretationen bereits bekannter Sachverhalte. Geschichte wird heute nicht mehr nur als Ereignisfolge verstanden, Herrschaft und Politik stehen nicht mehr allein im Mittelpunkt, und die Konzentration auf eine Nationalgeschichte ist zugunsten offenerer, vergleichender Perspektiven überwunden.

Interessierte, Lehrende und Lernende fragen deshalb nach verläßlicher Information, die komplexe und komplizierte Inhalte konzentriert, übersichtlich konzipiert und gut lesbar darstellt. Die Bände der Reihe „Geschichte kompakt" bieten solche Information. Sie stellen Ereignisse und Zusammenhänge der historischen Epochen des Mittelalters und der Neuzeit verständlich und auf dem Kenntnisstand der heutigen Forschung vor. Hauptthemen des universitären Studiums wie der schulischen Oberstufen und zentrale Themenfelder der Wissenschaft zur deutschen und europäischen Geschichte werden in Einzelbänden erschlossen. Beigefügte Erläuterungen, Register sowie Literatur- und Quellenangaben zum Weiterlesen ergänzen den Text. Die Lektüre eines Bandes erlaubt, sich mit dem behandelten Gegenstand umfassend vertraut zu machen. „Geschichte kompakt" ist daher ebenso für eine erste Begegnung mit dem Thema wie für eine Prüfungsvorbereitung geeignet, als Arbeitsgrundlage für Lehrende und Studierende ebenso wie als anregende Lektüre für historisch Interessierte.

Die Autorinnen und Autoren sind jüngere, in Forschung und Lehre erfahrene Wissenschaftler und Wissenschaftlerinnen. Jeder Band ist, trotz der allen gemeinsamen Absicht, ein abgeschlossenes, eigenständiges Werk. Die Reihe „Geschichte kompakt" soll durch ihre Einzelbände insgesamt den heutigen Wissenstand zur deutschen und europäischen Geschichte repräsentieren. Sie ist in der thematischen Akzentuierung wie in der Anzahl der Bände nicht festgelegt und wird künftig um weitere Themen der aktuellen historischen Arbeit erweitert werden.

Martin Kintzinger
Uwe Puschner
Barbara Stollberg-Rilinger

I. Karolingische Grundlagen und neue Bedingungen: Heinrich I. und Otto der Große

845	Romreise des Grafen Liudolf
866	Tod Liudolfs
887	Arnolf von Kärnten wird von ostfränkischen Großen zum König erhoben
900–911	Ludwig das Kind: letzter karolingischer König im ostfränkischen Reich
911–918	Konrad I.
919–936	Heinrich I.
929	„Hausordnung" Heinrichs I.
933	Sieg über die Ungarn an der Unstrut
936–973	Otto I.
951	Heirat Ottos mit der italienischen Königin Adelheid
953	Erhebung Liudolfs und Konrads des Roten
955	Sieg über die Ungarn auf dem Lechfeld
2. 2. 962	Kaiserkrönung Ottos I. in Rom

1. Die spätkarolingischen Voraussetzungen

a) Adel und Königtum im spätkarolingischen Reich

Als das ottonische Königtum unter der Herrschaft Ottos des Großen längst glanzvoll etabliert war, markierte der sächsische Mönch Widukind von Corvey († nach 973) eindeutig den Beginn dieser Erfolgsgeschichte: Danach hatte Konrad I. (911–918), der erste König des ostfränkischen Reichs, der nicht der karolingischen Familie entstammte, auf dem Sterbebett seinen bisherigen Gegner, den Sachsen Heinrich, zum König designiert (s. **Quelle**).

Widukind gibt diesem Ereignis eine Deutung, die noch deutsches Geschichtsbewusstsein und deutsche Geschichtsschreibung im 20. Jahrhundert bestimmt hat: Mit Heinrich I. trat nicht nur eine neue Herrscherfamilie auf den Plan, sondern ein ganzes Volk oder, wie man zumeist formuliert hat, ein „Stamm": Die Sachsen lösten die Franken als politisch dominierendes Volk ab, das Reich König Heinrichs und seiner Nachfolger wird von Widukind deshalb auch als Reich der Sachsen und Franken beschrieben.

Die Erzählung vom Sterbebett König Konrads, die mit abweichenden Details auch in anderen Quellen aus dem Umfeld des ottonischen Königshauses begegnet, lässt erkennen, was für die Königserhebung Heinrichs I. entscheidend war: Der Ausgleich mit den Konradinern, mit der Familie des sterbenden Königs. Aus der Perspektive des weiteren Aufstiegs der neuen Königsfamilie wird verdeckt, dass dieser Ausgleich vielleicht schon einige Jahre früher unter weniger ehrenvollen Umständen stattgefunden hatte: Im Jahr 915 hatte eine militärische Konfrontation mit Konrad I. wohl nicht, wie es Widukind schildert, mit einem Sieg Heinrichs geendet; nach einer überzeugenden These von

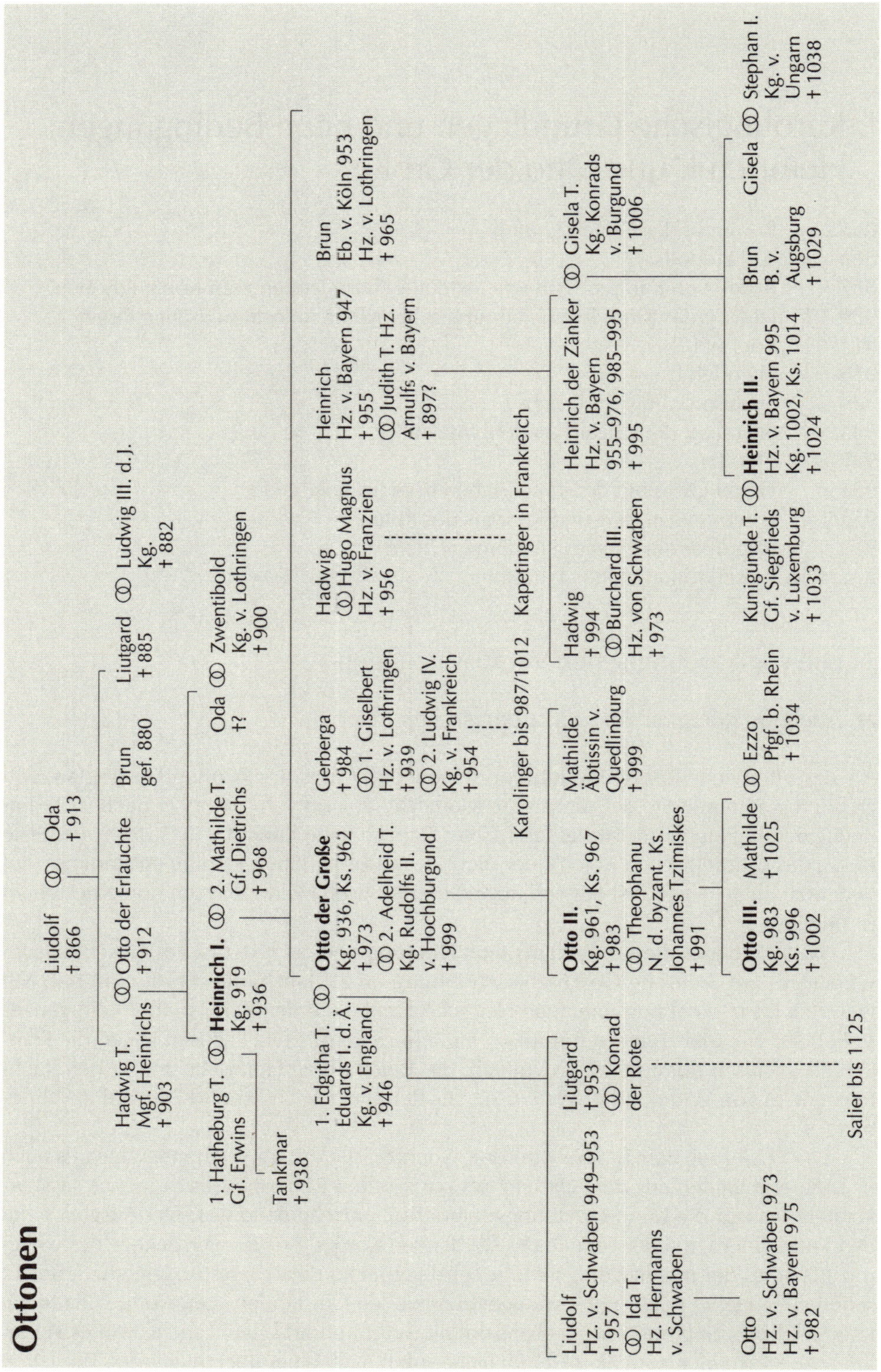
Ottonen
Liudolf ⚭ Oda
† 866 † 913
Hadwig T. Mgf. Heinrichs † 903 ⚭ Otto der Erlauchte † 912
Brun gef. 880
Liutgard † 885 ⚭ Ludwig III. d. J. Kg. † 882
1. Hatheburg T. Gf. Erwins ⚭ Heinrich I. Kg. 919 † 936 ⚭ 2. Mathilde T. Gf. Dietrichs † 968
Oda †? ⚭ Zwentibold Kg. v. Lothringen † 900
Tankmar † 938
1. Edgitha T. Eduards I. d. Ä. Kg. v. England † 946 ⚭ Otto der Große Kg. 936, Ks. 962 † 973 ⚭ 2. Adelheid T. Kg. Rudolfs II. v. Hochburgund † 999
Gerberga † 984 ⚭ 1. Giselbert Hz. v. Lothringen † 939 ⚭ 2. Ludwig IV. Kg. v. Frankreich † 954
Hadwig ⚭ Hugo Magnus Hz. v. Franzien † 956
Heinrich Hz. v. Bayern 947 † 955 ⚭ Judith T. Hz. Arnulfs v. Bayern † 897?
Brun Eb. v. Köln 953 Hz. v. Lothringen † 965
Karolinger bis 987/1012
Kapetinger in Frankreich
Liudolf Hz. v. Schwaben 949–953 † 957 ⚭ Ida T. Hz. Hermanns v. Schwaben
Liutgard † 953 ⚭ Konrad der Rote
Salier bis 1125
Otto II. Kg. 961, Ks. 967 † 983 ⚭ Theophanu N. d. byzant. Ks. Johannes Tzimiskes † 991
Mathilde Äbtissin v. Quedlinburg † 999
Hadwig † 994 ⚭ Burchard III. Hz. von Schwaben † 973
Heinrich der Zänker Hz. v. Bayern 955–976, 985–995 † 995 ⚭ Gisela T. Kg. Konrads v. Burgund † 1006
Otto Hz. v. Schwaben 973 Hz. v. Bayern 975 † 982
Otto III. Kg. 983 Ks. 996 † 1002
Mathilde † 1025 ⚭ Ezzo Pfgf. b. Rhein † 1034
Kunigunde T. Gf. Siegfrieds v. Luxemburg † 1033 ⚭ Heinrich II. Hz. v. Bayern 995 Kg. 1002, Ks. 1014 † 1024
Brun B. v. Augsburg † 1029
Gisela ⚭ Stephan I. Kg. v. Ungarn † 1038

Gerd Althoff hat Heinrich vielmehr nicht nur den König anerkannt, sondern dem auch durch einen rituellen Fußfall, die so genannte *deditio* (s. Kap. II,2,c), Ausdruck gegeben.

Die Übernahme der Königsherrschaft durch Heinrich I.
Widukind von Corvey, Sachsengeschichte I,25; Quellen zur Geschichte der sächsischen Kaiserzeit, hrsg. von A. Bauer und R. Rau, Darmstadt 1971 (FSGA, A, Bd. 8), S. 57.

Der König aber zog nach Bayern und stritt mit Arnulf, und als er hier, wie einige erzählten, verwundet worden war, kehrte er in seine Heimat zurück. Und da er sich krank fühlte in Verbindung damit, dass ihn sein anfängliches Glück verlassen hatte, rief er seinen Bruder, der ihn zu besuchen gekommen war, und sprach zu ihm also: „Ich fühle, Bruder, dass ich dieses Leben nicht länger behalten kann, da es Gott nach seinem Ratschluss so will und eine schwere Krankheit mich zwingt. Deshalb gehe mit dir zurate und sorge, was ja ganz vorzüglich deine Aufgabe ist, für das ganze Frankenreich, indem du auf meinen Rat, den deines Bruders, achtest. Wir können, Bruder, Truppen und Heere aufbieten und anführen, wir haben Burgen und Waffen nebst den königlichen Insignien und alles, was die königliche Würde erheischt; nur kein Glück und keine Eignung. Das Glück, mein Bruder, samt der herrlichsten Befähigung ist Heinrich zuteil geworden, die Entscheidung über das Gemeinwesen liegt in der Sachsen Hand. Nimm darum diese Abzeichen, die heilige Lanze, die goldenen Spangen nebst dem Mantel, das Schwert und die Krone der alten Könige, gehe zu Heinrich und mache Frieden mit ihm, damit du an ihm für immer einen Verbündeten hast …"

Der ethnische Akzent, den Widukind der Übernahme des Königtums durch Heinrich I. gibt, verdeckt ebenfalls Entscheidendes: Konrad und Heinrich waren sich nämlich nicht als Exponenten zweier Stämme gegenübergetreten, sondern als Vertreter zweier Adelsfamilien, die im spätkarolingischen Reich Karriere gemacht hatten und die dabei immer wieder miteinander in Konkurrenz getreten waren: Sie entstammten der Führungselite des karolingischen Großreichs, deren ursprünglich überregionaler Aktionsradius mit dem Begriff **„Reichsadel"** angesprochen wird; sie wetteiferten um Nähe zum gleichen karolingischen König und kämpften um Herrschaftsrechte und Besitztümer in einem gemeinsamen politischen Raum, auch wenn die eine Familie ihren Schwerpunkt in Sachsen, die andere in Franken hatte.

Reichsadel
Wir verstehen darunter Herrschaftsträger, die für den karolingischen König verschiedene Herrschaftspositionen übernahmen und deren Aktionsraum ursprünglich das ganze fränkische Reich darstellte. Diese Reichsaristokratie nutzte die neuen Möglichkeiten, die sich durch die Expansion des fränkischen Reichs ergaben. Ein besonders wichtiges Aktionsfeld war Sachsen, das unter Karl dem Großen (768–814) in langen Kämpfen dem fränkischen Reich angegliedert worden war. In Sachsen waren wichtige Herrschaftspositionen zu besetzen, die z. T. von einer einheimischen Führungsschicht übernommen wurden, die schon früh von der karolingischen Herrschaft neue Aufstiegsmöglichkeiten erhofft hatte; manche wichtige Herrschaftsposition wurde aber auch von fränkischen oder thüringischen Großen übernommen, sodass wir nicht in jedem Fall mit Sicherheit sagen können, woher die führenden Familien Sachsens, die am Ende des 9. Jahrhunderts hervortreten, eigentlich stammen.

Als erster Herrschaftsträger aus der später Ottonen oder Liudolfinger genannten Familie begegnet in der Überlieferung Graf Liudolf, der im Jahr 845 mit einem Geleitbrief König Ludwigs des Deutschen nach Rom reist, um für eine auf seinem Familienbesitz in Gandersheim zu gründende religiöse Gemeinschaft Reliquien zu erwerben. Der Herrschaftsbereich des mehrere Jahrzehnte im Frankenreich östlich des Rheins regierenden Ludwig bot den weiteren Bezugsrahmen des Aufstiegs der Liudolfinger; einen engeren politischen Raum bildete das *regnum Francorum et Saxonum*, ein Gebiet, das Sachsen, Thüringen und das ostrheinische Franken umfasste und das seit etwa 865 Ludwigs Sohn Ludwig der Jüngere beherrschte, bis zum Tod des Vaters ohne Königstitel. Dieser ostfränkische Karolinger heiratete Liudolfs Tochter Liudgard; deren Brüder Otto und Brun spielten eine wichtige Rolle am Königshof und nahmen in Sachsen auch Herrschaftsaufgaben war. Als der ältere Brun im Jahr 880 an der Spitze eines sächsischen Aufgebotes gegen die Normannen fiel, rückte Otto mit dem späteren Beinamen „der Erlauchte" an die erste Stelle. Dessen Tochter Oda heiratete wiederum einen Karolinger, Zwentibold, den sein Vater Arnolf als König in Lothringen eingesetzt hatte und der von der starken Stellung der Liudolfinger im sächsisch-niederrheinischen Grenzraum profitieren sollte. Für die Liudolfinger bedeutete das die Rückkehr in die besondere Nähe zum König, nachdem in der Anfangszeit Arnolfs von Kärnten zunächst die Konradiner hervorgetreten waren. Die nahmen dann unter Arnolfs unmündigem Nachfolger Ludwig dem Kind entscheidenden Einfluss auf die Regentschaft, sodass es nur folgerichtig war, dass nach dem schon mit 18 Jahren verstorbenen Karolinger 911 ein Konradiner als Konrad I. zum König erhoben wurde.

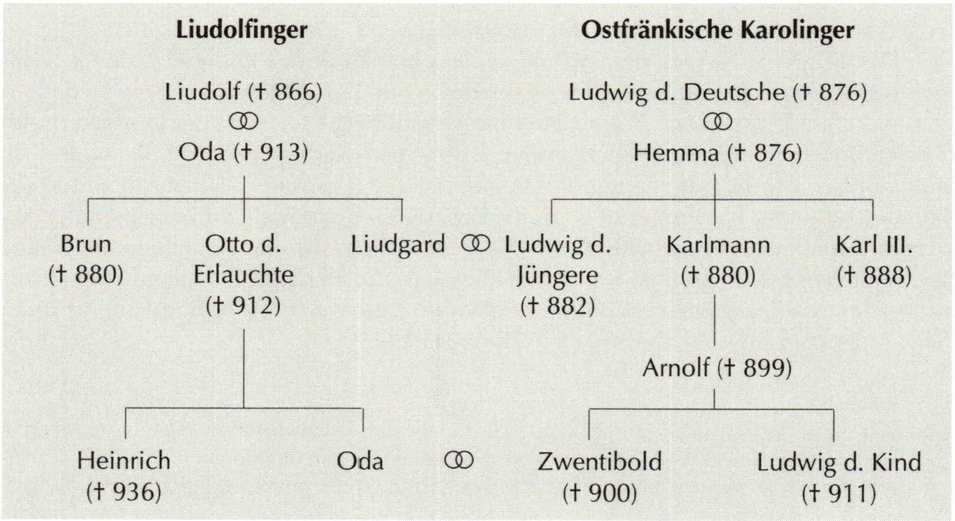

Was in der langfristigen Perspektive als epochaler Einschnitt erscheint: die Ablösung der karolingischen Herrscherfamilie, war in der aktuellen Situation tatsächlich nur eine Konsequenz der machtpolitischen Konstellationen und der politisch-sozialen Gruppenbindungen und Loyalitäten. Die zuvor schon dominierende Gruppe am Königshof hatte einen aus ihrer Mitte erhoben und dadurch den machtpolitischen Status quo bewahrt; schon in dieser Perspektive verbot sich eine Wendung zum einzigen handlungsfähigen Karolinger, dem westfränkischen König Karl dem Einfältigen (893/898–923). Der musste sich in seinem Herrschaftsbereich gegen verschiedene Große behaupten, nachdem er erst durch die Absprache mit dem 888 zum König erhobenen Robertiner Odo von Paris zum Königtum gelangt war.

b) Strukturen und Kontinuitäten: Zwischen fränkischem und deutschem Reich

Die Entscheidung von 911 erweist sich ebenso als Ergebnis der spätkarolingischen Entwicklung wie die des Jahres 887, als Karl III., der als damals einziger handlungsfähiger Karolinger im gesamten Frankenreich als König anerkannt worden war und sogar das Kaisertum erlangt hatte, von seinen Großen verlassen wurde. Sein Neffe Arnolf, der seine Machtbasis als Organisator und militärischer Befehlshaber in Kärnten im südöstlichen Grenzraum des Reichs hatte, wurde von Großen zum König erhoben, die ausnahmslos östlich des Rheins zuhause waren. Während der neue ostfränkische König bald auch in Lothringen Anerkennung fand, wurden in anderen Regionen des Großreichs andere Könige erhoben. Die jetzt hervortraten, waren im Gefolge verschiedener karolingischer Könige aufgestiegen, hatten mit den Karolingern Eheverbindungen geschlossen, wichtige königliche Herrschaftspositionen und Ressourcen zu Lehen erhalten und vor allem militärische Kommandos mit entsprechender Ausstattung wahrgenommen. Nicht ethnische Identitäten und Stammesstrukturen, sondern die regionale Konzentration der Machtpositionen führender Familien, deren generationenübergreifende Behauptung militärischer und adminstrativer Kommandogewalt sowie die Kontinuität der vertikalen und horizontalen Bindungen und Loyalitäten innerhalb der adeligen Führungsschicht waren entscheidend für den Zuschnitt der neuen Herrschaftsbereiche.

Den gemeinsamen Rahmen dieser verschiedenen Faktoren bildeten die politischen Strukturen des karolingischen Reichs, die wir unter dem Begriff der ***regna*** fassen.

Regna
Politische Strukturen auf verschiedenen Ebenen der Herrschaftsgliederung und Verwaltung des karolingischen Frankenreichs. Einzelne *regna* können einen Karolinger als Unterkönig oder auch einen *dux* (Herzog) an ihrer Spitze haben; bei den Herrschaftsteilungen seit der Zeit Ludwigs des Frommen (813–840) erhielten die Herrschersöhne jeweils mehrere *regna* als ihren Herrschaftsbereich, der im Ganzen auch wieder als *regnum* bezeichnet werden konnte. *Regna* können in etwa mit einem ursprünglichen gentilen Siedlungsbereich zusammenfallen und deshalb die gentile Bezeichnung tragen; trotzdem ist ihr Zuschnitt jeweils karolingischer Herkunft, und die neuen *duces* (Herzöge), die am Beginn des 10. Jahrhunderts an die Spitze solcher *regna* treten, agieren nicht auf gentiler Grundlage im Horizont eines Stammes, sondern auf politischer Grundlage im Horizont der politischen und sozialen Strukturen eines karolingischen *regnum*.

Königliche Ressourcen und Ämter der Adelsfamilien waren auf diese *regna* bezogen, und die Großen des Reichs fanden den Bezugspunkt ihrer Interessen und ihres politischen Handelns am Hof eines der karolingischen Herrscher, die jeweils eines oder mehrerer solcher *regna* beherrschten. Die Kontinutität dieser Strukturen und vor allem die Kontinuität der personalen Bindungen, die andauernde Ausrichtung der Großen auf einen gemeinsamen königlichen Ansprechpartner und ihre Gewöhnung an gemeinsames Handeln in Konsens oder Rivalität, entschieden darüber, wo, in welchem Rahmen und mit welchen regionalen Schwerpunkten sich Herrschaftsbereiche festigen und langfristige Bedeutung gewinnen konnten. Unter dieser politischen Voraussetzung entstanden auf dem Boden des Frankenreichs neue Völker: „Die politische Organisation, die Verfassung, hat, wenn die Reichsbildung eine gewisse Dauerhaftigkeit erlangt, erst in einem zweiten Schritt ethnogenetische Konsequenzen" (Joachim Ehlers) (s. a. **Ethnogese**).

Ethnogenese
Die Ethnogenese, die Entstehung der Stämme und Völker, ist in der frühmittelalterlichen Forschung vor allem im Hinblick auf die Stämme der Völkerwanderungszeit untersucht worden, weil man erkannt hat, dass Goten, Alamannen oder Franken nicht als unveränderliche Volksgruppen etwa von Skandinavien bis zum Mittelmeer gewandert sind. Die Gruppen der Völkerwanderungszeit waren vielmehr sehr flexibel, sie konnten immer wieder neue Gruppen aufnehmen, und erst im Kontakt mit dem Römischen Reich bildeten sich daraus offensichtlich genauer abgegrenzte Völker. Ähnliches gilt für die Völker der Deutschen und Franzosen: Die gab es im Jahr 800 jedenfalls noch nicht, sie entwickelten sich auf dem Boden des Frankenreichs erst, und es ist zu fragen, unter welchen Bedingungen und in welchem zeitlichen Rahmen diese Entwicklung stattfand.

Eine bemerkenswerte politische Kontinuität wies schon das Reich Ludwigs des Deutschen auf, in dem Graf Liudolf agierte: Ludwig war 59 Jahre König, davon 36 Jahre nach dem Tod seines Vaters; er war vor allem östlich des Rheins präsent und hatte seine Herrschaftsmittelpunkte im Rhein-Main-Gebiet und in Bayern, wo er mit Regensburg einen Residenzort weit im Osten des Reichs hatte. Aus dem Reich Ludwigs haben wir auch Zeugen für religiöse und kulturelle Anstrengungen, die nicht mehr auf das gesamte Frankenreich, sondern auf das Gebiet östlich des Rheins bezogen waren, das später zum Reich der Ottonen wurde: Im Kloster Fulda entstand eine volkssprachige Übersetzung der Evangelien-Harmonie des Tatian (2. Jh.), und Ludwig der Deutsche gab wohl den Auftrag zum Heliand, der in der dichterischen Form des Stabreimes das Leben Jesu als Leben eines Gefolgschaftsherrn darstellt. Das ist allerdings noch keine „deutsche" Literatur: Die Evangelien-Harmonie ist ebenso in fränkischer Sprache verfasst wie der *Liber Evangeliorum* des Otfrid von Weißenburg (9. Jh.). Der zur Zeit Ludwigs des Deutschen entstandene Heliand ist nicht in fränkischer, sondern in altsächsischer Sprache verfasst; damit wollte man vielleicht ebenso wie mit einer Übersetzung der Genesis, des ersten Buches der Bibel, die christliche Heilsgeschichte für den gerade in das Frankenreich integrierten Adel Sachsens zugänglich machen.

Diese Bemühungen um die schriftliche Dignität der eigenen Sprache bzw. Sprachen und deren Nutzbarmachung für die religiöse und politische Integration bezeugen die Anfänge einer Identitätsbildung in einem neuen politischen Horizont. Es gibt allerdings keine strenge Kontinuität der deutschen Nationsbildung vom Reich Ludwigs „des Deutschen" zum Reich der Ottonen, denn ostfränkische und sächsische Sprache bildeten noch keine neue, gemeinsame Sprache der „Deutschen". Die ersten Ansätze einer volkssprachigen Literatur wurden im 10. Jahrhundert nicht fortgebildet, Schriftsprache blieb vielmehr weiterhin Latein.

Um das Jahr 900 waren also durchaus schon Ansätze zu einer über das Politische hinausgehenden Auseinanderentwicklung von Ost- und Westreich vorhanden, aber ob sich daraus auch ethnische Identitäten entwickeln würden, das war von der weiteren politischen Entwicklung abhängig. Die politischen Zuordnungen blieben zunächst flexibel: Der Sohn Arnolfs von Kärnten, Zwentibold, hatte sich auch mit der Unterstützung seines liudolfingischen Schwiegersohns Otto († 912) nicht in Lothringen durchsetzen können, und nach der Erhebung Konrads I. wandten sich die dortigen Großen dem westfränkischen Karolinger Karl dem Einfältigen zu. Auch in anderen Regionen des ostfränkischen Reichs, für das Konrad in der Tradition seiner karolingischen Vorgänger Ludwig und Arnolf Autorität beanspruchte, regte sich Widerstand, auf den der König mit nicht immer erfolgreichen militärischen Aktionen reagierte. Auch der Versuch, auf einer Synode ostfränkischer Bischöfe in Hohenaltheim (916) die Unterstützung von Kirche und Papst zu mobilisieren und gegen die Angriffe, die sowohl der Herrscher als auch viele Bischöfe vonseiten regionaler Großer erfuhren, den sakralen Anspruch auf Unverletzlichkeit der durch Königs- bzw. Bischofssalbung ausgezeichneten Amtsträger zu setzen, scheiterte. Dahinter stand letztlich die Frage, wie sich der Herrschaftsanspruch eines Königs in karolingischer Tradition mit den in der zweiten Hälfte des 9. Jahrhunderts kontinuierlich gewachsenen Ansprüchen der Großen vermitteln ließ: ein Problem, das noch dadurch verschärft wurde, dass König Konrad aus der gleichen Schicht der Reichsaristokratie stammte wie konkurrierende Adelsherren vor allem im Süden des ostfränkischen Reichs.

Den Aufstieg dieser Adelsfamilien hat die ältere Forschung vor allem unter dem Stichwort des „jüngeren Stammesherzogtums" betrachtet: Stammesherzöge hatten in merowingischer Zeit die obersten Führungspositionen bei Bayern, Alamannen, vielleicht auch bei Thüringern und im Elsass eingenommen, die von den Karolingern bis zum Ende des 8. Jahrhunderts beseitigt worden waren; man hat angenommen, dass aufgrund der karolingischen Schwäche am Ende des 9. Jahrhunderts gewissermaßen diese alten Stämme wieder hervorgetreten wären, dass sie sich politisch auf gentiler Basis reorganisiert hätten, und zwar in Form einer Erneuerung der Herzogtümer mit einem Stammesherzog als politischer Spitze. Gegen dieses Bild vom „jüngeren Stammesherzogtum" spricht aber schon die Beobachtung, dass die neuen Herzöge, also Herren, die mit dem Titel des *dux* in den Quellen bezeichnet werden, in karolingischen Zusammenhängen, vor allem in Bindung an karolingische Strukturen, aufgestiegen waren, also nicht als Exponenten eines „Stammes" der Bayern, Schwaben oder Sachsen, sondern in den Zusammenhängen karolingischer *regna* und regionaler Loyalitäten, die zwar teilweise mit ethnischen Gliederungen zusammenfallen konnten, aber nicht mit diesen deckungsgleich waren.

In diesem Horizont war es den Familien der Liutpoldinger und Hunfridinger gelungen, im Süden des ostfränkischen Reichs Führungspositionen oberhalb der übrigen adeligen Familien zu erringen, die mit dem Titel des Herzogs (*dux*) bezeichnet wurden. In diesem Prozess formierten sich politische Räume, die jeweils zum großen Teil den frühmittelalterlichen Siedlungsräumen der Bayern bzw. Alamannen und den daran orientierten karolingischen Strukturen entsprachen: Die neuen Herzogtümer Bayern und Schwaben. Auch wenn Vertreter der Konradiner in den Quellen gelegentlich als *dux* bezeichnet werden, entstand wohl entgegen der älteren Forschungsmeinung kein vergleichbares Herzogtum in Franken. Das hängt zum einen damit zusammen, dass die Konradiner zum Königtum aufstiegen; zum anderen verfolgten sie auch Interessen in Sachsen, agierten also in einem Raum, der über Franken hinauswies. Umgekehrt waren auch die Liudolfinger nicht nur auf Sachsen bezogen, sondern agierten wie ihre konradinischen Rivalen im Horizont des ehemaligen *regnum Francorum et Saxonum* Ludwigs des Jüngeren. Erst als die Liudolfinger zum Königtum aufgestiegen waren, fand die Entwicklung Sachsens zu einem eigenständigen politischen Raum ihren Abschluss. In diesem Rahmen erst entstand das Bedürfnis nach einem sächsischen Herzogtum.

2. Primus inter pares: Heinrich I. und die ostfränkischen Großen

Die jeweils unterschiedliche Entwicklung im Süden und Norden des ostfränkischen Reichs hatte auf der einen Seite eine stärkere politische Integration zwischen Franken und Sachsen zur Folge, die besonders in der von den Konradinern getragenen Königserhebung des Liudolfingers Heinrich wirksam wurde. Auf der anderen Seite war unklar, wie sich dieses Königtum mit den neuen Herzogsgewalten im Süden arrangieren sollte. Es war nicht undenkbar, dass auch die neuen Herzöge nach der Königswürde strebten: Darauf deutet eine zeitgenössische bayerische Notiz hin, nach der die Bayern ihren Herzog Arnulf († 937) zum König erhoben haben. Nach dem Bericht Widukinds hätte Heinrich diesen und den schwäbischen Herzog Burchard († 926) mit militärischem Druck zur Anerkennung seines Königtums bewogen; demgegenüber hat die neuere Forschung einige Anhaltspunkte dafür gefunden, dass Heinrich den süddeutschen Herzögen weitgehende Verfügungsgewalt über die königlichen Rechte in ihren Herrschaftsbereichen überlassen hat. Arnulf und Burchard konnten nicht nur über königlichen Besitz und Pfalzen, sondern auch über die Reichskirche verfügen und wie die karolingischen Könige Bischöfe einsetzen; Heinrich erscheint vor allem in den Anfangsjahren seiner Herrschaft als *Primus inter pares*, dessen Prärogative allein darin bestand, dass die Herzöge und der Konradiner Eberhard († 939), der den zweiten Rang in der Herrschaftsordnung (*secundus a rege*) bekleidete, darauf verzichteten, sich zum König erheben zu lassen.

Nach der Deutung von Hagen Keller und Gerd Althoff hat Heinrich den Verzicht auf Überordnung im Stil des karolingischen Königtums durch die demonstrative Zurückweisung der Königssalbung zum Ausdruck gebracht; vielleicht haben aber schon die Unklarheit der Situation und der relativ lange Prozess des Ausgleichs mit den Herzögen eine solche liturgische Zeremonie verhindert. Dass die neue Herrschaftsordnung nicht auf königliche Befehlsgewalt, sondern auf Ausgleich und Konsens gegründet wurde, dokumentieren **Memorialbücher**, in denen die Namen des Königs und seiner Familie gemeinsam mit den Namen von Herrschaftsträgern unterschiedlichen Ranges verzeichnet worden sind. Die gemeinsame liturgische Fürbitte für lebende und verstorbene Angehörige und Getreue war Teil umfassender sozialer Verbindung: *Amicitiae* und *pacta*, Freundschaftsbündnisse und gegenseitige Übereinkommen, in denen sich der König mit den Großen des Reichs verband, erscheinen deshalb als ein zentrales Element der Herrschaftsordnung unter Heinrich I.

Aus dem Memorialbuch des Inselklosters Reichenau
(1) Heinricus rex, (2) Mahthild reg. et omnes debitores eorum, (3) Otto rex, (4) Heinricus, (5) Prun, (6) Kisilpret, (7) Kerprig, (8) Hadauui, (9) Sigfrid, (10) Kotechind, (11) Ekkihart, (12) Dancmar, (13) Sigipret, (14) Meginuuarch, (15) Egino ... (31) Sigipret, (32) Ekkipret, (33) Piso
(aus: Althoff, Amicitiae und Pacta, S. 111).
Eine Gruppe von 33 Namen mit König Heinrich I. und Königin Mathilde an der Spitze, die wohl um 929/930 in das Memorialbuch der Reichenau eingetragen wurden. Wahrscheinlich wurden nicht nur Familienangehörige, sondern auch andere Große aus der Nähe des Königs gemeinsam mit diesem in die liturgische Fürbitte des Klosters aufgenommen. Der Königssohn Otto ist schon als König (*rex*) tituliert (s. Kap. I.3.a).

Die Intensivierung nicht nur des liturgischen Gedenkens, sondern des kirchlich-religiösen Lebens überhaupt diente auch als ein wesentliches Mittel der Vorbereitung auf die überragende militärische Herausforderung, der sich der neue König zu stellen hatte: Seit dem Ende des 9. Jahrhunderts waren die Ungarn aus dem Karpatenbecken durch Mittel- und Südeuropa gezogen und hatte vor allem die reichen Klöster in Schwaben, aber auch Teile Bayerns, Frankens und Sachsens mehrfach geplündert und verheert, ohne dass man den schnellen und variantenreich vorgetragenen Attacken der Reiter und ihrer durchschlagskräftigen Fernwaffe, dem Reflexbogen, hätte erfolgreich Widerstand leisten können. Heinrich I. nützte die Gelegenheit, als ein ungarischer Anführer in seine Hände fiel, um einen siebenjährigen Waffenstillstand gegen entsprechende Tributzahlungen auszuhandeln.

In dieser Zeit gelang es dem König, für die Abwehr der Ungarn reichsweite Unterstützung zu finden: Auf Synoden in Erfurt (Juni 932) und Dingolfing (Juli 932) wurden Maßnahmen zur Förderung der vielfach geschädigten Kirchen beschlossen, um nicht zuletzt die Hilfe Gottes für den Kampf gegen die Heiden anzurufen. Zugleich ließ der König Burgen anlegen, was man allerdings wohl schon in früheren Jahren ebenfalls getan hatte, und traf Vorsorge, um die regionale Bevölkerung an die Benützung und Instandhaltung der neuen Befestigungen zu gewöhnen. Ob dabei auch in großem Stil Wehrbauern angesiedelt wurden, wie man eine Nachricht Widukinds gedeutet hat, ist umstritten; vielleicht wurden auch nur die örtlichen Grundherren zur Abstellung bestimmter militärischer Kontingente verpflichtet. Militärische Expeditionen gegen die Elbslawen dienten nicht nur dazu, die eigene Kampfkraft zu erproben und zu üben, sondern den Ungarn auch das Aufmarschgebiet im Vorfeld Sachsens zu verlegen und die Unterstützung, die sie mehrfach von den Slawen erhalten hatten, zu unterbinden. Nach mehrjähriger Vorbereitung fühlte Heinrich sich stark genug, den vereinbarten Tribut zu verweigern; ein ungarisches Heer, das daraufhin in Sachsen einfiel, wurde im Jahr 933 bei Riade an der Unstrut vernichtend geschlagen. Als siegwirkende Reliquie führte der König die hl. Lanze mit, die er einige Jahre zuvor vom burgundischen König erhalten hatte und die wohl als Lanze des römischen Soldaten Longinus angesehen wurde, der nach der Legende die Seite des gekreuzigten Christus durchstoßen hatte.

Schon vor diesem spektakulären Sieg, der durch ein nicht erhaltenes Wandgemälde in der Merseburger Pfalz verherrlicht wurde, hatte Heinrich seine Herrschaftsstellung ausbauen können. Im Jahr 921 war er mit dem westfränkischen König Karl dem Einfältigen auf dem Rhein zusammengetroffen und hatte mit diesem ein Freundschaftsbündnis abgeschlossen. Das hinderte Heinrich allerdings nicht daran, auch mit dem kapetingischen Gegenspieler des Karolingers Verbindungen einzugehen und der Gefangennahme seines Verbündeten tatenlos zuzusehen. Der lothringische Herzog Giselbert († 939), der zunächst zwischen den westfränkischen Parteien laviert hatte und im eigenen Herrschaftsbereich unter Druck geraten war, suchte Rückhalt beim ostfränkischen König und wurde schließlich durch die Heirat mit der Königstochter Gerberga an die liudolfingische Familie gebunden. Schon 926 konnte Heinrich über das schwäbische Herzogtum verfügen, weil Herzog Burchard bei einer militärischen Unternehmung zur Unterstützung seines Schwiegersohnes, des Königs von Burgund, gefallen war. Zum neuen Herzog bestimmte der König den Konradiner Hermann († 949), der als Landfremder mit der Witwe seines Vorgängers verheiratet und dadurch in das bestehende Herrschaftsgefüge in Schwaben eingebunden wurde.

Ein Treffen an der Maas vereinigte im Jahr 935 drei Könige, neben Heinrich I. den Burgunder Rudolf II. (912–937) und den gleichnamigen westfränkischen König Rudolf I. (923–936), in einem Freundschaftspakt, in den auch nachgeordnete Herrschaftsträger einbezogen wurden. Nochmals erscheint die *amicitia* als ein zentrales Moment nicht nur des Verhältnisses unter den königlichen Nachfolgern der Karolinger, sondern auch des Ausgleichs und Aufbaus der inneren Herrschaftsordnung. Trotzdem ist nicht zu verkennen, dass Heinrich I. bei seinem Tod im Jahr 936 weit über die Anfänge als *Primus inter pares* hinausgewachsen war – nicht nur wegen seiner militärischen Erfolge, sondern auch, weil ein handlungsfähiger Thronfolger seinem Königtum Zukunft und den

Großen Kontinuität und Wahrung des offensichtlich viele Ansprüche zufrieden stellenden Status quo versprach.

3. Otto der Große 936–973

a) Konflikte und Konsolidierung

Der Herrschaftsantritt Ottos, des ältesten Sohnes des verstorbenen Königs, wird von Widukind als ein glanzvolles Ereignis dargestellt. Demnach wurde Otto in Aachen, in der Pfalzkapelle Karls des Großen, von den Erzbischöfen von Mainz und Köln gesalbt und gekrönt, nachdem ihn die Großen des Reichs in einem weltlichen Akt vor der Kirche nach fränkischer Tradition zum König erhoben und ihm die Treue versprochen hatten. Beim anschließenden Festmahl versahen die Herzöge in feierlicher Weise die Hofdienste (s. **Quelle**).

Die Königskrönung Ottos I. in Aachen
Widukind von Corvey, Sachsengeschichte II, 1/II.2, Quellen zur Geschichte der sächsischen Kaiserzeit, hrsg. von A. Bauer und R. Rau, Darmstadt 1971 (FSGA, A, Bd. 8).

Und als Ort der allgemeinen Wahl nannte und bestimmte man die Pfalz zu Aachen ... Und als man dorthin gekommen war, versammelten sich die Herzöge und die Ersten der Grafen mit der Schar der vornehmsten Ritter in dem Säulenhof, der mit der Basilika Karls des Großen verbunden ist, und sie setzten den neuen Herrscher auf einen hier aufgestellten Thronsessel; hier huldigten sie ihm, gelobten ihm Treue und versprachen ihm Hilfe gegen alle seine Feinde und machten ihn so nach ihrem Brauche zum König. Während dies die Herzöge und die übrige Beamtenschaft taten, erwartete der Erzbischof mit der gesamten Priesterschaft und dem ganzen Volk innen in der Basilika den Aufzug des neuen Königs ...
Nachdem man das „Te deum laudamus“ gesungen und das Messopfer feierlich begangen hatte, stieg der König herab und ging in die Pfalz; hier trat er an die marmorne, mit königlicher Pracht geschmückte Tafel und setzte sich mit den Bischöfen und allem Volk; die Herzöge aber warteten auf. Der Herzog der Lothringer, Giselbert, zu dessen Machtbereich dieser Ort gehörte, ordnete die ganze Feier. Eberhard besorgte den Tisch, Hermann der Franke führte die Mundschenken, Arnulf sorgte für die ganze Ritterschaft und für die Wahl und Absteckung des Lagers.

Die ausführliche und einprägsame Darstellung stammt nicht von einem Augenzeugen und entspricht in vielen Details sicher nicht dem Geschehen von 936; vielleicht hat Widukind sich sogar an der Aachener Krönung Ottos II. im Jahr 961 orientiert. Gleichwohl wird ein solcher Krönungsakt den zeremoniellen Beginn der Königsherrschaft Ottos markiert haben, zumal auch seine Urkunden die Herrschaftsjahre des Königs vom 7. August 936 an zählen. Die Entscheidung für Ottos Nachfolge im Königtum dürfte aber schon früher gefallen sein; sie wird von der Forschung zumeist mit dem Jahr 929 verbunden, als Heinrich I. in einer „Hausordnung“ anlässlich der Mannbarkeit Ottos der Königin Mathilde das Witwengut zuwies. Ungefähr zu diesem Zeitpunkt wurde Otto auch mit der angelsächsischen Königstochter Edgitha verheiratet, die weiteren königlichen Glanz und das religiöse Prestige eines Märtyrers, ihres zweihundert Jahre zuvor getöteten Vorfahren Oswald, in die liudolfingische Familie brachte. Otto wurde dadurch nicht nur über Herzöge und andere Herrrschaftsträger emporgehoben, sondern auch über seine Brüder, den zweitgeborenen Heinrich und den jüngsten, Brun, der für ein geistliches Amt vorgesehen und dem Bischof von Utrecht übergeben wurde.

Möglicherweise ist Otto schon zu dieser Zeit als König bezeichnet, vielleicht sogar gekrönt worden, doch bleiben entsprechende Hinweise einzelner Quellen unsicher. Wahrscheinlich ist aber schon 929/930 unter Mitwirkung der Großen die Entscheidung nicht nur über den Fortbestand des ottonischen Königtums gefallen, sondern auch darüber, dass nur ein Sohn dem Vater als König nachfolgen sollte. Diese Individualsukzession wurde etwa zur gleichen Zeit auch in Burgund und im westfränkischen Reich befolgt, in Abkehr von der karolingischen Praxis, die allen legitimen Königssöhnen einen Anteil an der Herrschaft gewährt hatte. Ob dahinter politische Einsichten und Konzepte standen, wissen wir nicht; die am Ausgang der Karolingerzeit erreichte und die neuen Herrschaftsordnungen tragende Rolle der Großen dürfte es wohl auch unmöglich gemacht haben, einzelne Herrschaftsbereiche nach den Bedürfnissen der Königsfamilien zuzuschneiden und gewachsene Loyalitäten und Bindungen aufzulösen.

Zumindest im ottonischen Reich wurde die Individualsukzession allerdings wohl auch deshalb selbstverständlich, weil vom Tod Ottos I. bis zum Tod des letzten Saliers 150 Jahre später nicht mehr zwischen mehreren Königssöhnen zu entscheiden war. Nur 936 war das anders, und daraus erwuchsen dem neuen König schon bald Probleme, denn es war offensichtlich noch unklar, welche Stellung im Herrschaftsgefüge der zweite Königssohn finden sollte. Auch mit anderen Herrschaftsträgern kam es schon bald zu Konflikten, die der neue König zum großen Teil selbst provozierte: Den Söhnen des verstorbenen Bayernherzogs Arnulf verweigerte er die ungeschmälerte Nachfolge ihres Vaters, vor allem die Übernahme der königlichen Rechte über die Kirche in ihrem Herzogtum. Der Königsmacher von 919, der Konradiner Eberhard, wurde von Otto brüskiert, nachdem er einen schwer durchschaubaren Konflikt mit Gefolgsleuten des Königsbruders Heinrich ausgetragen hatte. Seinem Halbbruder aus der später aufgelösten ersten Ehe Heinrichs I., Thankmar († 938), verweigerte Otto eine bedeutende Herrschaftsposition in Sachsen, und einen weiteren sächsischen Großen, Wichmann († 964), brüskierte der König, indem er bei der Vergabe eines militärischen Kommandos den jüngeren Bruder, Hermann Billung († 973), vorzog.

Hat Otto I. sich mit diesen konfliktträchtigen Maßnahmen am Beginn seiner Herrschaft demonstrativ vom konsensualen Herrschaftsstil des Vaters abgekehrt und einen größeren Herrschaftsanspruch in karolingischer Tradition angemeldet? Sollte das schon durch die Königsweihe in Aachen mit dem anschließenden Hofdienst der Herzöge demonstriert werden? Neben solchen Deutungen, die ein reflektiertes politisches Verhalten mit konzeptionellen und programmatischen Zügen voraussetzen, sind auch Erklärungen möglich, die Fragen der Rangordnung und der personalen Bindungen in den Vordergrund stellen: In die zahlreichen Konflikte waren ja vor allem solche Herrschaftsträger verwickelt, die unter Heinrich I. auf der ersten Stufe der Rangordnung gestanden hatten und die unter dem neuen Herrscher ihre besondere Stellung und ihre Nähe zum König zu verlieren drohten. Dieses Problem hat sich möglicherweise schon deshalb gestellt, weil der neue Herrscher nicht wie sein Vorgänger aus der Mitte der Großen gekommen war. Als Sohn des erfolgreichen Königs Heinrich und Gatte einer angelsächsischen Königstocher stand Otto vielmehr schon vor seinem Herrschaftsantritt über den Großen; er konnte gar nicht in das komplizierte Geflecht aus persönlichen Bindungen, Rangabstufungen und austarierten Ansprüchen eintreten, aus dem schon sein Vater herausgewachsen war. Vielleicht suchte Otto I. schon deshalb seine Vertrauten und wichtigsten Gefolgsleute in einem anderen Kreis, der von vornherein an den Vorrang des Königs gewöhnt war und diesem auch aufgrund des Alters näher stand als die Generation des Vaters.

Die Konflikte mit der etablierten Führungsschicht, in die auch der Königsbruder Heinrich einbezogen wurde, überstand Otto weniger durch Geschick und militärische Stärke als durch zufällige Wendungen, vor allem den überraschenden Tod des Konradiners Eberhard und des Herzogs von Lothringen, Giselbert, beim handstreichartigen Überfall zweier konradinischer Gefolgsleute des Königs (939). Die Aussöhnung mit Heinrich scheiterte zunächst, weil dieser sich als Nachfolger im lothringischen Herzogtum nicht durchsetzen konnte und sein Heil in einer erneuten, schnell niedergeschlagenen Rebellion gegen den Bruder suchte. Im Jahr 948 wurde dann mit dem Herzogtum Bayern eine Herrschaftsposition gefunden, die dem Anspruch Heinrichs auf Teilhabe an der Königsherrschaft genügte und ihn zu einem der wichtigsten Gefolgsleute Ottos werden ließ. Das war der Abschluss einer Konsolidierungsphase, die den König seit 942/43 nicht nur unangefochten ließ, sondern ihm auch ermöglichte, die königliche Prärogative stärker als sein Vater gegenüber den süddeutschen Herzogtümern geltend zu machen. Auch in Schwaben war ein Mitglied der engsten Königsfamilie, der Königssohn Liudolf, als Herzog eingesetzt worden; die beiden landfremden ottonischen Herzöge wurden mit Frauen aus den etablierten Herzogsfamilien verheiratet, während ein enger Gefolgsmann Ottos, Konrad der Rote, als Herzog in Lothringen eingesetzt und mit der Königstochter Liudgard verheiratet wurde.

Schwaben und Bayern blieben allerdings weiterhin Fernzonen königlicher Herrschaft; präsent war der König vor allem in Sachsen sowie am Niederrhein und im Rhein-Main-Gebiet, wo altes karolingisches Königsgut dem umherziehenden Herrscher und seinem Gefolge Unterkunft und Verpflegung bot. Von diesem beschränkten Bereich unmittelbarer Präsenz und Effizienz königlicher Herrschaft aus wirkte Otto aber zugleich über die Grenzen des ostfränkischen Königtums hinaus: Durch verwandtschaftliche Bindungen zum jungen westfränkischen Karolinger Ludwig IV., der die Schwester Ottos und Witwe des lothringischen Herzogs Giselbert, Gerberga, geheiratet hatte, und zum Robertiner Hugo dem Großen, dem mächtigsten Magnaten im Westfrankenreich, der mit Ottos Schwester Hadwig verheiratet war, wurde der ostfränkische König zum Vermittler in verschiedenen Konflikten des westfränkischen Reichs; im Jahr 948 wurde sogar ein Streit um das Erzbistum Reims auf einer ostfränkischen Synode in Ingelheim entschieden.

An den Kämpfen verschiedener italienischer Großer um die Vorherrschaft südlich der Alpen hatten in der ersten Hälfte des 10. Jahrhunderts vor allem die bayerischen und schwäbischen Nachbarn Anteil genommen; jetzt wurde auch Otto I. damit konfrontiert, als Markgraf Berengar II. von Ivrea († 966) sich kurzzeitig an seinen Hof flüchtete und sich in ein Gefolgschaftsverhältnis zum König begab. Als Berengar dann nach dem italienischen Königtum griff und die Witwe seines Gegners, des italienischen Königs Lothar († 950), gefangen setzte, zog Otto über die Alpen und heiratete 951 die inzwischen der Gefangenschaft entkommene Königin Adelheid. Die zeitgenössischen Quellen stilisieren das als Brautfahrt des seit dem Tod Edgithas im Jahr 946 verwitweten Königs; vielleicht war Otto dazu aber auch durch selbstständige Aktionen seines Sohnes, des Schwabenherzogs Liudolf, provoziert worden. Adelheid war dem König allerdings keine Unbekannte: Sie stammte aus dem burgundischen Königshaus, mit dem die Ottonen seit Heinrich I. eng verbunden waren, ihr Bruder, der burgundische König Konrad (937–993), war unter Ottos Schutz aufgewachsen.

Es mögen also verschiedene Verbindungen und Motive gewesen sein, die Otto zum Eingreifen in Italien bewogen. Auch sein weiteres Vorgehen erscheint eher improvisiert als aus einem Guss: Zunächst führte Otto in karolingischer Tradition den Titel eines *Rex Francorum et Italicorum*; eine Gesandtschaft sollte wohl in Rom über eine Kaiserkrönung verhandeln. Papst und römischer Stadtadel gingen darauf aber nicht ein, und den italienischen Königstitel führte Otto nicht mehr, als er mit Adelheid nach Sachsen zurückkehrte. Die weitere Auseinandersetzung mit Berengar blieb Konrad dem Roten überlassen, der aber offensichtlich seinen Spielraum für eine Übereinkunft falsch einschätzte. Als er mit Berengar im April 952 zum Hof nach Magdeburg zog, weigerte sich Otto drei Tage, den mit königlichen Ehren behandelten Gast zu empfangen; im August des gleichen Jahres wurden Berengar und sein Sohn Adalbert aber auf einem Hoftag in Augsburg von Otto mit dem Königreich Italien belehnt. Die Magdeburger Brüskierung traf auch den Vermittler Konrad, der sich wie zuvor schon der Königssohn Liudolf vom König zurückzog.

Liudolf erscheint als der Verlierer der neuen Situation: Nicht er, sondern sein Onkel Heinrich von Bayern hatte die Interessen des Königs in Italien vertreten und die Königin zur Hochzeit geleitet. Neben dem Bayernherzog spielte auch Adelheid eine wichtige Rolle, die anders als ihre Vorgängerin Edgitha ihre eigenen Ressourcen mitbrachte, darunter ihr familiäres Erbe in Burgund sowie bedeutende Besitztümer und Herrschaftsrechte in Ober- und Mittelitalien, Morgengabe des italienischen Königs Lothar. In der familiären Rangordnung wurde die Position Liudolfs unsicher; durch die Erwartung weiteren männlichen Nachwuchses drohte wohl auch die Thronfolge, bisher eine klare Perspektive für den einzigen Königssohn, wieder zum Problem zu werden. Ein großes Gelage im thüringischen Saalfeld versammelte Liudolfs Anhänger: Wie bei anderen Konflikten der Zeit bildete das den Auftakt zu einer schnell um sich greifenden Verschwörung, denn nicht einzelne Anhänger mussten gewonnen werden, sondern längerfristige Gruppenbindungen waren abzurufen, die rasch aktiviert werden konnten. Ohne den König direkt anzugreifen, konnte Liudolf dessen Aktionsraum immer weiter eingrenzen, sodass Otto schließlich in Franken keine Möglichkeit mehr fand, um etwa das Weihnachtsfest in angemessener Weise zu feiern, und sich nach Sachsen zurückziehen musste. Auf mehreren Hoftagen führten Liudolf und Konrad der Rote Klage nicht gegen den König, sondern gegen dessen Bruder, den Bayernherzog. Den trafen auch Liudolfs militärische Aktionen am härtesten, sodass er sogar aus seiner Residenz Regensburg fliehen musste; in Schwaben vertrat nur noch Bischof Ulrich von Augsburg (923–973) die Sache Ottos und Heinrichs.

Trotz vieler Vermittlungsbemühungen vor allem des Mainzer Erzbischofs Friedrich (937–954) und mehrfacher persönlicher Begegnungen der Kontrahenten kam kein Ausgleich zu Stande, bis der überraschende Einfall der über die Situation bestens informierten Ungarn das Blatt wendete. Diese waren zwar nicht von den Verschwörern gerufen worden, doch hatten Konrad und Liudolf ihnen zumindest Führer gestellt, um die Gefahr nach Westen abzulenken. Dadurch in Erklärungsnot geraten, trennten sich Konrad und der Mainzer Erzbischof, der sich nach dem Scheitern seiner Vermittlungsbemühungen ebenfalls gegen den König gestellt hatte, von Liudolf, der sich schließlich dem Vater unterwerfen musste. Mit Unterstützung aus allen Teilen des Reichs konnte sich der König jetzt den Ungarn entgegenstellen, die von der zähen Verteidigung der Bischofsstadt Augsburg unter Bischof Ulrich aufgehalten worden waren. Während sächsische Kontingente im Kampf mit Slawen standen, kam es 955 auf dem Lechfeld zur Schlacht, die mit der vollständigen Niederlage der Ungarn endete. Zahlreiche ungarische Anführer ließ Herzog Heinrich am Galgen hinrichten; gleichzeitige Siege der Sachsen vervollständigten den Triumph des Königs, dessen Stellung jetzt nicht nur gefestigt, sondern noch überhöht worden war. Der spektakuläre Sieg über den gefährlichen Feind, der sich nie wieder im ostfränkischen Reich zeigte und in den nächsten Jahrzehnten überhaupt von den Raubzügen durch Europa abließ, wurde mit Dankgottesdiensten gefeiert und ging langfristig in das liturgische Gedenken der Ottonen ein.

b) Der Aufstieg zum Kaisertum

Nach dem Ungarnsieg stand Otto auf dem Höhepunkt seines Ansehens als hegemonialer König, der mit dem Kaiser in Byzanz Gesandtschaften austauschte und von dem sogar die Kiewer Großfürstin Olga († 969) Missionare zur Christianisierung ihres Reichs erbat. Der mit diesem Auftrag betraute Mönch Adalbert blieb allerdings auf sich allein gestellt und musste schon bald sein Heil in der Flucht suchen. Eine schon seit 953 in Cordoba am Hofe des Kalifen weilende Gesandtschaft mit Johannes von Gorze († 974) an der Spitze wurde von Otto selbst in Lebensgefahr gebracht, weil ein Brief, in dem der König sich als Schützer des einzig wahren Glaubens vorstellte, als Schmähung des Islam verstanden wurde. Erst nach langem Tauziehen gelang es einsichtigen Beratern, Otto zur Übersendung eines zweiten, unverfänglichen Schreibens zu bewegen.

Konkretere Pläne, das Prestige des Siegers über die heidnische Bedrohung auch für die Ausbreitung des christlichen Glaubens einzusetzen, verband der König offensichtlich mit einem Projekt, das er wohl schon länger verfolgt hatte, das aber erst in dieser Zeit für uns greifbar wird: Die Errichtung einer neuen Kirchenprovinz mit Magdeburg, wo Otto schon zu Beginn seiner Herrschaft ein Kloster gegründet hatte und wo seine erste Frau Edgitha bestattet worden war, als Zentrum. Wie schon 20 Jahre zuvor hatte man vor der Lechfeldschlacht göttliche Hilfe erfleht; dabei hatte Otto sich persönlich engagiert durch das Gelübde, dem Tagesheiligen der Schlacht, dem Märtyrer Laurentius, ein Bistum in Merseburg zu errichten, das wohl als Teil der neuen Bistumsorganisation östlich der Elbe vorgesehen war. Der kirchenrechtlichen Vorbereitung galt eine Gesandtschaft an den Papst, der dem Ungarnsieger den schwerwiegenden Eingriff in die Organisationsstruktur der Kirche erlaubte. Heftiger Widerstand kam aber von den betroffenen Bischöfen, deren Besitz oder zumindest deren Zuständigkeiten empfindlich gemindert werden sollten: Neben Bischof Bernhard von Halberstadt (924–968) konnte vor allem der Mainzer Erzbischof Wilhelm (954–968), ein vorehelicher Sohn des Königs und einer slawischen Fürstentochter, durch seinen erbitterten Protest das Projekt um mehr als ein Jahrzehnt verzögern.

Unmittelbare politische Konsequenzen erbrachte der neue Kontakt mit dem Papst nicht; in Italien wurde zunächst der wieder in die väterliche Huld aufgenommene Königssohn Liudolf aktiv, der aber im Jahr 957 starb. Die vielleicht schon 951 in den Blick genommene Kaiserkrone kam wohl erst wieder auf die Agenda des Königs, als der Papst sich von dem immer mächtiger werdenden Berengar bedrängt fühlte und bei Otto Hilfe suchte. Der handelte jetzt gleichermaßen entschlossen und umsichtig: Seinen erst achtjährigen Sohn Otto II. ließ er im Mai 961 in Worms zum König wählen und in Aachen krönen und salben. Sachsen wurde der *procuratio* Hermann Billungs anvertraut, Wilhelm von Mainz und Ottos Bruder Brun, der seit der Empörung Konrads des Roten als Erzbischof von Köln (953–965) zugleich herzogliche Aufgaben in Lothringen wahrnahm, blieben als Sachwalter und Repräsentanten des Königs zusammen mit dem jungen Otto II. nördlich der Alpen.

Das große Heer, mit dem Otto I. nach Italien zog, stieß auf keinen nennenswerten Widerstand, weil Berengar und seine Gefolgsleute im Schutz ihrer Burgen den offenen Kampf vermieden. Ungehindert gelangte Otto nach Rom, wo ihn Papst Johannes XII. (955–963) am 2. Februar 962, am Fest Mariä Lichtmess, zum Kaiser krönte. Mit Adelheid wurde erstmals in der Geschichte des mittelalterlichen Kaisertums auch die Kaiserin vom Papst gekrönt: das unterstreicht den Anteil, den Adelheid mit ihren italienischen Ressourcen und Verbindungen, aber auch mit ihren Kenntnissen der königlichen und imperialen Traditionen Italiens an der Erneuerung des seit 924 vakanten westlichen Kaisertums hatte.

c) Kaiser, Bistumsgründer, Familienpatriarch

Der liturgische Rahmen der Kaiserkrönung findet in der aktuellen Forschungsdiskussion besondere Beachtung. Der übliche Lesungstext des Festtages verweist auf den „Gesalbten des Herrn" als das „Licht, das die Heiden erleuchtet": Hatte man also bewusst diesen Tag ausgesucht, um Otto als *Christus domini* und Heidenbekehrer zu inszenieren (Ernst-Dieter Hahl)? Solche Überlegungen bleiben spekulativ; konkretere Anhaltspunkte für die Perspektiven, die Papst und Kaiser mit der Krönung verbanden, bieten die im Umfeld ausgestellten Urkunden. Schon in den folgenden Tagen wurde das Zusammenwirken beider auf einer Synode demonstriert, deren Ergebnis in einer Papsturkunde vom 12. Februar formuliert wurde (s. **Quelle**). Unter Hinweis auf Ottos Verdienste im Kampf gegen die Heiden erlaubte der Papst die Gründung einer neuen Kirchenprovinz im Osten des ottonischen Reichs mit dem Erzbistum Magdeburg als Metropole und Merseburg als zugeordnetem Bistum (Suffragan). Vor allem auf diese konkrete Weise wollte Otto die mit dem Kaisertum, aber auch schon mit dem christlich verstandenen Königtum verbundene Aufgabe der Glaubensverbreitung erfüllen. Die Verbindung mit dem Papst bot ihm jetzt die ideale Voraussetzung, seinem schon länger verfolgten Ziel näher zu kommen; der Einspruch der betroffenen Bischöfe verzögerte freilich weiterhin die Umsetzung des im Jahr 967 erneuerten und präzisierten päpstlichen Privilegs.

Die päpstliche Erlaubnis zur Gründung des Erzbistums Magdeburg
Johannes XII., Rom, 12. Februar 962, hrsg. von H. Zimmermann, Papsturkunden 896–1046, Wien [2]1988–1989, S. 282f.

Nun aber ist mit Gottes Fügung unser teuerster und christlichster Sohn König Otto, nachdem er Barbarenvölker, nämlich die Avaren und zahlreiche andere, besiegt hat, zum höchsten und universalen Stuhl (der Kirche) gekommen, dem wir mit Gottes Hilfe vorstehen ... Diesen haben wir mit väterlichem Gefühl aufgenommen und zur Verteidigung der heiligen Kirche Gottes mit dem Segen des heiligen Apostels Petrus zum Kaiser gesalbt ... der genannte allerfrömmste Kaiser Otto hat uns, nachdem er jüngst bei den Slaven, die er selbst besiegt hat, den katholischen Glauben begründet hat, beschworen und eindringlich gefordert, dass die Schafe, die er selbst für Christus gesammelt hat, nicht wegen des Fehlens eines Hirten durch die Hinterlist der alten Schlange zu Schaden kommen sollten.

Der Papst war vor allem daran interessiert, dass der Kaiser die seit dem Bündnis zwischen dem Karolinger Pippin († 768) und Papst Stephan II. († 757) traditionelle

Schutzfunktion für die römische Kirche und das Papsttum wahrnahm, ohne die Herrschaftsrechte des Papsttums in Rom und Italien zu beschränken. Dazu hatte man dem heranziehenden König die Privilegien vorgelegt, die seine karolingischen Vorgänger für den Papst ausgestellt hatten. Im so genannten *Pactum Ottonianum* vom 13. Februar, das noch heute im vatikanischen Archiv aufbewahrt wird, bestätigte der neue Kaiser die entsprechenden Vereinbarungen: Neben dem Dukat von Rom wurden der ehemals byzantinische Exarchat von Ravenna und die so genannte Pentapolis im Nordosten, die langobardischen Herzogtümer Spoleto und Benevent in Mittelitalien und verschiedene weitere Gebiete bis zu Sizilien und Korsika als päpstlicher Herrschaftsbereich anerkannt. Wie schon zu karolingischen Zeiten handelte es sich dabei allerdings größtenteils um Gebiete, die weder Kaiser noch Papst jemals besessen oder aktuell in Besitz hatten; die kaiserlichen Zugeständnisse waren also mehr oder weniger unverbindliche Absichtserklärungen für eine ungewisse zukünftige Entwicklung, angeregt wohl auch durch eine eigens im Umkreis des Papstes angefertigte und Otto wohl als Original vorgelegte Prachtausfertigung der so genannten **Konstantinischen Schenkung.**

Konstantinische Schenkung (*constitutum Constantini*)
Im 8. oder frühen 9. Jahrhundert in Rom entstandene Fälschung, nach der Konstantin der Große († 337) dem Papst Sylvester I. († 335), der ihn nach älteren Legenden vom Aussatz geheilt hatte, aus Dankbarkeit die ganze westliche Hälfte des römischen Reichs übertragen hätte. Im Vorfeld der Kaiserkrönung Ottos I. wurde im Umkreis des Papstes das vermeintliche Original der Urkunde angefertigt und dem künftigen Kaiser vorgelegt. Davon unterrichtete man später Kaiser Otto III., der das Dokument daraufhin beanstandete. In der Folgezeit beriefen sich die Päpste ohne weiteren Widerspruch auf die Konstantinische Schenkung; erst den Humanisten gelang der philologische Fälschungsnachweis.

Im Gegenzug zu den Versprechungen des Kaisers wurde auch sein zukünftiger Einfluss in Rom im *Ottonianum* fixiert: Der nach kirchlichem Recht von Klerus und Volk gewählte Papst sollte fortan vor der Weihe jeweils einen Treueid auf den Kaiser ablegen. Dass die beiderseitigen Verpflichtungen nicht nur Einvernehmen ausdrücken, sondern auch berechtigtes Misstrauen und Unsicherheit beider Seiten, davon zeugt eine Jahrzehnte später vom Merseburger Bischof Thietmar (1009–1018) überlieferte Anekdote: Während der Krönungszeremonie habe Ottos Schwertträger Ansfried sein Schwert schützend über das Haupt des Kaisers gehalten, aus Angst vor der Untreue der Römer.

Wie berechtigt solche Vorbehalte waren, erfuhr Otto, als er den Kampf gegen Berengar und seinen Sohn Adalbert († 966) wieder aufnahm: Schon im Frühjahr 963 verbündete sich Johannes XII. mit diesem und nahm mit Byzantinern und vielleicht sogar Ungarn Kontakt auf. Zusammen mit Adalbert musste der Papst aber schon bald vor dem ottonischen Heer aus Rom fliehen, wo eine Synode im Beisein des Kaisers über ihn zu Gericht saß. Erhoben wurde ein neuer Papst, Leo VIII. (963–965), der aber nach dem Abzug des Kaisers aus Rom vertrieben wurde. Der von den Römern 964 erhobene Gegenpapst Benedikt V. wurde im selben Jahr nach Ottos erneutem militärischen Eingreifen wiederum auf einer Synode seines Amtes entkleidet, zum Diakon degradiert und nach Hamburg ins Exil gebracht. Ein solches Verfahren war allerdings kirchenrechtlich problematisch, und noch Thietmar von Merseburg überliefert uns entsprechende Vorbehalte, zumal Benedikt persönlich untadelig erschien und im Ruf der Heiligkeit in Exil starb.

Dass der Kaiser trotz der weiterhin problematischen Situation in Italien – der kaiserfreundliche Papst Johannes XIII. (965–972) wurde in Kampanien gefangen gesetzt,

Adalbert kämpfte weiter um die Königskrone – Ende 965 ins nordalpine Reich zurückkehrte, hatte wohl nicht zuletzt das Ziel, sich im Glanz der neuen Würde zu präsentieren. Das geschah etwa bei einem Hoftag in Köln im selben Jahr, wo ein „internationales Großfamilientreffen" (Stefan Weinfurter) die Mitglieder der Königsfamilie vereinte: Neben dem Kaiserpaar, dem jungen König Otto II. und der Kaisermutter Mathilde noch Ottos Bruder Brun, den mit herzoglicher Vollmacht über Lothringen ausgestatteten Erzbischof von Köln, sowie Ottos Schwester Gerberga, Witwe des Karolingers Ludwig IV., mit ihren Söhnen, dem westfränkischen König Lothar (954–986) und seinem Bruder Karl († nach 991). Vor allem die Konflikte der karolingischen Brüder waren zu regeln; dabei kam weniger eine politisch zu definierende Hegemonie Ottos gegenüber dem Westfrankenreich als die überragende Autorität des Kaisers und „Familienpatriarchen" (Odilo Engels) zur Geltung (s. **Quelle**).

Das Kölner „Großfamilientreffen"
Vita Mathildis antiquior c. 11, hrsg. v. B. Schütte, MGH SS rer. Germ. 66, 1994, S. 133.

Nach dem Sieg über Latium kehrte der Kaiser in die Heimat zurück und wandte sich nach Köln, wo sein Bruder Brun Erzbischof war; dorthin ließ er die Mutter mit seinem Sohn, dem König, und der schönen Jungfrau (Ottos Tochter Mathilde) kommen. Auch die Königin Gerburg, seine Schwester, und die ganze königliche Nachkommenschaft beiderlei Geschlechts kamen dort zusammen, um einander in Liebe zu begegnen. Das geschah, wie wir annehmen, auf göttlichen Ratschluss, denn danach sahen sie sich nicht mehr im irdischen Leben.

Noch dringender war aber wohl Ottos Anliegen, die Magdeburger Bistumspläne voranzutreiben, denen der betroffene Bischof Bernhard von Halberstadt offensichtlich erbitterten Widerstand entgegensetzte. Der war noch nicht überwunden, als Otto auf einen Hilferuf Johannes' XIII. hin erneut und jetzt für insgesamt 6 Jahre nach Italien ging. Die Gegner des Papstes wurden hart bestraft; anschließend wandte sich der Kaiser nach Süden und nahm die Huldigungen der langobardischen Fürsten von Benevent und Capua entgegen. Das führte zu harschen Reaktionen des byzantinischen Kaisers, der seinerseits die Hoheit über diese Gebiete beanspruchte. Zwischen beiderseitigen Drohungen und kleineren militärischen Operationen wurden Gesandtschaften ausgetauscht, darunter die erfolglose, aber kulturgeschichtlich bedeutsame des hochgebildeten italienischen Historiographen und Bischofs von Cremona, Liudprand († ca. 970). Dessen ausführlicher Gesandtschaftsbericht spart nicht mit abwertenden und ironischen Urteilen über Kultur und Gebräuche des byzantinischen Hofes, vermittelt aber gleichwohl wertvolle Detailinformationen.

Eine Entspannung des Verhältnisses ergab sich aus der Ermordung des Basileus Nikephoros Phokas im Jahr 969. Sein Nachfolger, Johannes Tzimiskes (969–976), ging jetzt auf die Brautwerbung des Westkaisers ein und sandte seine Nichte Theophanu († 991) nach Italien, die allerdings nicht als Prinzessin im Purpursaal des Kaiserpalastes von Konstantinopel geboren worden war. In Vorbereitung einer solchen, jetzt als allein standesgemäß empfundenen byzantinischen Heirat war der junge König Otto II. schon am Weihnachtstag 967 in Rom zum Mitkaiser erhoben worden. Bei der Heirat im Jahr 972 wurde seine Gemahlin Theophanu vom Papst zur Kaiserin gekrönt: fortan konnte sie als *consors imperii* oder *coimperatrix* bezeichnet werden. Stellung und Ausstattung waren ihr in einer im Vorfeld ausgehandelten Urkunde garantiert worden, deren prachtvolle Ausführung den imperialen, am byzantinischen Vorbild orientierten Repräsentationsanspruch des ottonischen Kaisertums ebenso bezeugt wie die Fähigkeit herausragender ottonischer Schreiber und Buchmaler, byzantinische Anregungen mit spätantiken und karolingischen Traditionen zu verschmelzen.

Von Italien aus hatte Otto I. in der Zwischenzeit auch die Magdeburger Pläne realisieren können, allerdings erst, als zu Beginn des Jahres 968 mit Wilhelm von Mainz und Bernhard von Halberstadt die entschiedensten Gegner des Projektes verstorben waren. Mit dem Abt von Fulda, Hatto, konnte Otto einen engen Vertrauten zum Erzbischof von Mainz erheben (968–970); der erwählte Nachfolger Bernhards in Halberstadt, Hildiward (968–995), musste die Unterstützung der Magdeburger Gründung versprechen, bevor er in Rom den Bischofsstab aus den Händen des Kaisers entgegennehmen konnte. Beide Bischöfe nahmen an einer Synode in Ravenna teil, auf der die endgültige Regelung der Metropolitan- und Diözesangrenzen zur Kenntnis genommen wurde. Zum ersten Erzbischof von Magdeburg wurde der gescheiterte Russenmissionar Adalbert (968–981) erhoben, wohl nicht der Kandidat des Kaisers, sondern sächsischer Kreise.

Die neue Metropolitankirche sah einen letzten Höhepunkt der Herrschaft Ottos, der dort den Palmsonntag des Jahres 973 feierte und damit wohl auf eine Provokation des sächsischen Herzogs Hermann Billung reagierte. Der hatte sich im Jahr zuvor wie ein König vom Erzbischof empfangen lassen, vielleicht, um den Kaiser an die Notwendigkeit herrscherlicher Präsenz in Sachsen zu erinnern. Das Osterfest in Quedlinburg, das von zahlreichen Gesandten naher und ferner Reiche aufgesucht wurde, demonstrierte nochmals die wiederhergestellte Eintracht, aber auch den Rangunterschied zwischen dem Kaiser und seinem sächsischen Gefolgsmann der ersten Stunde, bevor beide als Letzte ihrer Generation starben: der Herzog noch in Quedlinburg, der Kaiser am 7. Mai in Memleben. Bestattet wurde Otto an der Seite seiner ersten Gemahlin Edgitha im Dom von Magdeburg, dessen Klerus fortan für das liturgische Gedenken des Bistumsgründers zuständig war.

4. Kultureller Aufschwung: Die „ottonische Renaissance"

Die Stabilität der Herrschaftsordnung, die unter Heinrich I. erreicht und mit dem Ungarnsieg Ottos I. endgültig gesichert worden war, bot vor allem den geistlichen Gemeinschaften, Klöstern und Bischofskirchen, die äußeren Bedingungen, ihren liturgischen Verpflichtungen in geregelter Weise nachzukommen. Das zu gewährleisten, hatte schon Heinrich I. als vordringliche königliche Aufgabe verstanden; die Bestimmungen der Synoden von Erfurt und Dingolfing, die eine Intensivierung der adeligen Memorialsorge und geregelte Abgaben an die Kirchen vorsahen, dürften nur den Beginn eines kontinuierlichen Mittelzuflusses an Klöster und Bischofskirchen gebildet haben, der vor allem durch zunehmende königliche Schenkungen garantiert wurde. Der Herrschaftserfolg, der dem Königtum etwa Tribute aus dem Slawengebiet im Osten einbrachte, und nicht zuletzt die Erschließung neuer Silberadern im Harz, wo man allerdings auch vor Otto schon Erze gefördert hatte, verschafften dem Herrscher Mittel, die auch den Kirchen zugute kamen. Vor allem aber verfügte der König über Land und Herrschaftsrechte, mit denen Klöster und Bistümer des Reichs ausgestattet wurden.

Zum Wert von klassischer und christlicher Bildung für Brun von Köln
Ruotger, Lebens des hl. Bruno, Erzbischofs von Köln c.8, hrsg. von H. Kallfelz, Lebensbeschreibung einiger Bischöfe des 10.–12. Jahrhunderts, Darmstadt 1973 (FSGA, A, Bd. 22) S. 191.

Possen und Schauspiele, die in Komödien und Tragödien in verteilten Rollen vorgetragen werden und von denen manche sich zu endlosem schallendem Gelächter hinreißen lassen, las er immer ernst. Der Inhalt bedeutete ihm so gut wie nichts, das stilistisch Vorbildhafte war ihm das Wesentliche. ... Wohin nämlich das königliche Hof- oder Kriegslager ihn zog, führte er stets seine Bibliothek wie die Bundeslade mit sich und hatte so zugleich den Gegenstand wie auch das Hilfsmittel seiner Studien bei sich, den Gegenstand in den heiligen, das Hilfsmittel in den heidnischen Büchern.

Die Intensivierung des liturgischen Lebens der Kirche war ein wesentlicher Motor des kulturellen Aufschwungs, der gelegentlich als „ottonische Renaissance" bezeichnet wird. Wie schon bei den karolingischen Bildungsreformen steigerte die Förderung der lateinischen Liturgie nicht nur den Bedarf an liturgischen Büchern, die in klösterlichen Schreibstuben hergestellt werden mussten, sondern auch das Interesse an der Sprache, die an klassischen Texten geschult wurde. Der Osten des ehemaligen Frankenreichs fand dadurch allerdings nur Anschluss an eine Entwicklung, die im Westen schon früher eingesetzt hatte. Von dort oder aus Italien kamen wichtige Anregungen und vor allem Lehrer und Kirchenleute ins ottonische Reich. Am Hof Ottos des Großen schrieb der noch deutlich in spätantiken und karolingischen Bildungstraditionen Italiens stehende Liudprand von Cremona seine Antapodosis als umfassende Darstellung und Deutung der europäischen Zeitgeschichte. Ein Theologe und Literat ganz eigener Prägung war der im Kloster Lobbes aufgewachsene Rather († 974), der sich weder unter Protektion des italienischen Königs Hugo noch unter der Ottos I. als Bischof in Verona und Lüttich durchsetzten konnte, aber nachhaltige Wirkung als Lehrer des Königsbruders Brun erzielte. Als Leiter der **Hofkapelle** und Erzbischof von Köln bemühte Brun sich besonders um die Ausbildung des Klerikernachwuchses, wobei die praktischen Bedürfnisse von Liturgie, Diözesanverwaltung und Urkundenwesen im Mittelpunkt standen.

Hofkapelle
Seit den Karolingern die Gemeinschaft der Kleriker, die den liturgischen Dienst am Königshof versahen. Der Name leitet sich vom Mantel (*cappa*) des hl. Martin her, der als Reliquie in der Hofkapelle bewahrt wurde. Mitglieder der Hofkapelle fertigten als Kanzler und Notare die königlichen Urkunden aus; der Erzkapellan war als Erzkanzler zugleich nomineller Leiter des Urkundenwesens. Seit 965 bekleidete der Erzbischof von Mainz diese Position; während der Italienzüge wurde eine eigene Erzkanzlerwürde für Italien vergeben, die seit Konrad II. vom Kölner Erzbischof behauptet wurde.

Nach dem Vorbild Kölns entstanden Domschulen in Magdeburg, Würzburg und an anderen Orten; daneben behielten wichtige Klöster wie Fulda, St. Gallen, St. Emmeram/Regensburg oder Corvey ihren Platz als Zentren literarischer Bildung. Auch in den geistlichen Frauengemeinschaften der ottonischen Familie in Quedlinburg, Gandersheim oder Essen spielte die biblisch und liturgisch geprägte Bildung eine wichtige Rolle. Davon zeugt nicht nur das einzigartige Werk der Hrotsvit von Gandersheim († nach 973), die neben einem Versepos über die Taten Ottos des Großen, das der Konvent dem Kaiser als neuartige Gabe überreichen konnte, und einer Darstellung der Gandersheimer Frühgeschichte auch moralisierende Dramen nach antiken Vorbildern verfasste. In Quedlinburg entstanden in verschiedenen Zeitabschnitten annalistische Aufzeichnungen, und wohl in Nordhausen widmete man den Königen Otto II. und Heinrich II. Lebensbeschreibungen der Königin Mathilde, die den Herrschern jeweils die Förderung des religiösen Lebens und besonders ihrer Gemeinschaft als Grundbedingung des ottonischen Aufstiegs nahe brachten.

Das neue Interesse an den zeitgeschichtlichen Ereignissen war durch den ottonischen Herrschaftserfolg angeregt, aber es stand nicht in seinem Dienst. Mit der Sachsengeschichte des Widukind von Corvey, der Fortsetzung der Weltchronik des Regino von Prüm († 915), die wohl der spätere Mainzer Erzbischof Adalbert verfasste, Liudprands Antapodosis oder Hrotsvits Otto-Epos entstanden Werke, die aus ganz unterschiedlichen Blickwinkeln und mit jeweils eigenen Absichten den Aufstieg des ottonischen Königtums darstellen, ohne sich zu einer Hofhistoriographie zu fügen, der man vornehmlich propagandistische und herrschaftslegitimierende Interessen unterstellen könnte. Der König förderte die aufblühenden Bildungszentren gezielt und nahm Anteil an deren Entwicklung. Das machte den ottonischen Hof etwa für den berühmtesten Gelehrten der Zeit interessant, Gerbert von Aurillac (geb. um 950, 999 Papst Silvester II., † 1003), der vor Otto II. eine Disputation mit Othrich († 981), dem Leiter der Magdeburger Domschule, führte. Der Herrscher und seine Interessen waren aber nicht der einzige Antrieb des kulturellen Aufschwungs. Die Schulen der Bischofskirchen und Klöster wetteiferten miteinander, wobei der Königshof häufig persönliche Verbindungen und Austausch vermittelte.

Die Kommunikation der am Hof zusammenkommenden Bischöfe, Äbte und Gelehrten förderte auch die ottonische Kunst, die als abgrenzbare Epoche bis zum Ende des 11. Jahrhunderts reicht. Herausragende Bischöfe wie Egbert von Trier (977–993), Willigis von Mainz (975–1011) und Bernward von Hildesheim (993–1022) wetteiferten im Kirchbau und zogen Buchmaler, Goldschmiede oder Bronzegießer an sich, um die Liturgie ihrer Kirchen immer prachtvoller auszustatten. In Trier war mit dem namentlich nicht bekannten Gregormeister ein Buchmaler tätig, der die Malschulen auf der Reichenau, in Köln und noch Jahrzehnte später in Echternach entscheidend beeinflusste. Hofkünstler oder eine Hofschule gab es nicht; auch der Herrscher war auf die Leistungen der verschiedenen klösterlichen oder bischöflichen Zentren angewiesen, wenn er Prachthandschriften oder liturgische Gegenstände benötigte, um sie an andere Kirchen zu verschenken. Die in Austausch und Konkurrenz verschiedener Zentren sich entwickelnde ottonische Kunst griff auf spätantike und karolingische Traditionen zurück und verarbeitete aktuelle byzantinische Anregungen, ohne dass sich der Anteil der verschiedenen Einflüsse jeweils genau abgrenzen ließe. Unverkennbar ist die eigene Leistung der Epoche: Erstmals wurden etwa Zyklen von Miniaturen zusammengestellt, die in Evangeliaren und Perikopenbüchern (s. a. **Liturgische Bücher**) fortlaufend das Leben Jesu illustrierten.

Die Hochzeit Ottos II. mit Theophanu 972 hatte das Interesse an byzantinischer Kultur zweifellos noch verstärkt, doch wurden kulturelle Einflüsse auch schon vorher und nachher auf verschiedenen Wegen vermittelt, vor allem durch den Kontakt mit der byzantinischen Welt Süditaliens. Prachtvolle Zeugnisse byzantinischer Kunst sind sicher nicht ausschließlich mit dem Brautschatz der Kaiserin in den Westen gekommen, dessen Kostbarkeiten die Zeitgenossen beeindruckten, aber nicht zur bloßen Nachahmung anregten.

Liturgische Bücher
Evangeliare enthalten die fortlaufenden Texte der vier Evangelien.
Perikopenbücher (Evangelistare) bieten die jeweils im Gottesdienst vorgelesenen Abschnitte entsprechend der Reihenfolge der liturgischen Feste. Besonders prachtvolle Evangeliare und Perikopenbücher wurden auf der Reichenau für Otto III. und Heinrich II. hergestellt.
Sakramentare enthalten die Gebetstexte und rituellen Anweisungen für den Priester, der die hl. Messe feiert. Aufwändig geschmückte Sakramentare sind etwa in Fulda angefertigt worden; berühmt ist auch das in Regensburg entstandene „Sakramentar Heinrichs II.".

5. Zwischen Unterwerfung, Gefolgschaft und Partnerschaft: Die slawischen Nachbarn

a) Slawische Siedlung und Herrschaftsbildungen im Osten des Frankenreichs

Die frühe Geschichte und Siedlung der slawischen Volksstämme im Osten des Frankenreichs lässt sich nur unter großen Schwierigkeiten rekonstruieren, weil eigene schriftliche Quellen aus dem slawischen Bereich vor der ersten Jahrtausendwende fehlen und weil die literaten Nachbarn, Byzantiner und Franken, nur gelegentlich und aus eingeschränkter Perspektive über die Slawen berichten.

Seit dem 6. Jahrhundert gibt es aber Schriftzeugnisse über Slawen in Ostmitteleuropa; über die Zeit davor und die Wanderungsbewegungen der Slawen kann vor allem die **Archäologie** Auskunft geben. Doch auch deren Möglichkeiten sind begrenzt, denn es ist höchst zweifelhaft, ob man aus archäologischen Befunden sicher und eindeutig auf ethnische Gegebenheiten zurückschließen kann: materielle Kultur, aber auch Sitten und Gebräuche, die sich in der Siedlungsweise und vor allem in den Bestattungsformen niederschlagen, konnten über ethnische Grenzen hinweg ausstrahlen und von anderen ethnischen Gruppen übernommen werden.

Archäologische Kennzeichen slawischer Besiedlung
1) Ein besonderer Typ des Hausbaus: das Grubenhaus, das in den Boden eingetieft ist, während die Häuser in germanisch-fränkischer Tradition auf Pfosten errichtet wurden.
2) Eine einfache, unverzierte Keramik, die nach dem Fundort Prag benannt wird.
3) Die Brandbestattung mit der Bergung des Leichenbrandes in Tontöpfen. Die Franken hatten die Sitte der Brandbestattung schon in der Völkerwanderungszeit aufgegeben, zudem hatte die christliche Kirche diese Bestattungsform schon früh verboten.

Erste Benennungen für slawische Volksstämme verdanken wir einer Quelle, die im 9. Jahrhundert wohl am ostfränkischen Königshof in Regensburg entstanden ist: Der so genannten Bayerische Geograf bietet eine Liste von 58 Volksnamen, die sich nur schwer mit heute noch gebrauchten ethnischen oder geografischen Namen abgleichen lassen. Wie auf dem Boden des ehemaligen Frankenreichs entschied sich auch in den slawischen Siedlungsgebieten östlich davon im 10. Jahrhundert, welche Völker sich ausbilden, langfristig behaupten und an der politischen Entwicklung des hohen Mittelalters und der Neuzeit teilhaben konnten. Wie im fränkischen Bereich war dafür die Ausbildung und Kontinuität herrschaftlicher Ordnungen entscheidend.

b) Das Fürstentum der Přemysliden in Böhmen

Am weitesten fortgeschritten war am Beginn des 9. Jahrhunderts die Herrschaftsordnung bei den Böhmen. Verschiedene böhmische Fürsten waren schon in karolingischer Zeit zu – allerdings nicht gleichrangigen – Partnern des fränkischen Königtums geworden; am Beginn des 10. Jahrhunderts unterhielten vor allem die bayerischen Herzöge enge Beziehungen zu den Prager Fürsten aus der Familie der später so genannten Přemysliden. Gemeinsam mit dem Bayernherzog Arnulf zwang König Heinrich I. Herzog Wenzel (929–931/35) zur Anerkennung ottonischer Oberhoheit und zur Zinszahlung; Wenzels mächtiger Nachfolger Boleslav I. (935–967) musste Otto dem Großen im Jahr 950 Heerfolge leisten.

Der Aufstieg des Fürstentums der Přemysliden hing vor allem mit einem wirtschaftlichen Vorteil zusammen: Seitdem die Ungarn am Ende des 9. Jahrhunderts ins Karpatenbecken eingedrungen waren, fiel die Donau als Handelsweg zwischen Mitteleuropa und dem Osten aus. Der Handel lief jetzt über Prag und Krakau, und der Herrscher über die an diesem Handelsweg gelegenen Gebiete erlangte dadurch eine finanzielle Basis für die Anwerbung und Ausrüstung größerer militärischer Kontingente, die ihm eine Vormachtstellung gegenüber den anderen Fürsten im böhmischen Bereich sicherten.

c) Mieszko I. und die Herrschaftsbildung der Piasten

Von den Fernhandelswegen, die durch slawisches Siedlungsgebiet liefen, profitierte auch ein Fürst, der in der Zeit Ottos des Großen unvermittelt als mächtiger Nachbar des ottonischen Reichs in der schriftlichen Überlieferung begegnet. Im Jahr 963 stachelte Gero († 965), der tatkräftige Markgraf Ottos I., einen nördlichen Slawenstamm gegen Mieszko I. († 992) auf und zwang diesen mit einem Feldzug dazu, für den westlichen, dem ottonischen Reich nahe gelegenen Teil seines Herrschaftsgebietes Tribut zu zahlen, also eine lockere Form der Abhängigkeit anzuerkennen. Etwas mehr erfahren wir wenige Jahre später von einem jüdischen Kaufmann aus dem arabischen Spanien, Ibrahim ibn Ja'kub, der von seinen Reisen berichtet. Er kennt Mieszko als „König des Nordens", der ein Gebiet zwischen den Pruzzen im Norden, der Kiewer Rus im Osten, den Böhmen im Süden und einem weiteren Reich im Westen beherrsche; zur Verfügung stehe ihm eine militärische Gefolgschaft von 3000 Mann – ein für damalige Verhältnisse enorm schlagkräftiges „stehendes Heer".

Dieser mächtige Fürst kann nicht aus dem Nichts aufgetaucht sein, sein Aufstieg wird aber von der schriftlichen Überlieferung nicht beleuchtet. Ein Chronist des 12. Jahrhunderts weiß von einem Bauern namens Piast als Stammvater der polnischen Fürsten zu berichten, der in Gnesen zuhause war; daraus lässt sich schließen, dass sich die Herrschaftsbildung der Piasten von Gnesen aus vollzog, indem immer weitere Nachbargebiete in die fürstliche Herrschaft einbezogen wurden. Auf eine solche umfassendere Fürstenherrschaft in der Zeit Mieszkos deuten archäologische Befunde hin: demnach sind ältere Burgen, die als Zentren kleinerer Siedlungseinheiten fungierten, im 10. Jahrhundert durch größere Burgen abgelöst worden, die an zentralen Orten des fürstlichen Herrschaftsbereichs errichtet wurden. Solche Burgen dienten nicht nur als militärische Zentren, sondern auch als Sammelstellen für Abgaben der Bevölkerung. Diese Abgaben wurden mit Münzgeld bezahlt, das nicht selbstgeprägt, sondern über den Handel in das Siedlungsgebiet eingeflossen war. Mit solchem Geld wurde die militärische Gefolgschaft (družiny) des Fürsten bezahlt, die zum großen Teil aus Söldnern fremder Herkunft, etwa aus Skandinaviern, bestand. Erst seit der Jahrtausendwende wird in lateinischen Quellen für das Herrschaftsgebiet der Piasten der Name „Polen" verwendet, der wahrscheinlich mit dem schon früher bezeugten Stammesnamen der Polanen zusammenhängt. Spekulativ bleibt die These von Johannes Fried, nach der Kaiser Otto III. den Volksnamen „Polen" im Zusammenhang mit seiner Gnesenfahrt im Jahr 1000 (s. Kap. III, 4, c) geprägt habe.

d) Die Elbslawen

Während die politische Kontinuität der Herrschaft von Přemysliden und Piasten die Ethnogenese von Polen und Tschechen förderte und diesen Völkern einen Platz in der politischen Geografie des Mittelalters und der Neuzeit sicherte, kam es im Nordosten Sachsens nicht zur Ausbildung eines umfassenden herrschaftlichen Rahmens, der eine politische Kontinuität und eine Ethnogenese ermöglicht hätte. Nördlich und östlich der Elbe blieb es im 10. Jahrhundert vielmehr zumeist bei kleinräumigen Siedlungseinheiten, die an den naturräumlichen Gegebenheiten orientiert waren. Entsprechend vielfältig und differenziert gestaltete sich der Kontakt zwischen den Sachsen und ihren elbslawischen Nachbarn im 10. Jahrhundert.

Für den sächsischen Adel war der elbslawische Raum in mehrfacher Hinsicht interessant: Als Ziel von Beutezügen und Tributeintreibung, aber auch als Rückzugsgebiet bei Konflikten mit dem König. Nur dort, wo wie bei Abodriten und Hevellern um die Zentralorte Mecklenburg und Brandenburg jeweils Fürstenfamilien über längere Zeit eine Vormacht behaupten konnten, boten sich den sächsischen Großen und den ottonischen Herrschern verlässliche Partner oder durch militärische Aktionen dauerhaft zu unterwerfende Gegner. Immer wieder wurden auch Eheverbindungen mit slawischen Fürstenfamilien geschlossen; sogar Otto der Große ist vor seiner Eheschließung eine Verbindung mit einer hevellischen Fürstentochter eingegangen, deren Familie wohl noch einige Zeit eine wichtige Rolle als Partner des Königtums spielte.

Schon Heinrich I. hatte im Zusammenhang mit der Ungarnabwehr elbslawische Völker tributpflichtig gemacht und mit der Befestigung von Merseburg und Meißen Ausgangspositionen für das weitere militärische Vorgehen geschaffen. Unter Otto dem Großen lag dies weitgehend in den Händen einzelner sächsischer Adeliger, denen in bestimmten Grenzräumen militärische Befugnisse und organisatorische Zuständigkeiten, vor allem das Eintreiben von Tributen, übertragen wurden: Im Norden agierte der *princeps militiae* Hermann Billung, der allmählich zum sächsischen Stellvertreter des Königs aufstieg, während in der Mitte und im Süden Markgraf Gero († 965) eine herausragende Rolle als enger Vertrauter Ottos des Großen und militärischer Anführer spielte. Gero und andere adelige Kommandeure wurden als Markgrafen bezeichnet, doch haben wir keine hinreichenden Belege dafür, dass schon früh ein geschlossenes System von Markgrafschaften errichtet worden wäre. Nach Geros Tod agierten in seinem Kommandobereich drei Markgrafen; besondere Bedeutung erlangte die erstmals 968 bezeugte Mark Meißen im Bereich der Sorben.

e) Nachbarschaft und Grenzen

Die politische Situation im Osten des ottonischen Reichs lässt sich im 10. Jahrhundert nicht nach dem Vorbild der Beziehungen und Konflikte moderner Staaten verstehen. Im Vordergrund standen vielmehr die Möglichkeiten und Probleme, die sich aus der Situation der Nachbarschaft ergaben, wobei kleinräumige Beziehungen wichtiger sein konnten als der großräumige ottonische Herrschaftsverband. Für sächsische Große mochte das Verhältnis zu den slawischen Nachbarn im Osten interessanter sein als die Probleme Lothringens im Westen oder gar des schwäbischen Raums im Süden. Umgekehrt hatten es die slawischen Fürsten nicht nur mit den ottonischen Kaisern, sondern auch mit ihren unmittelbaren Nachbarn zu tun: Für den Piasten Mieszko I. waren das vor allem sächsische Große, die Přemysliden unterhielten traditionelle Beziehungen zu ihren bayerischen Nachbarn. Piasten und Přemysliden konkurrierten mit den Großen Sachsens, Thüringens oder Bayerns um Herrschaftspositionen im Grenzraum des ottonischen Reichs. Während Mieszko nach ersten Konflikten die Verbindung zum ottonischen Herrscher und zu seinen sächsischen Nachbarn suchte und gemeinsam mit diesen gegen elbslawische Gruppen kämpfte, pflegten die Přemysliden traditionelle Kontakte zu den Elbslawen. Zur Zeit Ottos II. und der Regentschaft der Kaiserinnen (s. Kap. III, 2) trat der Přemyslide Boleslav II. (967–999) in größere Distanz zum ottonischen Hof; dabei spielte nicht zuletzt die zunehmende Rivalität mit Mieszko I. eine wichtige Rolle, die vor allem dem Besitz Schlesiens galt. Mieszko heiratete im Jahr 977 die Tochter eines sächsischen Markgrafen und übernahm nach dessen Tod offensichtlich auch die markgräflichen Funktionen seines Schwiegervaters.

f) Christianisierung und Kirchenorganisation

Die Christianisierung der Slawen wurde im Wesentlichen als eine organisatorische Frage verstanden: An den zentralen Burgorten der Heveller und Redarier, Brandenburg und Havelberg, gründete Otto I. im Jahr 948 elbslawische Bistümer. 968 oder 972 kam das Bistum Oldenburg im Gebiet der Abodriten dazu, im südöstlichen Bereich fungierten Merseburg, Zeitz und Meißen als Suffragane der neuen Kirchenprovinz Magdeburg. Die größte Aufmerksamkeit galt offensichtlich der Errichtung christlicher Kirchen und kirchlicher Strukturen sowie der Eintreibung der entsprechenden Abgaben. In diesem Rahmen behielt die slawische Bevölkerung offenbar die Möglichkeit, ihren paganen religiösen Kult weiterzuführen. Davon zeugen nicht nur spätere Berichte Bischof Thietmars von Merseburg über die slawischen Angehörigen seines Bistums, sondern auch archäologische Befunde, die auf ein Nebeneinander von Kirchen und heidnischen Kultstätten hinweisen.

Auch bei den slawischen Fürstentümern im Osten des Reichs wurde die Christianisierung als Angelegenheit der Herrscher verstanden. Wohl im Zusammenhang einer kurzen Zeit der Verbindung mit den přemyslidischen Nachbarn, die in der Heirat mit der böhmischen Fürstentochter Dobrawa († 977) gipfelte, leitete Mieszko I. mit seiner Taufe die Christianisierung seines Herrschaftsbereichs ein. Die wichtigsten böhmischen Fürsten hatten noch unter karolingischem Einfluß in der zweiten Hälfte des 9. Jahrhunderts das Christentum angenommen; der Prager Fürst Wenzel I. wurde sogar als Märtyrer verehrt, obwohl er nicht im Zusammenhang religiöser Auseinandersetzungen, sondern aufgrund familiärer Rivalitäten getötet worden war.

Aus neuzeitlicher Perspektive hat man Mission und Christianisierung der Slawen häufig als integrierende Faktoren im Rahmen einer mehr oder weniger planmäßig betriebenen Expansion des ottonischen Reichs nach Osten gewertet. Solche raumgreifenden Expansionsabsichten lassen sich aber ebensowenig belegen wie die politische Instrumentalisierung der Christianisierungsbemühungen. Bei der Ausbreitung und Organisation des kirchlichen Lebens in ihren Herrschaftsbereichen rekrutierten die slawischen Fürsten vor allem das kirchliche Personal in der ottonischen Nachbarschaft. Eine wichtige Rolle spielte dabei zunächst das Bistum Regensburg, dem vielleicht auch Jordanus (968–984) entstammte, der erste, wohl mit der böhmischen Fürstentochter Dobrawa gekommene Bischof im Herrschaftsbereich Mieszkos. Vor allem nach der Gründung des Magdeburger Erzbistums beteiligten sich auch Kleriker aus Sachsen am Aufbau der neuen Kirchen, darunter Unger, der als Bischof spätestens um die Jahrtausendwende in Posen residierte. Es läßt sich nicht voraussetzen, dass die slawischen Fürsten von Beginn an darauf hätten abzielen müssen, eine eigene Kirchenorganisation in der Form selbständiger Bistümer oder gar einer „landeskirchlich" fungierenden Kirchenprovinz zu schaffen. Vor allem gibt es keine Belege dafür, dass solche organisatorischen und kirchenrechtlichen Bemühungen mit Absichten der ottonischen Herrscher hätten konkurrieren müssen, die gesamte kirchliche Organisation des Ostens in der Kontrolle der Reichskirche zu halten.

Nicht die ottonischen Herrscher, sondern die Bischöfe zeigten sich wohl bei der Christianisierung und der Errichtung neuer kirchlicher Strukturen besonders darum bemüht, die eigenen Zuständigkeiten zu wahren. Als im Zusammenwirken von böhmischem Fürsten, Kaiser, Papst und Bischöfen zwischen 968 und 976 die ersten böhmischen Bistümer in Prag und einem nicht mehr feststellbaren Ort in Mähren gegründet wurden, bedeutete das weder eine Schmälerung der Reichskirche noch einen Affront gegen die ottonische Oberherrschaft über das böhmische Fürstentum. Geschädigt sah sich vielmehr der zuvor für Böhmen zuständige Regensburger Bischof, während der Mainzer Erzbischof zwei neue Bistümer für seine Kirchenprovinz gewann, wodurch er wohl nicht zuletzt für die Einbußen entschädigt wurde, die er durch die Gründung einer neuen Kirchenprovinz in Magdeburg erlitten hatte.

II. Grundlagen und Praxis der Königsherrschaft

1. Herrschaft ohne institutionelle Sicherung

Wie fast vier Jahrzehnte zuvor sein Vater konnte Otto II. Herrschaftspositionen übernehmen, die sein Vorgänger erst hatte aufbauen müssen: Nicht nur zum König, sondern als letzter westlicher Herrscher nach byzantinischem und karolingischem Vorbild auch zum Mitkaiser gekrönt, verheiratet mit einer Byzantinerin, stand er deutlich über den Großen des Reichs und konnte einen Anspruch erheben, der sogar dem des westfränkischen Karolingers überlegen war. Trotzdem blieb ihm nicht erspart, was alle ottonischen Herrscher bei Herrschaftsantritt erleben mussten: eine Zeit gefährlicher Konflikte, die nur mühsam bewältigt werden konnten. Es scheint nahe zu liegen, die Rebellionen von Mitgliedern der Königsfamilie oder anderen Großen sowie die Konflikte mit Königen oder Fürsten, die am Rande oder außerhalb der ottonischen Herrschaftsordnung standen, als Reaktion auf einen jeweils gesteigerten Herrschaftsanspruch des neuen Königs oder auf seine politische Zielsetzungen und Programme zu deuten. Ottonische Geschichte erscheint in diesem Horizont als Abfolge politischer Aktionen und als Wechsel von Herrschaftsvorstellungen und politischen Programmen der Könige.

Eine solche Perspektive ist aber deutlicher von neuzeitlichen Erfahrungen mit machtstaatlichem Handeln und modernen Vorstellungen von Politik geprägt als von den Bedingungen, unter denen ottonische Königsherrschaft entstanden ist und immer wieder behauptet werden musste. Durch die spätkarolingische Entwicklung waren Herrschaftsrechte und Herrschaftsgrundlagen des Königtums zu einem großen Teil an die führenden Adelsfamilien übergegangen und häufig mit deren Eigenbesitz verschmolzen. Das Königtum der Ottonen hatte sich in einem Kontext gebildet, in dem der Herrschaftsanspruch des Adels selbstverständlich war; die Herrschaft des Königs war wesentlich durch Ausgleich mit den führenden Adelsfamilien möglich geworden und blieb auf die Akzeptanz durch den Adel angewiesen. Zwar konnte schon Otto der Große, nicht zuletzt durch die Krönung in Aachen, im Anspruch und im äußeren Erscheinungsbild seines Königtums an die karolingischen Vorgänger anknüpfen, doch wurden dadurch die Grundlagen und der neue Rahmen der ottonischen Herrschaft nicht überschritten.

Vor allem fehlten dem ottonischen Königtum institutionelle Sicherungen, wie sie das karolingische Königtum ausgebildet hatte. Amtsträger, die der König hätte kontrollieren und beliebig ein- und absetzen können, gab es nicht; die vom König vergebenen Ämter hatten sich schon seit der spätkarolingischen Zeit weitgehend zu adeligen Herrschaftspositionen gewandelt, die mit den eigenen Herrschaftsrechten des Adels verschmolzen. Gleiches gilt für Besitztümer und Herrschaftsrechte, die der König als Lehen an adelige Herrschaftsträger vergab. Herrschaftspositionen und Besitz zu vergeben sowie Gunst und herrscherliche Huld zu erweisen, waren wesentliche Momente der Praxis und der Darstellung königlicher Herrschaft. Dabei agierte der König nicht frei nach eigenen Vorstellungen und politischen Plänen, sondern unter den Bedingungen, die sich aus dem Zusammenwirken unterschiedlicher Interessen ergaben, und nach den ungeschriebenen Regeln, die sich in der Interaktion von Adel und Königtum seit der spätkarolingischen Zeit herausgebildet hatten.

Der Herrscher bildete allenfalls das Zentrum eines Netzwerkes aus persönlichen Bindungen, freundschaftlichen und verwandtschaftlichen Beziehungen sowie herrschaftlichen Funktionen, das verschiedene Knotenpunkte aufwies. In dieser polyzentrischen Herrschaftsordnung war der König nicht der alles bewegende Motor politischer Aktionen; ebenso wichtig waren die Interessen und Ansprüche der Großen sowie die Erwartungen, die man mit dem Königtum verband. Die Herrschaftsordnung beruhte weitgehend auf dem persönlichen Gegenüber einer sehr kleinen Gruppe herausgehobener Herrschaftsträger. In diesem Rahmen hing die Wirkung königlicher Herrschaft zu einem großen Teil von der persönlichen Präsenz des Königs ab; die unmittelbare persönliche Begegnung war wichtiger als eine weitreichende, aber nicht konkret wirksame Herrschaftsgewalt.

a) Rückgang der Schriftlichkeit

Damit einher ging der weitgehende Verzicht auf das Medium, das zumindest unter Karl dem Großen und Ludwig dem Frommen Willensäußerungen und programmatische Forderungen des Herrschers reichsweit verbreitet hatte: Die Schrift. Die Ottonen stellten weitaus weniger Urkunden aus als ihre karolingischen Vorgänger: Die Übertragung von Besitz oder die Verleihung von Rechten durch den Herrscher wurden durch symbolische Handlungen vollzogen; nur gelegentlich wurden darüber Urkunden ausgestellt, die fast ausnahmslos für geistliche Empfänger bestimmt waren. Schon seit der Mitte des 9. Jahrhunderts hatte sich das Erscheinungsbild der Herrscherurkunde geändert: Immer stärker traten die visuellen Gestaltungsmittel, vor allem eine besondere Schrift mit schmalen, verlängerten Buchstaben sowie das Siegel und das äußere Format, in den Vordergrund. Die Urkunde wurde dadurch deutlich in den Rahmen der zeremoniellen Präsentation eingepasst, ihr Charakter als Zeugnis schriftlicher Kommunikation trat hinter ihre Wirkung im Kontext der symbolischen Ausdrucksformen der Zeit zurück. Die Siegel mit dem Bild des Herrschers wurden vom Beglaubigungsmittel zum Medium herrscherlicher Präsenz: sie vermittelten eine Erfahrung des Königs auch unabhängig von seiner persönlichen Anwesenheit (Hagen Keller).

b) Herrschaftspräsentation und Reichsstruktur

Weil die Kommunikation in allen Bereichen des gesellschaftlichen Lebens durch das persönliche Gegenüber und durch demonstrative Handlungen, Zeichen, Gesten und Rituale bestimmt war, hatte die Darstellung des königlichen Rangs zentrale Bedeutung für die Herrschaftsordnung des 10. Jahrhunderts. In der aktuellen Diskussion wird häufig der sich anbietende Begriff der „Repräsentation“ vermieden, weil damit zumeist Phänomene verbunden werden, die ihre charakteristische Ausprägung im antiken Kaisertum, am absolutistischen Fürstenhof und im Rahmen neuzeitlicher Staatlichkeit erfahren haben. Offener erscheint demgegenüber der Begriff der „Präsentation“, der den Akzent auf die öffentliche Darstellung und den demonstrativen Ausdruck des herrscherlichen Rangs und Anspruchs legt, ohne einen Fürstenhof nach spätmittelalterlichem und neuzeitlichem Vorbild oder eine größere politische Öffentlichkeit modernen Zuschnitts als Foren solcher Darstellung vorauszusetzen.

Die Herrschaftspräsentation der Ottonen fand einen Schwerpunkt in den liturgischen Festen der Kirche. Seit Heinrich I. wurde das Osterfest in Quedlinburg gefeiert, seit der Errichtung des Magdeburger Bistums folgte dort zumeist die Feier des Pfingstfestes; erst Heinrich II. ließ Quedlinburg zurücktreten zu Gunsten Merseburgs oder seiner Bistumsgründung Bamberg. Die feierliche Präsentation bei Hoftagen und kirchlichen Festen war keine bloße „Außendarstellung". Sich mit königlichem Glanz zu präsentieren, die Huldigung der Großen entgegenzunehmen, in königlicher Freigebigkeit Gunst und Huld zu erweisen, das entsprach den Erwartungen, die an den König gerichtet wurden, und machte einen großen Teil von Wesen und Wirkung des Königtums aus. Deshalb war es ein wichtiges Anliegen des Königs, seiner Herrschaftspräsentation überhaupt Raum zu verschaffen; umgekehrt lässt die räumliche Verteilung königlicher Präsenz Schwerpunkte der Grundlagen sowie der Wirkung und Akzeptanz königlicher Herrschaft erkennen.

Die Veränderungen im **Itinerar** des Königs zeigen einen allmählichen Wandel der Herrschaftsstruktur an: Ostsachsen war ein Zentralraum der ersten drei ottonischen Könige, die sich daneben vor allem auf dem Reichsgut am Niederrhein und im Rhein-Main-Gebiet bewegten. Erst Otto III. bezog auch Schwaben stärker in sein Itinerar ein, seit Heinrich II. verteilen sich die Stationen des Herrschers über das ganze Reich.

Reisekönigtum und Itinerar
Der König des 10. und 11. Jahrhunderts hatte keine feste Residenz, sondern zog im Reich umher. Die Itinerarforschung untersucht die Stationen des Reiseweges, die sich aus den Ortsangaben von Urkunden sowie historiographischen Angaben ermitteln lassen, und versucht, mithilfe von weiteren Überlegungen, etwa zur Reisegeschwindigkeit, die Aufenthaltsdauer für bestimmte Orte und Räume festzustellen. Daraus lassen sich Schwerpunkte der herrscherlichen Präsenz ermitteln. Aufschlussreich ist ferner, welche Räume der Herrscher nicht aufsuchte und wohin Adelige aus diesen Gegenden reisen mussten, um etwa königliche Urkunden entgegenzunehmen.

c) Die materiellen Grundlagen

Der längere Aufenthalt des Herrschers, der mit einem wechselnden Gefolge durch das Reich zog und an den verschiedenen Stationen von Großen der Umgebung, aber auch aus entfernteren Regionen, oder von Gesandten anderer Herrscher aufgesucht wurde, stellte hohe Anforderungen an die wirtschaftliche und logistische Leistungskraft der Aufenthaltsorte und ihres Umlandes. Unter den ersten ottonischen Königen waren das vor allem Pfalzen, die seit karolingischer Zeit zum Besitz des Königs gehörten; erst seit Heinrich II. wurden zunehmend Bischofsstädte für den Herrscheraufenthalt genutzt. In Bayern und Schwaben war die herrscherliche Präsenz nicht zuletzt deshalb eingeschränkt, weil dort der karolingische Königsbesitz weitgehend in die Verfügungsgewalt der Herzöge gelangt war. Neben dem aus der Karolingerzeit überkommenen Reichsgut nutzten die frühen Ottonen vor allem die Zentren ihres Eigenbesitzes im östlichen Harzgebiet; für die Versorgung des Königshofes in diesem Gebiet spielten auch die von der Herrscherfamilie gegründeten religiösen Frauengemeinschaften in Quedlinburg oder Gandersheim oder Klöster wie Memleben eine wichtige Rolle.

Materieller Besitz war nicht nur für die angemessene Versorgung des Königs und seines Hofes wichtig, sondern ermöglichte es dem Herrscher, den an ihn herangetragenen Erwartungen zu entsprechen und sich in königlicher Weise freigebig zu erweisen.

Der König bemühte sich nicht vornehmlich darum, die eigenen Ressourcen zusammenzuhalten oder auszubauen und möglichst effizient zu nutzen, sondern vergab Besitz und Herrschaftsrechte an geistliche und weltliche Getreue, um sie für ihren Dienst zu belohnen oder für zukünftige Dienste zu motivieren und auszustatten. Finanziell einträgliche Rechte wie die Erhebung von Zöllen, die Ausgabe von Münzen oder die Abhaltung von Märkten wurden zumeist nicht unmittelbar vom König genutzt, sondern an geistliche und weltliche Herrschaftsträger vergeben, um deren Leistungsfähigkeit für den Königsdienst zu stärken.

Auf die Dienste seiner Gefolgsleute war der König nicht zuletzt im militärischen Bereich angewiesen. Seit der Karolingerzeit war die Bedeutung des allgemeinen Heeresaufgebotes der Freien zurückgegangen, weil immer mehr freie Bauern sich in die Hörigkeit von großen geistlichen oder weltlichen Herren begaben, um größere Sicherheit gegen äußere Bedrohungen oder wirtschaftliche Not zu erlangen oder den Belastungen des Militärdienstes zu entgehen. Die Heerzüge des ottonischen Königs, vor allem die aufwändigen Italienzüge, wurden weitgehend von spezialisierten Panzerreitern der königlichen Vasallen getragen; eine eigene Söldnertruppe, wie sie die slawischen Fürsten unterhielten, besaß der König nicht. Aus der Zeit Ottos II. ist der so genannte *Indiculus loricatorum* erhalten, eine Liste der Aufgebote, die vor allem Bischöfe und Äbte nach Italien senden sollten. Im Ganzen wurden etwa 2100 gepanzerte Reiter angefordert; wahrscheinlich handelte es sich um Truppen, die das schon in Italien operierende Heer ergänzen sollten, weshalb sich aus der Liste keine Gesamtzahl des ottonischen Aufgebots ableiten lässt.

2. Herrschaftsordnung und Handlungsspielraum

a) König und Adel

Auf der obersten Stufe der Rangordnung standen dem König Herzöge, Markgrafen und Grafen gegenüber, die auf jeweils unterschiedliche Weise eigenberechtigte adelige Herrschaftsansprüche mit Herrschaftsrechten und Aufgaben verbanden, die in karolingischer Tradition vom König vergeben wurden. Zwar hatte Otto der Große nach dem Tod Arnulfs von Bayern den Anspruch der Herzogssöhne übergangen, nachdem schon Heinrich I. das Herzogtum Schwaben nach dem Tod Herzog Burchards I. († 926) an einen landfremden Konradiner vergeben hatte; in langfristiger Perspektive aber wurde der Anspruch der Herzogsfamilien bei der Nachfolge zumeist beachtet

karolingische Ämter – ottonische Herrschaftspositionen
Grafen waren seit der Karolingerzeit Amtsträger, die im Auftrag des Königs in einem bestimmten Bezirk für die Friedenswahrung, den Schutz des Reichsguts, die Rechtsprechung und das Heeresaufgebot sorgten. Der Amtscharakter trat seit spätkarolingischer Zeit zunehmend in den Hintergrund, die Grafenwürde wurde stärker als adeliger Rang und Teil der eigenständigen, auf Erbbesitz beruhenden Adelsherrschaft verstanden.
Markgrafen besaßen herausgehobene Kommandogewalt in bestimmten Grenzräumen des Karolingerreichs, den Marken. In Anknüpfung an diese Struktur schufen die Ottonen ein Netz von Marken zur Kontrolle der slawischen Nachbarn, dessen nördlicher Teil im Aufstand von 983 zerstört wurde. Teile der bayerischen Ostmark wurden in einer Urkunde des Jahres 996 erstmals als *Ostarrichi* (Österreich) bezeichnet. Die Kärntner Mark im Südosten wurde unter Otto II. zum Herzogtum erhoben, eine 952 neu geschaffene Mark Verona kontrollierte den Zugang nach Italien.

Die enge Bindung der süddeutschen Herzogtümer an die ottonische Familie schloss nicht aus, dass die herzoglichen Verwandten des Königs eigene Interessen verfolgten und den Herrscher mit eigenen Ansprüchen konfrontierten. Auch bei der Vergabe von Grafschaften achtete der König zumeist die Ansprüche der Söhne oder anderer Verwandter des verstorbenen Grafen. Sogar die Markgrafschaften im Osten Sachsens, die herausgehobene Kommandopositionen gegenüber den unter königliche Herrschaft oder zumindest in Tributabhängigkeit gebrachten slawischen Stämmen beinhalteten, wurden zum Gegenstand der Konkurrenz adeliger Familien. Auch die slawischen Fürsten im Osten des Reichs, Přemysliden und Piasten, nutzten Eheverbindungen mit dem sächsischen Adel, um markgräfliche Positionen zu übernehmen.

b) König und Kirche

Die herausgehobenen Positionen der Kirche, Bistümer und Reichsabteien, konnten ebenfalls zum Objekt adeliger Familieninteressen werden oder als Träger eigener Ansprüche und Erwartungen dem König gegenübertreten. Weil Bistümer und bedeutende Klöster seit karolingischer Zeit vom Königtum mit reichem Besitz ausgestattet worden waren und herrschaftliche Rechte wahrnahmen, mussten die Reichskirchen dem Herrscher im Gegenzug das ***servitium regis*** leisten. Zudem beanspruchte der König die grundsätzliche Verfügungsgewalt über die Ämter des Bischofs oder Abtes. In der Rechtstradition der Kirche war diese Kompetenz des Herrschers nicht vorgesehen, sie hatte sich vielmehr in der frühmittelalterlichen Praxis ergeben, analog zum Institut der Eigenkirche. Die Mehrzahl der Bistümer östlich des Rheins war seit der frühen Karolingerzeit von fränkischen Königen gegründet worden, weshalb die Könige wie adelige Eigenkirchenherren Herrschaftsrechte über die Bischofskirchen beanspruchten. Bis ins frühe 11. Jahrhundert nahm niemand daran Anstoß, die Bischöfe sahen vielmehr ihre besondere Würde und Stellung in der Herrschaftsordnung gerade dadurch garantiert, dass sie, wie es Thietmar von Merseburg formulierte, allein vom König eingesetzt werden konnten, der „durch den Glanz seiner Krone alle Sterblichen überragte". Das hinderte die führenden Gruppen der Bischofskirchen allerdings nicht daran, im Einzelfall das Recht, den Bischof zu wählen, auch gegen den König zu verteidigen; dabei berief man sich allerdings in der Regel nicht auf das allgemeine Recht der Kirche, sondern auf spezielle Privilegien, die der König selbst erteilt hatte.

> **Servitium regis**
> ist im strengeren Sinn die Beherbergung und Beköstigung des Königs und seines Gefolges (Gastung), die von den Königsgütern und seit Heinrich II. vor allem von den Reichskirchen geleistet wurde. Im weiteren Sinn konnten andere Pflichten im Königsdienst, z. B. die Heerfolge oder die Übernahme von Gesandtschaften durch Bischöfe, darunter verstanden werden. Nicht den unwichtigsten Aspekt des kirchlichen Königsdienstes bildete das Gebet für König und Reich, das den Herrschaftserfolg des Königs, aber auch sein religiöses Heil einschloss.

Früher hat man gelegentlich angenommen, dass Otto der Große diese Voraussetzungen genützt habe, um die Reichskirche, die Gesamtheit der unmittelbar dem König unterstellten Bistümer und Abteien, zu einem exklusiven Instrument königlicher Macht und zum Gegenpol des weltlichen Adels auszubauen. In diesem Zusammenhang ist zuerst vom „ottonisch-salischen Reichskirchensystem" gesprochen worden. Demgegenüber hat die neuere Forschung festgestellt, dass auch die Reichskirche in das grundlegende Miteinander von Adel und Königtum einbezogen war. Die vielfachen politisch-sozialen Integrationsleistungen der Kirchen lassen sich allerdings auch als „System" beschreiben, das sich aber nicht aufgrund herrscherlicher Planung, sondern im komplexen Zusammenspiel von König, Adel und Kirche ausgebildet hat.

Seit Ottos Bruder Brun als Erzbischof von Köln und Erzkanzler die Hofkapelle leitete, wurden immer öfter ehemalige Kapelläne zu Bischöfen erhoben. Diese stammten aber zumeist aus dem hohen Adel und wirkten nach ihrer Erhebung oft zusammen mit ihren Familien und in deren Herrschaftsbereich. In dieser Perspektive erscheinen Reichskirche und Adelsherrschaft nicht als Gegensatz, vielmehr dürfte die Ausbildung von Adelssöhnen verschiedener regionaler Herkunft in der Hofkapelle zur Integration des Reichs beigetragen haben. Bischöfe, die nicht über familiäre Beziehungen und Rückhalt in ihren Diözesen verfügten, sondern aus anderen Regionen stammten, hatten es trotz der Unterstützung des Königs zumeist schwer, sich durchzusetzen. Erst Heinrich II. erhob häufiger solche ortsfremden Bischöfe; zu seiner Zeit stellten die ehemaligen Hofkapläne etwa ein Drittel der Bischöfe, also eine zahlenmäßig bedeutende Gruppe innerhalb des Episkopats. Ohnehin war der König bei der Vergabe von kirchlichen Positionen mit den gleichen Ansprüchen und Erwartungen konfrontiert wie bei der Vergabe von Herzogtümern und Grafschaften. Sogar der erste Erzbischof von Magdeburg, Adalbert, war wohl nicht der Kandidat des kaiserlichen Bistumsgründers, sondern des regionalen Adels. Auch die Privilegierung von Klöstern, denen Immunität (s. S. 52) und das Recht der freien Abtswahl verliehen wurde, lässt sich nicht als Ergebnis umfassender königlicher Planung verstehen, sondern muss in vielen Fällen wohl als Antwort auf Bitten und Ansprüche der einzelnen Institutionen verstanden werden.

Bischöfe und Äbte wurden durch die Ausstattung mit Besitz und Herrschaftsrechten zu wichtigen Herrschaftsträgern im Reich. Für den König waren besonders die militärischen Kontingente wichtig, die von Bischöfen und Reichsäbten gestellt wurden. Dazu wurden die Kirchen durch die wirtschaftliche Leistungsfähigkeit ihrer Grundherrschaften befähigt, die etwa Ausbildung und Unterhalt spezialisierter Panzerreiter ermöglichte. Die Traditionen der Schriftkultur, die in der Kirche nicht vollständig abgerissen waren und seit Mitte des 10. Jahrhunderts mit neuer Intensität gepflegt wurden, kamen auch der Verwaltung der Kirchen und ihres Besitzes zugute, weshalb die kirchlichen Grundherrschaften zumeist intensiver genutzt wurden als die weltlichen.

Die Wirtschaftskraft zumindest der größeren Diözesen führte zum Aufblühen der Bischofsstädte. Um die Jahrtausendwende wetteiferten Bischöfe wie Willigis von Mainz oder Bernward von Hildesheim nicht nur beim mehrfachen Neubau der Domkirchen miteinander; durch die Gründung von Klöstern oder Stiften, häufig auf Eigenbesitz der Bischöfe, entstanden ganze Sakrallandschaften, die das Stadtbild vieler Bischofsstädte prägten. Einträgliche Markt-, Münz- und Zollrechte förderten den wirtschaftlichen Aufschwung der Bischofsstädte, die häufig von Marktsiedlungen umgeben waren.

Das herrschaftliche, wirtschaftliche und kulturelle Engagement der Bischöfe stand nicht im Gegensatz zu ihren liturgischen und pastoralen Aufgaben; die möglichst prachtvolle Ausstattung einer Kirche und das Bestehen im Wettbewerb mit anderen Bischofskirchen wurde als eine Aufgabe verstanden, die man den Traditionen und besonders den Heiligen der Kirche schuldig war. Auch wenn viele Bischöfe daneben als Gründer von Klöstern oder Stiften gewissermaßen im eigenen Namen tätig wurden und sich dadurch ebenso wie der König und vermögende Adelige besonderen himmlischen

Lohn sichern wollten, traten ihre pastoralen und liturgischen Aufgaben nicht in den Hintergrund. Die Lebensbeschreibungen einzelner Bischöfe der Zeit vergessen diese Felder nicht, wenn sie die ideale Lebensführung des Bischofs darstellen; besonders eindrucksvoll wird etwa in der Vita Ulrichs von Augsburg geschildert, wie rastlos der Bischof durch seine Diözese reiste, um Sakramente zu spenden und die Kirchen zu visitieren.

Kritik am weltlichen Dienst der geistlichen Herren und an ihrer häufigen Abwesenheit aufgrund der Reisen im Gefolge oder im Auftrag des Königs finden wir nur selten; allerdings sah sich ein Angehöriger des vom Kölner Erzbischof Brun gegründeten Klosters St. Pantaleon veranlasst, die einzigartige Stellung Bruns als Bischof und Herzog von Lothringen zu verteidigen. Darin kommt aber vermutlich keine grundsätzliche Kritik am „Reichskirchensystem" zum Ausdruck, vielmehr gab es wohl lokale Vorbehalte gegenüber dieser übermächtigen, als Erzbischof und Königsbruder singulären Gestalt.

c) Herrschaft und Konflikt

Eine zentrale Herausforderung ottonischer Königsherrschaft bestand darin, die Ansprüche und Erwartungen, die an den König herangetragen wurden, auszubalancieren und das komplizierte Geflecht aus Ansprüchen und Bindungen, aus Loyalitäten, Konkurrenz und Feindschaften zu erhalten. Das konnte immer dann misslingen, wenn der Herrscher zwischen konkurrierenden Ansprüchen entscheiden musste, wenn er bestimmte Forderungen aufgrund eigener Interessen zurückweisen oder etwa demonstrativ seine Huld verweigern wollte, um auf unerwünschte oder gar als kränkend oder feindlich verstandene Verhaltensweisen zu reagieren. In solchen Fällen konnte es zu Konflikten kommen, die sich deshalb meist schnell ausbreiteten, weil die betroffenen Großen Bindungen und Loyalitäten abrufen konnten, die auf Verwandtschaft oder auf Freundschaftsbündnissen und Schwureinungen beruhten.

Solche Konflikte lassen sich nicht als „Bürgerkriege" verstehen; auch wenn der König selbst beteiligt war, liefen sie nach dem Muster allgemeiner Fehdeführung ab, das sich seit dem Frühmittelalter erkennen lässt. Eröffnet wurde der Konflikt zumeist damit, dass ein Großer sich aus der Nähe des Königs zurückzog und mit Gefolgsleuten, Verwandten und Freunden sowie anderen Unzufriedenen zusammenkam. Kampfhandlungen wurden selten als offene Schlachten ausgetragen, vielmehr suchte man den Gegner dort zu treffen, wo er nicht verteidigungsbereit war, und ihn durch Plünderung, Brandschatzung oder Vernichtung der Ernte zu schädigen. Währenddessen gingen Vermittler zwischen den Gegnern hin und her. Die Konflikte zwischen Otto dem Großen und dem Konradiner Eberhard oder seinem Sohn Liudolf dauerten auch deshalb relativ lange, weil Otto Vereinbarungen der Vermittler nicht anerkannte. Auch die Beilegung des Konfliktes war ritualisiert: Der Gegner des Königs konnte damit rechnen, dessen Huld zurückzuerlangen und nach einer gewissen Zeit wieder in alle früheren Herrschaftspositionen eingesetzt zu werden, wenn er sich in einer förmlichen Ritual (*deditio*) unterwarf (s. a. **Quelle**). Nur bei wiederholter Auflehnung musste er damit rechnen, wie etwa Heinrich der Zänker vom königlichen Gericht verurteilt und mit langer Gefangenschaft oder wie der römische Stadtherr Crescentius sogar mit dem Tod bestraft zu werden. Niederrangige Gefolgsleute der Empörer konnte allerdings immer harte königliche Strafe treffen.

Die *deditio* des Königssohnes Liudolf vor Otto dem Großen
Widukind von Corvey, Sachsengeschichte III, 40, Quellen zur Geschichte der sächsischen Kaiserzeit, hrsg. von A. Bauer und R. Rau, Darmstadt 1971 (FSGA, A, Bd. 8).

Als sich der König der Jagd wegen an einem Ort, Suveldun genannt, aufhielt, warf sich sein Sohn mit bloßen Füßen vor dem Vater nieder, von tiefster Reue ergriffen, und durch klägliche Worte erpresste er erst seinem Vater, dann auch allen Anwesenden Tränen. So wurde er in väterlicher Liebe wieder zu Gnaden aufgenommen und gelobte zu gehorchen und in allen Stücken seines Vaters Willen zu erfüllen.

3. Sakrales Königtum

Den Bindungen an Konsens und Akzeptanz der Großen und an die Verhaltensregeln der Adelsgesellschaft, denen das ottonische Königtum unterlag, wird oft die christliche Herrschaftslegitimation als einzige unbestrittene Prärogative des Herrschers entgegengestellt. In der Tradition christlicher Herrschaftsbegründung seit der Spätantike war es selbstverständlich, wie der Römerbrief des Paulus (13,1–7) formuliert hatte, dass jede Herrschaft sich von Gott herleitete. Spätestens seit der Königssalbung des Karolingers Pippin im Jahr 751 wurde die göttliche Erwählung und dauerhafte Begleitung des Königs durch einen speziellen liturgischen Ritus, die Weihe und später auch die Krönung, ausgedrückt. Durch Weihe und Salbung wurde der König zum „Gesalbten des Herrn" (*christus domini*) und trat in eine besonders enge Verbindung mit Christus dem Herrn (*Christus dominus*).

Die Herleitung königlicher Macht von Gott begründete einen besonderen Gehorsamsanspruch des Königs, die Salbung verlieh ihm gemäß alttestamentlichen Vorstellungen eine besondere Unverletzlichkeit. Beides musste aber in den konkreten Bedingungen und unter den Einschränkungen, denen die Königsherrschaft in der Praxis unterlag, zur Geltung gebracht werden; schon deshalb begründete die sakrale Herrschaftslegitimation im frühen und hohen Mittelalter kein „Gottesgnadentum" absolutistischer Prägung. Die Formel „von Gottes Gnaden" (*Dei gratia*) im Herrschertitel verwies nicht nur auf den Anspruch königlicher Herrschaft, sondern auch auf ihre Abhängigkeit vom Walten Gottes; nicht nur herrscherliches Selbstbewusstsein, sondern auch fromme Demut und religiöse Verantwortung sollten darin zum Ausdruck kommen. Beides, Anspruch und religiöse Begrenzung der Königsherrschaft, wurde besonders in der festlichen Liturgie dargestellt, wenn der König beim Einzug Christus darstellte und die Krone trug, die man als Verweis auf das himmlische Jerusalem und damit als Zeichen christlicher Heilsverheißung deuten konnte. Dadurch wurde sowohl die allen Menschen gemeinsame religiöse Hoffnung ausgedrückt als auch die individuelle Hoffnung des Königs, für die Gott wohlgefällige Ausübung seiner Herrschaft dereinst mit dem ewigen Leben belohnt zu werden.

Die Hoffnung auf das religiöse Heil bestimmt auch die Zeugnisse, die den König am deutlichsten in die Nähe Gottes stellen: Die Herrscherbilder, die im Rückgriff auf spätantike, karolingische und byzantinische Ikonographie in klösterlichen Malwerkstätten vor allem in Trier, auf der Reichenau, in Regensburg oder in salischer Zeit in Echternach entstanden sind. Diese Bilder gehören zur Ausstattung kostbarer Handschriften, die für die festliche Liturgie oder für den Schatz einzelner Kirchen bestimmt waren; der

König ist in ihnen abgebildet, weil er die aufwendige Herstellung der Handschriften veranlasst und sie einer Bischofskirche oder einem Kloster geschenkt hatte oder weil eine geistliche Gemeinschaft die Handschrift für den König angefertigt hatte. In den Bildern wurde deshalb nicht nur die besondere sakrale Stellung des Königs dargestellt, sondern auch der Heilswunsch, der mit der Stiftung einer solchen liturgischen Kostbarkeit verbunden war.

Wie die Bilder anderer Stifter dienten die Herrscherbilder in liturgischen Handschriften vor allem dazu, die Memoria des Herrschers zu gewährleisten, d. h. die liturgische Fürbitte für den Herrscher über seinen Tod hinaus anzuregen und sein Gedächtnis in den beschenkten Gemeinschaften zu bewahren. Als Medien liturgischer Memoria trugen die Herrscherbilder zur Verbindung zwischen dem König und den von ihm geförderten und beschenkten religiösen Gemeinschaften bei. Gerade im Kontext der Memoria wird deshalb erkennbar, dass die sakrale Auszeichnung der Königssalbung und Krönung den Herrscher nicht aus allen innerweltlichen Bindungen löste, sondern ihn in die Gemeinschaft der liturgischen Fürbitte und der religiösen Heilshoffnung aller Menschen stellte. Die Sakralität des Herrschers kann deshalb im Kontext der sozialen Bindungen verstanden werden, in denen die ottonische Königsherrschaft wirksam wurde. Die Vorstellungen vom sakralen Königtum konnten Bindungen zwischen dem Herrscher und geistlichen wie weltlichen Herrschaftsträgern stärken und dadurch zur Stabilität der Herrschaftsordnung beitragen. Zu dieser Ordnung gehörte der von Gott legitimierte Gehorsamsanspruch des Königs ebenso wie die Erwartungen, die an den Herrscher herangetragen wurden, und die Konflikte, die immer dann ausbrechen konnten, wenn Erwartungen weltlicher oder geistlicher Herrschaftsträger nicht erfüllt oder konkurrierenden Interessen und Ansprüche nicht zum Ausgleich gebracht werden konnten.

III. Königsherrschaft zwischen Konflikt und Konsens: Von Otto II. zu Konrad II.

973–983	Kaiser Otto II.
25. 12. 983	Königsweihe Ottos III. in Aachen
983	Slawenaufstand
984	Herrschaftsanspruch Heinrich des Zänkers
984–994/95	Regentschaft der Kaiserinnen
991	Tod der Kaiserin Theophanu
996	Kaiserkrönung Ottos III.
1000	Pilgerfahrt nach Gnesen, Gründung des Erzbistums
1002	Tod Ottos III.
1002–1024	Heinrich II.
1007	Gründung des Bistums Bamberg
1014	Kaiserkrönung Heinrichs II.
1024	Königswahl Konrads II. in Kamba
1027	Kaiserkrönung Konrads II.

1. Prioritäten des Handelns in der adeligen Ranggesellschaft

Eigenbesitz, königliche Lehen und Herrschaftspositionen machten den Rang eines Adelsherren und seiner Familie aus: daraus ergab sich weniger ein Rechtsanspruch auf die erbliche Nachfolge in der Grafen- oder Herzogswürde als vielmehr der persönliche Anspruch, den eigenen Rang zu wahren. Die Vergabe von Besitz und Herrschaftsrechten war nur ein besonderer Fall der Konkurrenz innerhalb der adeligen Ranggesellschaft. Die hatte differenzierte Verhaltensmuster ausgebildet, um in der öffentlichen Kommunikation die Behauptung von Ranganspruchen und deren Akzeptanz deutlich zu machen. In diesem Zusammenhang war es etwa von Bedeutung, wer bei der Begegnung den Hut vom Kopf nehmen musste oder wer beim gemeinsamen Mahl welche Position einnahm. Solche Fragen bestimmten auch den Wettstreit innerhalb der Reichskirche: In der Frühphase des Gandersheimer Streits (s. Kap. III,4,a) wurde zum Beispiel ein Eklat dadurch vermieden, dass zwei Thronsitze für die rivalisierenden Bischöfe von Mainz und Hildesheim vor dem Altar aufgestellt wurden, damit keiner zurückstehen musste.

Bei solchen Streitfällen ging es nicht nur um Äußerlichkeiten: Rang musste zum Ausdruck gebracht und durch öffentliche Anerkennung immer wieder bestätigt werden. Auch der königliche Vorrang bedurfte solcher Darstellung, die für die Herrschaftspraxis ebenso wichtig war wie etwa das Ausstellen von Urkunden. Die Wahrung des Ranges und die Eröffnung von Räumen, um diesen darzustellen und zu präsentieren, konnte ein wichtiges Motiv königlichen Handelns sein. Während des Aufstandes seines Sohnes Liudolf etwa wurde die Lage für Otto den Großen prekär, als er in Franken keinen Raum und keine Ressourcen vorfand, um in angemessener Weise das Weihnachtsfest zu feiern. Mit dem königlichen Ansehen stand die Herrschaft Ottos auf dem Spiel: Erst in seiner sächsischen Heimat, so formulierte es Widukind, „fand er den König glanzvoll wieder, den er im fränkischen Gebiet beinahe verloren hatte". Noch auf dem Höhepunkt seiner Herrschaft musste der Kaiser in Italien erfahren, dass der sächsische Herzog Hermann Billung sich beim Magdeburger Osterfest herrscherliche Ehren angemaßt und sogar im Bett des Königs geschlafen hatte. Das war wohl ein kalkulierter Ausdruck der Kritik am allzu lange abwesenden Herrscher, wurde aber von diesem streng geahndet und durch seinen eigenen festlichen Auftritt am gleichen Ort ein Jahr später gewissermaßen ausgelöscht.

Wenn wir im Blick auf das ottonische Königtum vor allem nach politischen Programmen und rational geplanten Aktionen suchen, werden wir jeweils das Neue, die Einzelergebnisse herrscherlichen Handelns in den Vordergrund stellen. Das bedeutet aber, „politische" Geschichte nach den Maßstäben neuzeitlicher Staatsraison und moderner Zweckrationalität zu verstehen. Demgegenüber erscheint es im Kontext der frühmittelalterlichen Ranggesellschaft sinnvoll, gerade das Alltägliche zu beachten, das Selbstverständliche königlicher Präsenz in der Darstellung und Behauptung des eigenen Ranges und in der Reaktion auf die Erwartungen und Ansprüche der Großen. Deren „politisches" Handeln ist ebenso zu beurteilen: Als der permanente Anspruch, ihren Rang zu wahren, Nähe zum König zu behaupten oder zu erreichen und bei der Verteilung königlicher Ressourcen angemessen bedacht zu werden. Unter dieser Voraussetzung lässt sich die Geschichte des ottonischen Königtums als Kommunikation und Interaktion von König und Adel verstehen, als gemeinsames Handeln gemäß eingeübten Spielregeln und als Ausdrucksverhalten aufgrund eines gesellschaftlichen Codes, mit verstehbaren Zeichen und in eingeübten Ritualen. Um solches Handeln und Verhalten zu verstehen, gilt es, darauf zu achten, wo Spielregeln befolgt oder verletzt, wo Zeichen verstanden oder missachtet werden; wo Rituale misslingen, Codes ihre Kraft beweisen oder ihren Verpflichtungscharakter verlieren.

2. Otto II.

a) Probleme der Rangordnung in Familie und Reich

Die Spielregeln und Handlungsmuster der adeligen Ranggesellschaft lassen die konfliktreichen Übergänge bei einem Herrscherwechsel besser verstehen als die neuzeitlichen Kategorien politischen Handelns. Wo diese nach neuen politischen Programmen und Konzepten fragen lassen, tritt im Horizont der früh- und hochmittelalterlichen Adelsgesellschaft zuerst das Neue der personellen Konstellation in den Vordergrund. Diese ist von einem Herrscherwechsel betroffen, weil die unter dem Vorgänger austarierten Verhältnisse jeweils beim Antritt eines neuen Herrschers zur Disposition stehen. Die bisher führenden, in der Nähe zum Herrscher agierenden Großen müssen ihre Position wahren, andere können hoffen, durch größere Nähe zum König in der Rangordnung vorzurücken, neue Handlungsmöglichkeiten zu gewinnen und bei der Verteilung der vom König zu vergebenden Ressourcen zuerst bedacht zu werden. Im Wechselspiel der von verschiedenen Seiten vorgebrachten Ansprüche und Erwartungen konnte der Herrscher leicht den einen oder anderen Großen vor den Kopf stoßen und durch Vergabe von Positionen, Besitz und Rechten das komplizierte Gefüge der Herrschafts- und Rangordnung aus dem Gleichgewicht bringen.

Solche Konsequenzen scheint schon die erste, allerdings gravierende Entscheidung des jungen Kaisers Otto II. mit sich gebracht zu haben: Otto vergab das Herzogtum Schwaben nach dem Tod Herzog Burchards II. 973 an seinen ungefähr gleichaltrigen Neffen Otto, der wohl mit dem Kaiser gemeinsam aufgewachsen war und in den folgenden Jahren als einer seiner engsten Vertrauten bezeugt ist. Als Sohn Liudolfs von Schwaben gehörte der neue Herzog nicht nur zum engsten Kreis der Königsfamilie, sondern konnte er auch ein Recht auf die Nachfolge in Schwaben anmelden; ähnliche Ansprüche vertrat aber auch der Bayernherzog Heinrich der Zänker, der mit dem Kaiser ebenso eng verwandt war und dessen Schwester Hadwig die Witwe des verstorbenen Schwabenherzogs war. Mit den bayerischen Liudolfingern fühlte sich offenbar eine mächtige Adelsgruppe desavouiert, die zudem Rückendeckung bei den slawischen Fürsten Mieszko I. von Polen († 992) und Boleslav II. von Böhmen († 999) fand. Eine erste *deditio* Heinrichs wurde vom Kaiser nicht, wie auf der obersten Ebene der Herrschaftsträger üblich, mit der baldigen Verzeihung und Wiederaufnahme in die Huld des Herrschers beantwortet. Das mag dazu beigetragen haben, dass der Herzog den Konflikt wieder aufnahm, sobald er aus der wenig ehrenvollen Haft in Ingelheim freigekommen war. Unterstützung fand er bei nicht wenigen bayerischen, aber auch sächsischen Großen, doch blieb ihm nach mühevollen militärischen Unternehmungen des Kaisers gegen Regensburg und gegen den böhmischen Fürsten nur die erneute Unterwerfung und schließlich das Exil unter Aufsicht des Bischofs von Utrecht.

Auch das Verhältnis zu einem anderen Verwandten des Herrscherhauses, dem westfränkischen Karolinger Lothar (954–986), bedurfte nach dem Herrschaftsantritt Ottos II. der Klärung. Konflikte mit der lothringischen Adelsfamilie der Reginare hatte der Kaiser schließlich dadurch zu bereinigen versucht, dass er deren Ansprüche anerkannte und ihren Verbündeten, den ohne eigene Herrschaftsposition gebliebenen karolingischen Königsbruder Karl, als Herzog in Niederlothringen einsetzte. Das mag den westfränkischen König brüskiert haben; vor allem aber können wir annehmen, dass dieser nicht bereit war, dem jungen Kaiser in gleicher Weise selbstverständlichen Vorrang zuzuerkennen wie zuvor dem „Familienpatriarchen" Otto I. Kleinere militärische Unternehmungen beider Seiten, in deren Verlauf der Karolinger sogar vorübergehend Aachen, die Residenz seines Vorfahren Karl des Großen, einnehmen konnte, blieben ohne Entscheidung, bis beide Herrscher im Jahr 980 eine *amicitia* abschlossen, die wohl eine Gleichrangigkeit des Karolingers zum Ausdruck brachte. Ob dieser überhaupt mehr, etwa die Wiedergewinnung Lothringens für das westfränkische Königtum, beabsichtigt hatte, lässt sich wohl nicht sicher beurteilen.

In der Forschungsdiskussion ist häufig zu gering gewichtet worden, dass sich die Konflikte Ottos II. mit dem Bayernherzog Heinrich und mit dem westfränkischen König Lothar innerhalb engster verwandtschaftlicher Bindungen abspielten. Mit Rücksicht darauf verbietet es sich, zwischen „innenpolitischen" und „außenpolitischen" Problemen zu unterscheiden. Beide Konflikte sahen auch die Mutter Ottos II., Kaiserin Adelheid, jeweils auf der Seite der Gegner ihres Sohnes, mit denen sie ja ebenfalls eng verwandt war. Nicht zuletzt deshalb muss es fraglich bleiben, ob die Entfremdung zwischen Mutter und Sohn, die zu Adelheids Rückzug in ihre burgundische Heimat führte, vornehmlich durch die Schwiegertochter verursacht worden war, wie es der spätere Hagiograph Adelheids, Abt Odilo von Cluny († 1048), darstellt. Tatsächlich mag die Stellung der selbstbewussten und in vielfacher Hinsicht eigenständigen Kaiserin Adelheid durch die mit Prestige und Glanz des byzantinischen Kaisertums an den ottonischen Hof gekommene Theophanu beeinträchtigt worden sein; im Jahr 980 versöhnte sich die Mutter allerdings demonstrativ mit dem Sohn, der wohl doch im Zentrum des Konfliktes gestanden hatte.

b) Kaiserherrschaft und Sicherung der Nachfolge

Die Probleme der vor allem familiären Rangordnung hatten den Bestand der unter den beiden ersten Ottonen ausgebildeten Herrschaftsordnung nicht infrage gestellt. Das zeigte sich besonders, als das militärische Engagement des Kaisers gegen die Araber in Süditalien in eine Katastrophe mündete: Bei Cotrone (982) fiel eine große Zahl von weltlichen und geistlichen Gefolgsleuten Ottos II., er selbst konnte sich nur mit Mühe in Sicherheit bringen. Die nicht in Italien anwesenden Großen verlangten daraufhin ein Treffen mit dem Herrscher, das auch im Mai 983 in Verona abgehalten wurde. Zunächst ging es wohl um längst fällige Entscheidungen, vor allem um die Neubesetzung der süddeutschen Herzogtümer, weil Herzog Otto, der nach der Absetzung Heinrichs des Zänkers neben Schwaben auch noch das Herzogtum Bayern erhalten hatte, gestorben war. Auch diese neue Vergabe höchstrangiger Herrschaftspositionen betraf wieder den engsten Kreis der Adelsfamilien, die seit Heinrich I. das ottonische Königtum trugen und mehrfach mit der Königsfamilie verwandt waren: Bayern erhielt der Luitpoldinger Heinrich (983–985), ein Abkömmling der spätkarolingischen Herzogsfamilie, der schon nach der ersten Absetzung des Zänkers dessen Position eingenommen, dann aber mit diesem gemeinsame Sache gemacht hatte. Schwaben wurde Konrad († 997) übertragen, dessen Familie, die Konradiner, ebenfalls schon einen schwäbischen Herzog gestellt hatte.

Eine weitere Entscheidung von Verona hatte in langfristiger Perspektive noch gewichtigere Konsequenzen: Der erst dreijährige Sohn des Kaisers, Otto III., wurde von den Großen zum König erwählt und von zwei Erzbischöfen, Willigis von Mainz und Johannes von Ravenna († 1000), zur Krönung nach Aachen geleitet. Wir wissen nicht, von wem die Initiative zu diesem Schritt ausging; im Vergleich mit der Situation von 961 können wir aber annehmen, dass sowohl der Kaiser als auch die Großen ein Interesse daran hatten. Die frühzeitige Königswahl eines Thronfolgers diente im 10. und 11. Jahrhundert wohl weniger der dynastischen Kontinuität als der Stabilisierung des jeweils aktuellen Königtums. Durch Wahl und Weihe des Sohnes demonstrierte der Herrscher, dass sein Königtum Zukunft besaß. Die Großen mögen daran interessiert gewesen sein, frühzeitig die Verunsicherungen eines ungeregelten Herrscherwechsels auszuschließen; vielleicht ging es ihnen aber auch vor allem darum, den zeremoniellen Glanz des Königtums bei längerem Engagement des Kaisers in Italien auch im nordalpinen Reich präsent zu halten.

c) Der Aufstand der Elbslawen

Bald nach der Niederlage von Cotrone sah sich Otto II. mit einer zweiten, langfristig noch bedeutenderen Katastrophe konfrontiert: Möglicherweise durch Nachrichten aus Süditalien ermutigt, aber wohl schon länger vorbereitet, erhoben sich im Jahr 983 slawische Stämme, die im Kult- und Kampfverband der Lutizen zusammengeschlossen waren. In der Folge brach die ottonische Herrschafts- und Kirchenorganisation nordöstlich der Elbe zusammen; nur die sorbischen Gebiete im Süden waren nicht betroffen und blieben langfristig im ottonischen Herrschaftsverband. Der Aufstand trug deutliche Züge einer heidnischen Reaktion gegen die Christianisierung der elbslawischen Gebiete; antichristliche Emotionen schlugen sich nicht zuletzt in der Zerstörung zahlreicher Kirchen nieder. Das zentrale Tempelheiligtum Riedegost im Stammesgebiet der Redarier spielte eine wichtige Rolle für Zusammenhalt und Organisation des Lutizenbundes. Der richtete sich aber nicht nur gegen ottonische Herrschaft und Christianisierung, sondern auch gegen die im 10. Jahrhundert bei Abodriten und Hevellern entstandenen, großräumigeren fürstlichen Herrschaften, die häufig mit den Ottonen zusammengearbeitet und die Christianisierung unterstützt hatten. Zur Erbitterung der kleineren elbslawischen Gruppen und ihrer Anführer hatte schließlich auch das häufig rücksichtslose Verhalten sächsischer Großer beigetragen, die sich immer wieder weigerten, getroffene Vereinbarungen einzuhalten und ihre slawischen Nachbarn als gleichrangige Partner zu behandeln.

3. Nachfolgekrise und Regentschaft

Bei der Königswahl von Verona hatte man sicher nicht damit gerechnet, dass die Frage der Herrschernachfolge sich noch vor der Krönung des Königssohnes stellen würde. Mit Rücksicht auf die zu bewältigende Entfernung erscheint es plausibel, dass die Nachricht vom plötzlichen Tod Ottos II. am 7. Dezember des Jahres 983 erst in Aachen eintraf, als der junge König dort schon am Weihnachtstag gekrönt worden war. Damit war aber noch nicht entschieden, wie es weitergehen sollte, denn der Dreijährige brauchte einen Regenten, der in seinem Namen die Herrschaft ausüben würde. Als nächster Verwandter aus männlicher Linie trat jetzt Heinrich der Zänker hervor, der auf die Nachricht vom Tod des Kaisers hin aus der Haft entlassen worden war und die Kontrolle über den jungen König übernommen hatte.

Mit Selbstverständlichkeit nahm Heinrich jetzt wieder einen Platz an der Spitze der Rangordnung ein. Gegenüber dem gekrönten Kind dürfte er noch weniger als zuvor gegenüber dem Kaiser bereit gewesen sein, die eigenen Ansprüche zurückzustellen. Sicher wollte er sich nicht damit begnügen, im Namen des minderjährigen Königs die Regentschaft auszuüben; unklar bleibt allerdings, ob er diesen zu verdrängen suchte oder ob er bloß eine formelle und zeremonielle Teilhabe an der Königsherrschaft anstrebte. Plausibel erscheint jedenfalls, dass es Heinrich darum ging, nicht nur die faktische Macht als Regent auszuüben, sondern selbst als König in Erscheinung treten zu können. Vielleicht können wir gar nicht voraussetzen, dass er eine genaue Vorstellung davon gehabt hatte, wie das zu bewerkstelligen gewesen wäre und welche Konsequenzen sich daraus in langfristiger Perspektive für den gekrönten König Otto III. ergeben hätten. Moderne Historiker mögen hier bei der Diskussion verfassungs- und familienrechtlicher Grundlagen der fränkischen Tradition oder byzantinischer Rechtsvorstellungen konsequenter gefragt haben als der Herzog und seine Zeitgenossen.

Heinrich suchte zunächst Unterstützung beim westfränkischen König Lothar, der sicher nicht nur als benachbarter Herrscher, sondern vor allem als Verwandter zu berücksichtigen war. Lothar und sein Sohn Ludwig waren in dieser Situation aber auch Ansprechpartner für lothringische Große, darunter vor allem die Bischöfe Egbert von Trier und Dietrich von Metz (965–984). Obwohl deren Haltung zunächst nicht ganz klar erscheint, einigte man sich in diesem Kreis offensichtlich darauf, die Rechte des jungen Königs zu wahren. Deutlicher wurden Heinrichs Absichten in Sachsen, wo ihm schon in der Tradition seines Vaters eine große Gruppe von Anhängern sicher war. In den Königspfalzen Merseburg und Quedlinburg feierte er den Palmsonntag und das Osterfest schon ganz wie ein König; trotzdem musste er es hinnehmen, dass eine bedeutende Gruppe sächsischer Großer sich seinem Werben entzog und auf der Asselburg zu einer Schwureinung zusammenfand, deren Ziel es war, Heinrichs Vorgehen Widerstand entgegenzusetzen. Größere Unterstützung fand der Herzog aufgrund der jahrzehntelangen Verbindungen und Loyalitäten in Bayern, während Franken und Schwaben seine Ansprüche ablehnten.

Bei den Verhandlungen dieser Tage scheint der Mainzer Erzbischof Willigis eine entscheidende Rolle gespielt zu haben, ebenso wie der burgundische König Konrad, der als Schwiegervater des Zänkers und Bruder der Kaiserin Adelheid alle Voraussetzungen für eine erfolgreiche Vermittlung besaß. Wahrscheinlich brachten erst Konrad, Willigis und andere Große die Kaiserinnen ins Spiel, die zunächst in Italien abgewartet hatten. Angesichts des unverkennbaren Widerstandes verzichtete Heinrich darauf, seine Ansprüche mit Gewalt zu verfechten. Auf einem Hoftag in Rohr übergab er den inzwischen vierjährigen Otto III. seiner Mutter und Großmutter; in den folgenden Monaten ging es noch darum, Heinrichs Wiedereinsetzung ins bayerische Herzogtum abzusichern, auf das der gleichnamige Luitpoldinger, der wieder in sein Kärntner Herzogtum zurückkehrte, nach langen Verhandlungen verzichtete. Die Klärung der Situation wurde schließlich auf einem Hoftag in Frankfurt demonstriert: Heinrich der Zänker vollzog eine förmliche *deditio* vor dem Kind Otto III., leistete ihm den Lehnseid und wurde wieder in seine Herzogsstellung eingesetzt.

Die Entscheidung gegen die Ansprüche des energischen und im Unterschied zum dreijährigen König uneingeschränkt handlungsfähigen bayerischen Ottonen wird von den Quellen auf die Treue der meisten Großen zum gekrönten Herrscher zurückgeführt, dem sie schon den Eid geleistet hatten. Wir können aber annehmen, dass noch weitere Momente wichtig waren: Heinrich der Zänker hatte es schon bei seinem ersten königsgleichen Auftreten in Sachsen abgelehnt, alte Gegner mit königlicher Milde zu behandeln. Eine wie auch immer begründete königliche Stellung des Zänkers hätte vielleicht nicht nur solche Große bedroht, die zuvor aufseiten Ottos II. gegen ihn gekämpft hatten, sondern darüber hinaus die Balance von Rang und Ansprüchen der weltlichen und geistlichen Großen empfindlich gestört. Demgegenüber dürfte die Regentschaft der Kaiserinnen von vielen als die Lösung empfunden worden sein, die den Status quo wahrte: Adelheid und Theophanu hatten seit langem ihren Platz im Herrschaftsgefüge, ihr überlegener kaiserlicher Rang war von allen längst akzeptiert und stand nicht in Konkurrenz zu anderen Ansprüchen.

Auch die wichtigsten Träger der Entscheidung von 984, Erzbischof Willigis und andere, behielten ihre herausgehobene Stellung, ohne den Handlungsspielraum der Kaiserinnen zu begrenzen. Zwar wird darüber diskutiert, ob die Regentinnen eigene Akzente setzten, neue Perspektiven einbrachten oder eher den Vorgaben der wichtigsten Großen folgten. Es bleibt aber zweifelhaft, ob eine grundlegende politische Neuorientierung oder die Verwirklichung eigener Konzepte überhaupt im Vorstellungsbereich der Regentinnen gelegen haben. Zu ihrem Selbstverständnis gehörte es wohl vor allem, das ottonische Kaisertum präsent zu machen und wie sonst der Kaiser auf die Erwartungen und Bitten der Großen zu reagieren, Gunst zu erweisen bzw. im Namen des jungen Königs erfolgende Gunsterweise zu vermitteln und in den vertrauten Netzen persönlicher Bindungen und Loylitäten zu agieren. Nicht programmatische Unterschiede, sondern Fragen des persönlichen Vorrangs mögen auch dafür verantwortlich gewesen sein, dass Adelheid sich schon bald nach Burgund und Italien zurückzog und Theophanu das Feld überließ. Die konnte den Glanz des ottonischen Kaisertums und die unbestrittene Stellung ihres Sohnes im Jahr 991 auf einem Hoftag in Quedlinburg eindrucksvoll demonstrieren: Gesandte aus nahen und fernen Ländern huldigten dem König mit prachtvollen, gelegentlich auch exotischen Gaben. Auch der Tod der Kaiserin noch im gleichen Jahr brachte keine Erschütterung. An die erste Stelle rückte jetzt Adelheid, bis Otto III. im Jahr 994 das Mündigkeitsalter erreichte, ohne dass wir einen harten Einschnitt gegenüber der Zeit der Regentschaft feststellen könnten.

4. Otto III.

a) Herrschaftsantritt und Konflikte

Der Übergang zur selbstständigen Herrschaft Ottos III. erfolgte ohne für uns erkennbare Konflikte. Allerdings meldet Jahrzehnte später Thietmar von Merseburg, Otto habe die Großmutter unter dem Einfluss anderer junger Leute aus seiner Nähe verwiesen; für eine solche Entfremdung zwischen dem jungen König und der alten Kaiserin haben wir aber keinen weiteren Beleg. Adelheid und die anderen weiblichen Mitglieder der Herrscherfamilie, Ottos Tante Mathilde, die Äbtissin von Quedlinburg, sowie besonders seine Schwester Sophia, spielten vielmehr in den ersten Jahren der selbstständigen Herrschaft des Königs eine besondere Rolle in seiner Nähe.

Eigene Akzente setzte Otto wohl, indem er den Wormser Kleriker Heribert zum Kanzler für Italien berief und seinen Kaplan Gebhard anstelle des vom bayerischen Herzog Heinrich dem Zänker gewünschten Tagino zum Bischof von Regensburg (994–1023) erhob. Diese Entscheidung beleuchtet den Handlungsspielraum, den der junge König offensichtlich sogar gegenüber dem mächtigen und der Kaiserin Adelheid wohl besonders nahe stehenden Bayernherzog besaß. Zu einer Entfremdung zwischen Otto III. und Heinrich dem Zänker ist es darüber nicht gekommen; Heinrich soll seinen gleichnamigen Sohn und Nachfolger im bayerischen Herzogtum vor seinem Tod sogar ermahnt haben, seinem Herrn, dem König, stets treu zu bleiben – ein Rat, den der junge Heinrich wohl auch aus eigenem Antrieb befolgte: Während der ganzen Herrschaftszeit Ottos III. erscheint er als dessen enger Vertrauten und zuverlässiger Gefolgsmann.

Der junge König zog also auch neue Vertrauensleute in seine Nähe, ohne aber ein umfassendes Revirement einzuleiten oder auch nur einzelne der zuvor einflussreichen Großen zu verdrängen. Mit Willigis von Mainz und Hildebald von Worms (979–998) blieben die wichtigsten Ratgeber der Regentschaft einflussreich. Erst einige Zeit nach der Kaiserkrönung Ottos scheint der Mainzer Erzbischof aus der Nähe zum Herrscher verdrängt worden zu sein, ebenso wie Ottos Schwester Sophia. Dahinter standen wohl verschiedene kirchenpolitische Differenzen, vor allem ein Konflikt, der sich an gemeinsamen Interessen des Erzbischofs und der Schwester des Kaisers entzündet hatte. Noch zu Lebzeiten Theophanus war Sophia im Jahr 987 oder 989 als Kanonisse der ältesten ottonischen Frauengemeinschaft in Gandersheim eingekleidet worden. Wohl auf ihr Betreiben hin hatte Willigis als ranghöchster Bischof des Reichs diese Zeremonie vornehmen wollen, wogegen der Bischof von Hildesheim, der Gandersheim als Teil seiner Diözese betrachtete, protestiert hatte. Dieser zunächst nur mühsam beigelegte Konflikt um die kirchenrechtliche Zuständigkeit brach wieder auf, als in Gandersheim eine Kirchweihe anstand (1000). Jetzt war Bernward, ehemals Lehrer Ottos, dann in der Kanzlei, Bischof von Hildesheim (993–1022). Er verstand es, seine Nähe zum Herrscher gegen die Autorität und den Einfluss des Erzbischofs auszuspielen, wodurch dieser offensichtlich ins Abseits geriet.

Konflikte wie der nur auf den ersten Blick nebensächlich wirkende „Gandersheimer Streit" zwischen dem Bischof von Hildesheim und dem Erzbischof von Mainz lassen Funktionsweise und Grenzen der Herrschaftsordnung erkennen. Nichts spricht dagegen, dass tatsächlich, wie von den Quellen vermeldet, der Ranganspruch der Kaisertochter, die von einem Erzbischof als Träger des Palliums und nicht von einem einfachen Bischof eingekleidet werden wollte, am Beginn des Konfliktes stand. Damit waren aber kirchenrechtliche Fragen aufgeworfen, denn angesichts der Bedeutung, die der symbolischen Handlung in der Rechtswirklichkeit der Zeit zukam, musste der Hildesheimer Bischof befürchten, langfristig seine Zuständigkeit für Gandersheim und damit auch entsprechende Abgaben zu verlieren. Die rechtliche Situation war unklar, und sie ließ sich auch nicht auf dem üblichen Weg kirchlicher Rechtsbildung entscheiden: Auf einer Bischofsversammlung der Kirchenprovinz führte einer der Betroffenen, nämlich der Erzbischof, den Vorsitz, und er verhinderte jeden für ihn negativen Beschluss. Sogar Papst und Kaiser mussten wie schon Otto der Große in der Magdeburger Angelegenheit feststellen, dass sich der Widerstand des Mainzer Erzbischofs nicht leicht überwinden ließ. Zwar entschied eine römische Synode zugunsten Bernwards, der selbst beim Kaiser in Rom vorstellig geworden war, doch gelang es nicht, die Beschlüsse umzusetzen. Ein Legat, den Kaiser und Papst zu diesem Zweck nach Sachsen gesandt hatten, konnte den Widerstand des Erzbischofs nicht überwinden und musste unverrichteter Dinge heimkehren. Es sollte noch ein halbes Jahrhundert dauern, bis die päpstliche Autorität durch Legaten in der ganzen Kirche zur Geltung gebracht werden konnte (s. Kap. V,3,b).

Der Gandersheimer Streit, der zu Lebzeiten Ottos III. nicht gelöst wurde, brachte Unruhe vor allem in die Reichskirche und in das sächsische Herrschaftsgefüge. Weitere Konflikte entzündeten sich ebenfalls an lokalen Gegensätzen des sächsischen Adels; aus solchen Problemen konnten durch Schwureinungen und längerfristige Gruppenbindungen (s. Kap. II,2,c) weiter ausgreifende Rebellionen werden, ohne dass man eine gemeinsame, reichsweite Opposition etwa gegen die Rompolitik des Kaisers feststellen könnte. Eine ernsthafte Bedrohung für die Herrschaft Ottos III. entstand daraus auch schon deshalb nicht, weil der Bayernherzog Heinrich sich den Avancen unzufriedener sächsischer Gruppen verweigerte. Während der langen Abwesenheiten Ottos sorgten die ottonischen Frauen für die Präsenz des Kaisertums in Sachsen; seine Tante, Mathilde von Quedlinburg, betraute Otto unter dem Titel einer *matricia*, den er vielleicht selbst dem römischen Patricius-Titel nachgebildete, mit der Stellvertretung während seines zweiten Italienzuges.

Die ottonischen Frauen in der Zeit Ottos III.

Mathilde, Tante Ottos, Äbtissin von Quedlinburg 966, *matricia*, † 999

Sophia, Schwester Ottos, 987/989 in Gandersheim eingekleidet, Äbtissin 1001, † 1039

Adelheid, Schwester Ottos, Äbtissin von Quedlinburg 999, † 1045

b) Kaiser und Papst, Rom und Renovatio

Weil Otto III. nicht wie sein Vater schon zum Mitkaiser erhoben worden war, bildete die Kaiserkrönung eines der zentralen Themen nach Beginn seiner selbstständigen Herrschaft. Papst Johannes XV. (985–996) suchte Unterstützung gegen den stadtrömischen Machthaber Crescentius. Im März 996 brach der König auf; nach einem Besuch in Venedig, bei dem Otto die Firmpatenschaft über den Sohn des Dogen übernommen und damit ein geistliches Verwandtschaftsverhältnis zur Familie des venezianischen Herrschers begründet hatte, traf er schon in der langobardischen Residenz Pavia auf eine römische Gesandtschaft, die den kommenden Kaiser um die Nominierung eines Nachfolgers für den inzwischen verstorbenen Papst bat, wohl um den Ansprüchen des Crescentius entgegenzutreten. Das ermöglichte dem jungen König eine Entscheidung, die weit über das bisher Übliche und von den Papst-Kaiser-Verträgen Vorgesehene hinausgriff: Otto sandte seinen Verwandten Brun, einen Enkel Konrads des Roten und der Ottonin Liudgard, unter Geleit von Erzbischof Willigis von Mainz und Bischof Hildebald von Worms nach Rom. Bald nach seiner Erhebung konnte der neue Papst, der den Namen Gregor V. angenommen hatte, Otto zum Kaiser krönen, am Himmelfahrtstag des Jahres 996.

Damit schien Ottos Interesse an Rom zunächst erloschen; schon bald ist er, nicht zuletzt aus Gesundheitsgründen, wieder über die Alpen gezogen. Zuvor hatte eine römische Synode unter Vorsitz von Kaiser und Papst vor allem nichtrömische Probleme erörtert: Den Streit um das Erzbistum Reims, die Rechtmäßigkeit der Auflösung des Bistums Merseburg und die Angelegenheiten des aus Prag geflohenen Erzbischofs Adalbert. Am Ende des folgenden Jahres musste der Kaiser aber erneut nach Rom ziehen, um den vertriebenen Papst Gregor V. zurückzuführen. Der nach der Kaiserkrönung zum Exil verurteilte, aber sofort begnadigte Stadtherr Crescentius hatte keinen Geringeren als den süditalienischen Griechen Johannes Philagathos, der dem verstorbenen Kaiserpaar nahe gestanden hatte und zum Erzbischof von Piacenza promoviert worden war, zum Gegenpapst erhoben (997–998). Die damit vielleicht verbundenen Hoffnungen auf Verständigung mit dem Kaiser trogen: Der ließ Johannes Philagathos nach grausamer Verstümmelung in einem Schandritt durch Rom führen; Crescentius, der vermutlich durch Verrat in die Hände des Kaisers fiel, wurde von den Zinnen der Engelsburg gestürzt, sein Leichnam wurde zusammen mit zwölf anderen an den Beinen aufgehängt. Diese ungewöhnlich harte Bestrafung war wohl dadurch motiviert, dass Crescentius nach seiner ersten Begnadigung gewissermaßen als „Rückfalltäter" angesehen wurde; trotzdem brachten vor allem die römischen Zeitgenossen wenig Verständnis für das Vorgehen Ottos auf. Der greise Eremit Nilus von Rossano (ca. 910–1004), damals eine der einflussreichsten Persönlichkeiten des italienischen Mönchtums, soll dem Kaiser die ewige Strafe Gottes angekündigt haben, nachdem er sich vergebens für den Delinquenten verwandt hatte.

Otto war jedenfalls mit dem Grundproblem ottonischer Herrschaft über Rom konfrontiert worden: Die ließ sich nur behaupten, solange der Kaiser selbst mit militärischer Macht präsent war. Viel diskutierte Maßnahmen wie der Bau einer Residenz in Rom lassen sich auf diesem Hintergrund als Versuch verstehen, der ottonischen Herrschaft dauernde Präsenz zu verschaffen. Dazu gehörte auch die Zusammenarbeit mit stadtrömischen Familien, die unter Otto III. in den Vordergrund traten. Für Ottos zunehmende Beschäftigung mit römischen Angelegenheiten hat allerdings vor allem Percy

Ernst Schramm (1929) Motive aus dem Bereich der Ideengeschichte gefunden: Er stellte den jungen Kaiser in die Tradition einer literarisch vermittelten Romorientierung. Als Vermittler solcher Vorstellungen werden noch in der aktuellen Diskussion die bedeutendsten Gelehrten und Literaten der Zeit genannt, die Otto in Italien kennen gelernt hatte: Gerbert von Aurillac, der schon die Nähe zu Otto II. gesucht hatte und der seinen Kampf um den Erzbischofsstuhl von Reims nach dem Spruch der römischen Synode von 996 aufgeben musste, sowie der Italiener Leo, den Otto III. selbst zum Bischof von Vercelli erhob.

Persönlichkeiten in der Umgebung Ottos III.
Gerbert von Aurillac, geb. ca. 950, Gelehrter, Abt von Bobbio, Erzbischof von Reims und Ravenna, Papst Silvester II. 999–1003
Leo, Literat und Rechtskenner, Bischof von Vercelli 998–1026
Heribert, geb. ca. 970, Kleriker in Worms, Hofkaplan, Kanzler, Erzbischof von Köln 999–1021
Adalbert, geb. ca. 956, 983 Bischof von Prag, Mönch in Rom, 997 als Missionar von den Pruzzen getötet

Leo verfasste einen Hymnus (s. **Quelle**), der das Zusammenwirken von Kaiser und Papst in Rom preist. Darin lässt sich mit Knut Görich (1993) das zentrale Thema von Ottos römischen Interessen erkennen, ausgedrückt auch in der Devise *Renovatio imperii Romanorum*, die zwischen 998 und 1001 den kaiserlichen Metallsiegeln, den Bullen, eingeprägt war. Nicht die überzeitliche Idealvorstellung einer Weltherrschaft von *regnum* und *sacerdotium* nach antikem Vorbild, aber mit christlichen Vorzeichen, sondern die konkrete Erneuerung (*renovatio*) der römischen Kirche durch die Befreiung aus den stadtrömischen Machtkämpfen. Diesem Ziel diente nicht zuletzt die Erhebung Gerberts zum Papst, der den Namen Silvester II. annahm. Durch den Verweis auf Silvester I., den Papst der Zeit Konstantins des Großen, wollte Gerbert vielleicht nicht, wie häufig angenommen, Otto III. als Nachfolger Konstantins stilisieren, sondern eher sich selbst und das römische Papsttum auf das Vorbild des heiligen Papstes verpflichten, den man als Vater des Konzils von Nicea ansah (H.-H. Kortüm).

Hymnus auf Kaiser Otto III. und Papst Gregor V.
Leo von Vercelli, De Ottone et Gregorio; ed. K. Strecker, MGH Poetae Latini 5, 1939, S. 477–480.

Christus, beachte die Bitten, schau auf dein Rom / erneuere die Römer gnädig, stärke die Kräfte Roms / Rom möge sich erheben unter der Kaiserherrschaft Ottos III. / … / Unter der Macht des Kaisers reinige der Papst die Welt. …

Wichtigste Quelle für eine besondere Rombegeisterung Ottos ist allerdings eine Rede, die der Kaiser nach dem Bericht der Lebensbeschreibung Bischof Bernwards von Hildesheim im Jahr 1001 an die erneut aufständischen Römer gerichtet haben soll (s. **Quelle**). Otto selbst hätte demnach für sich reklamiert, Rom über alles geliebt und sogar seinem eigenen Vaterland, Sachsen, vorgezogen zu haben. Wie authentisch auch immer Aussagen Ottos darin ihren Niederschlag gefunden haben: Die Gegenüberstellung von Fremde und Vaterland lässt sich als kalkuliertes rhetorisches Mittel erkennen, das ein wie auch immer geartetes aktuelles Publikum beeindrucken sollte.

Rede Ottos III. an die Römer
Thangmar, Vita Bernwardi c.24, MGH SS 4, S. 770.

Für euch habe ich mein Vaterland und meine Verwandten verlassen. Aus Liebe zu euch habe ich die Sachsen und die übrigen Deutschen, mein Blut, von mir gestoßen; euch habe ich in die entferntesten Gegenden unseres Kaiserreichs geführt, in die eure Väter, als sie die Welt beherrschten, niemals einen Fuß gesetzt haben. ...

Es ist aber nicht klar, ob solche Rhetorik sich auf ein von den Zeitgenossen wahrgenommenes politisches Programm des Herrschers bezog oder nur auf die tatsächliche Präsenz Ottos in Rom und seine unverkennbaren Bemühungen um die Sicherung seiner Herrschaft und die Stellung des Papstes.

c) Die Reise nach Gnesen im Jahr 1000

Umstritten ist auch, ob sich die spektakuläre Reise, die Otto im Jahr 1000 nach Gnesen führte, in eine kaiserliche Programmatik einordnen lässt. Am Grab des wenige Jahre zuvor als Missionar von den Pruzzen erschlagenen ehemaligen Prager Erzbischof Adalbert traf der Kaiser mit dem Fürsten Boleslaw I. Chrobry (992–1025) zusammen, der nach dem Tod Mieszkos I. seine Stiefmutter und deren Söhne verdrängt und die alleinige Nachfolge seines Vaters angetreten hatte. Den mächtigen, glanzvoll auftretenden Fürsten ehrte der junge Kaiser als Mitarbeiter des Reichs (*cooperator imperii*), nachdem er ihm seine eigene Krone aufgesetzt hatte (s. **Quelle**). Darin kann man mit Johannes Fried eine förmliche Königserhebung sehen, die das Ziel gehabt hätte, Boleslaw und den bald darauf unter Beteiligung von Kaiser und Papst erhobenen ungarischen König Stephan (997–1038) als christliche Könige dem christlichen Kaiser Otto an die Seite zu stellen. Da Boleslaw aber später nicht mehr als König bezeichnet wurde und sich zudem nach dem Tod Heinrichs II. im Jahr 1025 zum König krönen ließ, spricht einiges dafür, Ottos Geste nur als besonderen Ausdruck eines Freundschaftsbündnisses mit Boleslaw zu deuten (Gerd Althoff).

Vermittelt wurde diese Verbindung jedenfalls durch den neuen Märtyrer Adalbert, den Otto noch in Rom persönlich kennen gelernt hatte und für dessen liturgische Verehrung er schon bald nach der Todesnachricht eine hagiographische Lebensbeschreibung in Auftrag gegeben hatte. Adalberts Bruder Gaudentius wurde zum Erzbischof einer neuen Kirchenprovinz bestimmt, zu deren Zentrum Gnesen mit dem Märtyrergrab erhoben wurde. Die Adalbertsverehrung bestimmte den Charakter der ganzen Reise, bei der sich Otto als Pilger stilisierte; „Knecht Jesu Christi" lautete sein Titel in den unterwegs ausgestellten Urkunden. Auf dem Rückweg nach Rom ließ Otto in Aachen das Grab Karls des Großen öffnen: auch seinen karolingischen Vorgänger wollte der Kaiser wohl zukünftig als Heiligen verehren. Im Gedächtnis der Sachsen lebte Karl ohnehin als ihr Bekehrer fort, und es erscheint plausibel, dass Otto III. im Jahr 1000 vor allem die Nähe zu Heiligen suchte, die als Missionare die Aufgabe der Glaubensausbreitung erfüllt hatten, die auch jedem christlichen König, besonders aber dem Kaiser übertragen war.

Titel Ottos III. während seiner Gnesenfahrt
Otto tercius servus Iesu Christi et Romanorum imperator augustus secundum voluntatem dei salvatoris nostrique liberatoris (Otto III. Knecht Jesu Christi und Kaiser der Römer, Augustus, gemäß dem Willen Gottes, unseres Erlösers und Befreiers).

Ob dabei auch Vorstellungen vom baldigen Anbruch der Endzeit eine Rolle spielten, darüber lässt sich wohl nur spekulieren. Interessierte Berichte von verschiedenen Seiten setzen jeweils ganz unterschiedliche Akzente im Hinblick auf Frömmigkeit und Lebensweise des Kaisers: So wird er als Verehrer des Nilus und Förderer der Eremitengemeinschaft des Romuald († 1027) in Pereum geschildert; letzterem soll er sogar die Konversion zum Mönchtum versprochen haben, zugleich wurde aber über eine byzantinische Braut verhandelt. Während er sich mit einem geistlichen Freund, Bischof Franko von Worms (998–999), zu strapaziösen Bußübungen in eine Höhle zurückzog, zeichnete er einen Vertrauten aus dem weltlichen Adel durch besondere Gemeinschaft beim Festgelage aus. Andere nahmen Anstoß daran, dass der Kaiser nach byzantinischer Sitte allein auf erhöhter Position bei Tisch saß.

Begegnung Ottos III. mit Boleslaw Chrobry
Gallus anonymus, Chronica, ed. C. Maleczynski, Monumenta Poloniae Historica N.S. 2, S. 18–20.

Der Kaiser bedachte dessen (Boleslaws) Ruhm, Macht und Reichtum und sagte: „... Es ist nicht recht, dass ein so bedeutender Mann wie einer von den Fürsten Herzog oder Graf genannt wird, sondern dass er, ehrenvoll mit einem Diadem geschmückt, auf den Königsthron erhoben werde". Und er nahm das kaiserliche Diadem von seinem Haupt und setzte es zum Freundschaftsbund auf das Haupt Boleslaws ... Und so große Wertschätzung hat beide an jenem Tag verbunden, dass der Kaiser ihn zum Bruder und Mitarbeiter des Imperiums machte und ihn „Freund des römischen Volkes" nannte. ...

Im Jahr 1001 stellte Otto nochmals seine besondere Verantwortung für das Papsttum heraus. In offenkundiger Zusammenarbeit mit Silvester II. erklärte er die seinem Großvater als authentisches Dokument präsentierte Ausfertigung der Konstantinischen Schenkung für gefälscht und übte heftige Kritik an der Verschleuderung päpstlicher Ressourcen durch das stadtrömisch geprägte Papsttum, um dann seinerseits die umstrittenen Gebiete dem Papst zu schenken. Aktionen der stadtrömischen Opposition nötigten den Kaiser allerdings bald, in der Umgebung von Ravenna auf militärische Verstärkung zu warten, deren erste Kontingente nur noch den plötzlichen Tod Ottos am 24. Februar 1002 miterleben konnten.

5. Heinrich II.

a) Erbanspruch und Durchsetzungsvermögen

Der unerwartete Tod Ottos III. erschütterte die Herrschaftsordnung nachhaltig. Weil der Kaiser während mehrjähriger Verhandlungen über eine byzantinische Braut unverheiratet geblieben war, stand kein Sohn als Nachfolger bereit. Eine solche Situation hatte es seit dem Herrschaftsantritt des ersten Liudolfingers im Jahr 919 nicht mehr gegeben; schon deshalb gab es keine klaren Regeln für die Herrschaftsnachfolge, die von allen Beteiligten als verbindlich anerkannt worden wären. Angesichts der wichtigen Rolle, die verwandtschaftliche Bindungen bei der Formierung der frühmittelalterlichen Adelsgesellschaft spielten, erscheint es selbstverständlich, dass die Verwandtschaft mit dem König ein wichtiges Kriterium für die Herrschaftsnachfolge bildete. Nähe zum König, die nicht nur, aber in besonderer Weise durch Verwandtschaft begründet werden konnte, gehörte zweifellos zu den wichtigsten Momenten, die den Rang einer adeligen Familie ausmachten; schon die Liudolfinger hatten nicht zuletzt darauf ihren Aufstieg im spätkarolingischen Reich gegründet. Daraus ein formalisierbares verfassungsrechtliches Prinzip abzuleiten, dürfte aber ein anachronistisches Interesse der modernen Forschung gewesen sein.

Nach dem Tod Ottos III. kristallisierte sich jedenfalls schon bald ein Kreis von Thronprätendenten heraus, die ihren Anspruch auf die Herrschaftsnachfolge nicht alle ebenso auf Verwandtschaft mit der Herrscherfamilie gründen konnten wie der Bayernherzog Heinrich. Neben diesem konnte sich auch Markgraf Ekkehard von Meißen einer besonderen Nähe zum verstorbenen Kaiser rühmen, während der Herzog von Schwaben, Hermann II. aus der Familie der Konradiner, vor allem zahlreiche Herrschaftsträger aus seinem Herrschaftsbereich sowie aus Franken auf seiner Seite wusste. In dieser Situation musste vor allem entschlossenes Handeln von Vorteil sein; der bayerische Herzog ist darin allerdings zunächst zu weit gegangen, als er den Leichenzug Ottos III. in Augsburg empfing und dort nicht nur die separate Bestattung der Eingeweide des Kaisers veranlasste, sondern auch die Herausgabe der Herrschaftsinsignien erpresste. Um die hl. Lanze, die bedeutendste Reliquie des Königtums, in seinen Besitz zu bringen, nahm Heinrich sogar den Würzburger Bischof Heinrich († 1018) als Geisel, dessen Bruder, der Kölner Erzbischof Heribert, die Lanze in Verwahrung hatte.

Die Thronkandidaten von 1002
Heinrich IV. von Bayern, geb. 973, Herzog 995, Urenkel König Heinrichs I.
Ekkehard I., Markgraf von Meißen 985–1002, enger Vertrauter Ottos III.
Hermann II., Herzog von Schwaben 997–1003, Konradiner

Die in Augsburg eingetroffenen Begleiter des Leichenzuges ließen sich allerdings zu keinen Vorentscheidungen über die anstehende Königswahl bestimmen, und die zur Beisetzung des Kaisers in Aachen versammelten Herrschaftsträger verabredeten sogar, eine Wahl des Herzogs zu verhindern, weil sie ihn für ungeeignet hielten. Worauf sich diese Vorbehalte gründeten, melden die Quellen nicht; vielleicht spielte die damals wohl schon als endgültig empfundene Kinderlosigkeit des 29-jährigen eine Rolle, vielleicht auch seine später immer wieder durchbrechende körperliche Anfälligkeit. Heinrich konnte sich zunächst allerdings auf seine bayerischen Gefolgsleute und auf einen großen Teil der mit der ottonischen Familie verbundenen sächsischen Herrschaftsträger stützen, an der Spitze die ottonischen Äbtissinnen von Quedlinburg, Gandersheim und Essen. Sein wichtigster Konkurrent in Sachsen, Markgraf Ekkehard, wurde schon bald von sächsischen Gegnern in einen Hinterhalt gelockt und getötet, weshalb die Entscheidung zwischen Heinrich und Hermann von Schwaben fallen musste.

Die Auseinandersetzung der beiden Konkurrenten nahm zunächst den gewohnten fehdeartigen Verlauf: Man suchte den anderen jeweils dort zu schädigen, wo er nicht verteidigungsbereit war, und ging einer entscheidenden Konfrontation aus dem Weg. Im Zuge solcher Manöver gelang es Heinrich, den Gegner ins Leere laufen zu lassen und vollendete Tatsachen zu schaffen: In Mainz ließ er sich am 7. Juni 1002 von Erzbischof Willigis zum König krönen, nachdem er offensichtlich vor allem den ober- und mittelrheinischen Bischöfen weitreichende Unterstützung gegen die Machtansprüche des Schwabenherzogs und anderer weltlicher Herren versprochen hatte.

Auch dieser Akt sakraler Herrschaftslegitimation musste allerdings erst noch allgemeine Akzeptanz finden, vor allem bei den in Mainz nicht beteiligten Herrschaftsträgern. Das geschah in Merseburg durch einen förmlichen weltlichen Akt, bei dem Heinrich den Sachsen die Wahrung ihrer Rechte und Ansprüche versprach, bevor er von Herzog Bernhard (973–1011) mit der hl. Lanze in das sächsische *regnum* eingewiesen wurde. Nachdem Heinrichs Gemahlin Kunigunde in Paderborn zur Königin geweiht worden war, konnte der neue König am 8. September in Aachen den Thron Karls des Großen besteigen und die Huldigung der Lothringer einschließlich des Kölner Erzbischofs Heribert entgegennehmen. Bald darauf unterwarf sich auch der Schwabenherzog Hermann, der nicht zuletzt durch einen als Sakrileg empfundenen Übergriff seiner Truppen auf die Straßburger Bischofskirche an Unterstützung verloren hatte.

b) Herrschaft und Konfliktführung

Entschlossenes Handeln, überlegenes Rangbewusstsein und ein konsequent verfochtener Machtanspruch ließen nicht nur Heinrichs Thronkandidatur zum Erfolg werden, sondern bestimmten auch die mehr als zwei Jahrzehnte seiner Herrschaft. Das Bewusstsein des eigenen Rangs speiste sich zum einen aus der engen verwandtschaftlichen und persönlichen Bindung an den verstorbenen Kaiser. Zum anderen stand Heinrich in der Tradition seines Vaters und Großvaters, die ihre Herzogsstellung in Bayern zu einer königsgleichen Position ausgebaut hatten, wobei sie schon an Bestrebungen ihrer Vorgänger, der Herzöge aus der Familie der Luitpoldinger, hatten anknüpfen können. In Bayern hatte der Herzog wie nirgends sonst den Anspruch durchsetzen können, alle Herrschaftsträger des Herzogtums zum Hoftag zu versammeln und im Konfliktfall vor sein Gericht zu ziehen. Heinrich der Zänker, der Vater des neuen Königs, hatte um 990 auf einem Hoftag in Ranshofen gesetzesartige Bestimmungen erlassen, wie es sie in keinem anderen Herzogtum gab.

Die bayerischen Liudolfinger

Heinrich I. von Bayern († 955) ∞ Judith, Tochter Herzog Arnulfs
- Heinrich II. der Zänker († 995) ∞ Gisela, Tochter König Konrads von Burgund
  - Heinrich IV. (Hz. 995, Kg. Heinrich II. 1002, Kaiser 1014) ∞ Kunigunde, Luxemburgerin
  - Brun, Bischof von Augsburg
  - Gisela ∞ König Stephan

(Nach der Absetzung Heinrichs des Zänkers amtierte ein gleichnamiger Luitpoldinger, der als Herzog Heinrich III. gezählt wird).

Es erscheint deshalb plausibel, dass die bayerischen Erfahrungen auch Heinrichs königliches Selbstbewusstsein bestimmten und eine Steigerung des königlichen Machtanspruchs bewirkten. Fraglich muss allerdings bleiben, ob sich dahinter ein reflektiertes Konzept von Ausbau und Zentralisierung königlicher Herrschaft im Reich (Stefan Weinfurter) erkennen lässt. Wahrnehmen können wir eine Akzentverlagerung im herrscherlichen Handeln, ein weniger bereitwilliges Eingehen auf Ansprüche einzelner Großer hier, ein härteres Auftreten im Konflikt dort und im Ganzen eine Bereitschaft zum kompromisslosen Durchsetzen der eigenen Ansprüche.

Dabei darf nicht übersehen werden, dass Heinrich eine ganz andere Ausgangsposition hatte als seine Vorgänger: Er war nicht unbestritten König geworden, sondern hatte sich die Nachfolge erst erkämpfen müssen. Erstmals seit Heinrich I. herrschte wieder ein König, der zuvor den Großen des Reichs auf gleicher Ebene begegnet war, als einer von mehreren herausgehobenen Gefolgsleuten des Kaisers. Die Großen mögen daraus die Erwartung abgeleitet haben, sich jetzt einem König mit gewissermaßen begrenztem Anspruch gegenüber zu sehen; vielleicht hat Hermann von Schwaben gar nicht einmal die alleinige Herrschaftsnachfolge, sondern nur eine Beteiligung an der Königsherrschaft angestrebt. Demgegenüber erhob Heinrich den Anspruch, in alle Rechte seines Vorgängers einzutreten; vielleicht kam gerade das in einer berühmten Urkunde zum Ausdruck, die ausdrücklich die „Erbfolge in der Königsherrschaft ohne jede Schmälerung (*hereditaria in regno sine aliqua divisione successio*)" reklamierte.

Heinrichs Konfliktbereitschaft mag zu einem großen Teil daraus resultiert haben, dass seine Stellung bei Übernahme der Herrschaft weniger klar war als die seiner Vorgänger. Konflikte entstanden auch zunächst dadurch, dass einzelne Herrschaftsträger den König mit besonderen Erwartungen konfrontierten: So zuerst Markgraf Heinrich von Schweinfurth († 1017), der einen von Heinrich vielleicht vor der Königserhebung bestätigten Anspruch auf die bayerische Herzogswürde erhob. Gefährlicher war das Vorgehen der luxemburgischen Schwäger des Königs, deren eigenmächtigen Übergriff auf das Trierer Erzbistum Heinrich nicht hinnahm. Rückhalt fanden Gegner Heinrichs nicht zuletzt bei dem mächtigen slawischen Fürsten, der noch von Otto III. besonders geehrt worden war: Boleslaw I. Chrobry.

Mit Boleslaw aus der Familie der Piasten, deren Herrschaftsgebiet seit der Jahrtausendwende häufiger mit dem Namen „Polen" beleg wurde, geriet gerade einer der wichtigsten Partner und Gefolgsleute Ottos III. in eine erbitterte, langjährige Feindschaft zum neuen König. Als Grund dafür hat man eine bewusste Abkehr Heinrichs von der „Ost-" und „Kaiserpolitik" seines Vorgängers angenommen, zumal der neue König sogar die heidnischen Lutizen in ein Bündnis gegen den christlichen Polenfürsten einband. In längerfristiger Perspektive werden allerdings personale Konstellationen und Kontinuitäten erkennbar, die über herrschaftliche und ethnische Grenzen hinweggriffen: Wie seine bayerischen Vorgänger stand Heinrich in enger Verbindung zu den böhmischen Přemysliden, weshalb ein Übergriff des Piasten Boleslaw auf Prag zu den wichtigsten Konfliktpunkten am Beginn der Königsherrschaft des vormaligen Bayernherzogs gehörte. Andere Anlässe zum Konflikt ergaben sich aus den Interessen Boleslaws im Osten Sachsens, wo er über wichtige verwandtschaftliche Verbindungen und entsprechenden Rückhalt im Adel verfügte. Enttäuschte Hoffnungen des Piasten auf die Belehnung mit der Mark Meißen und ein Übergriff verfeindeter sächsischer Adeliger beim Merseburger Hoftag des Jahres 1002, den Heinrich nicht ahndete, schürten schon früh den Konflikt, dessen Charakter als Rangstreit in den immer wieder scheiternden Verhandlungen und Ausgleichsbemühungen zu Tage tritt. Heinrich verlangte jeweils eine öffentliche Unterwerfung gemäß dem Ritual der *deditio*, die Boleslaw nicht leisten wollte.

In dieser Perspektive bedeutete der Konflikt eine letzte Zuspitzung der Erschütterung, die der personale Herrschaftsverband nach dem Tod Ottos III. deshalb erlebte, weil manche Mitglieder der obersten adeligen Führungsschicht einem aus ihrer Mitte, der zum Königtum emporgestiegen war, nicht den gleichen Vorrang zubilligten wie einem von Geburt an auf königlicher Stufe stehenden Thronfolger. Der vom verstorbenen Kaiser ausgezeichnete Piastenfürst erhob gegenüber dem neuen König offensichtlich besondere Ranganspüche, die Heinrich II. trotz wiederholter militärischer Aktionen nicht zurückweisen konnte. Der letzte Friedensschluss im Jahr 1018 bestätigte den Status quo ohne eine persönliche Begegnung der Kontrahenten.

c) Herrscherfrömmigkeit und christliche Verantwortung

Neben den Auseinandersetzungen um Ansprüche und Rang sind solche Konflikte besonders erklärungsbedürftig, die der neue König aus eigenem Antrieb provozierte. Schon während einer Synode, die im Zusammenhang mit seinem ersten niederlothringischen Hoftag in Diedenhofen (1003) stattfand, forderte Heinrich die Bischöfe auf, gegen Ehen des Adels vorzugehen, die trotz naher Verwandtschaft geschlossen worden waren und damit gegen kirchenrechtliche Bestimmungen verstießen. Das richtete sich zunächst gegen den Salier Konrad († 1011), den Schwiegersohn des unterlegenen Thronbewerbers Hermann von Schwaben; während dieser aber im Folgenden unbehelligt blieb, verwickelte der König Graf Otto von Hammerstein († 1036) aus dem gleichen Grund in eine lange andauernde Fehde. In beiden Fällen erscheint es möglich, dass Heinrich den kirchenrechtlichen Vorwand nutzte, um im Sinne eines Zentralisierungsprogramms adelige Machtkonzentrationen zu zerschlagen. Allerdings haben wir keinen Grund für die Annahme, dass der König die kirchenrechtliche Argumentation nicht ernst genommen hätte.

Für die Beurteilung dieser und anderer Fragen zur Herrschaftszeit Heinrichs ist entscheidend, welchen Stellenwert wir religiösen Motiven für das Handeln des Königs zumessen. Ein besonderes religiöses Verantwortungsbewusstsein drückte sich offensichtlich auf ganz verschiedenen Feldern aus. Schon in den ersten Jahren nahm Heinrich zwei Probleme aus der Zeit seiner Vorgänger in Angriff: Als der Magdeburger Erzbischof Giselher im Jahr 1004 starb, setzte der König nicht nur seinen Regensburger Vertrauten Tagino (1004–1012) als Nachfolger durch, sondern erreichte auch dessen Zustimmung sowie die des Halberstädter Bischofs zur Wiedererrichtung des Bistums Merseburg, das von Otto dem Großen als Suffraganbistum Magdeburgs gegründet, aber schon bald von Otto II. gemeinsam mit dem vom Merseburger Bischof zum Magdeburger Erzbischof aufgestiegenen Giselher und anderen Interessierten aufgehoben worden war. Obwohl dieses Vorgehen angesichts der Vielzahl von Bistümern, die sich die Ressourcen eines relativ engen Raumes teilen mussten, sinnvoll erscheint und durch eine römische Synodalentscheidung abgesichert worden war, hatten wohl nicht nur die betroffenen Merseburger Domkleriker die Bistumsaufhebung als Bruch des von Otto dem Großen geleisteten Gelübdes und damit als Sakrileg verstanden, das dann durch den frühen Tod Ottos II. und den Slawenaufstand von 983 bestraft worden sei.

Vor diesem Hintergrund erscheint Heinrichs Engagement für Merseburg als Einlösung einer religiösen Verpflichtung, die der Herrscher besonders ernst genommen hatte. Dies galt auch für die Aufgabe, den seit der Zeit Ottos III. schwelenden Gandersheimer Streit beizulegen (s. Kap. III,4,a). Das gelang zumindest vorläufig im Jahr 1007, wobei die Position des Bischofs von Hildesheim weitgehend bestätigt wurde. Begünstigt wurde damit ein ehemaliger Parteigänger von Heinrichs Konkurrenten Hermann, beschädigt wurde der Mainzer Erzbischof Willigis, der den König gekrönt und entscheidend an seiner Durchsetzung mitgewirkt hatte. Das dürfte nicht das Ergebnis politischer Nützlichkeitserwägungen gewesen sein, sondern lässt sich wohl nur als Entscheidung verstehen, die der Herrscher als Verpflichtung gegenüber der Hildesheimer Kirche und ihren Heiligen verstanden hatte.

Auch das spektakulärste Unternehmen des Königs, die Gründung eines neuen Bistums in Bamberg, dürfte in aktueller wie langfristiger Perspektive weniger machtpolitischen Nutzen gebracht haben, als häufig angenommen. Nach Darstellung Thietmars fasste Heinrich schon bald nach seiner Krönung den Plan zur Bistumsgründung; verwirklichen konnte er ihn im Jahr 1007. Das neue Bistum wurde mit Besitz im ganzen Königreich, vor allem in verschiedenen Regionen Bayerns und Frankens, ausgestattet. Man hat daraus geschlossen, dass es Heinrich darum gegangen sei, Bamberg gewissermaßen zu einem geistlichen Zentrum des Reichs, das ja keine „Hauptstadt", keine zentrale Residenz des Herrschers, hatte, zu machen und damit die Zentralisierungstendenzen seiner Herrschaft über den eigenen Tod hinaus zu sichern und dem Reich eine festere Struktur zu geben. Ausgesprochen finden wir solche Motive in den Quellen aber nicht, und es erscheint auch sehr fraglich, ob ein König des 10. und 11. Jahrhunderts sich überhaupt in dieser Weise um die Zukunft seines Reichs gesorgt und langfristige Konzeptionen zur Stabilisierung der Herrschaftsstrukturen entworfen hat.

Die Sorge, die der König selbst äußerte, galt seinem persönlichen Heil und seinem Fortleben im liturgischen Gedenken. Das schien besonders ungewiss, weil Heinrich keine Kinder hatte, die auf sein persönliches Gedenken und seine Heilssorge verpflichtet gewesen wären. Diese Aufgabe übernahm stattdessen das neue Bistum, das nicht nur mit königlichen Ressourcen ausgestattet, sondern auch mit reichem Eigenbesitz des Königs und seiner Gemahlin in Bamberg beschenkt wurde und nach dem Tod des Königs dessen persönliches Erbe erhielt. In diesem Sinn machte Heinrich Gott selbst zu seinem Erben; so wurde es in den für Bamberg ausgestellten Urkunden und im **Protokoll der Frankfurter Synode**, auf der die Bistumsgründung beschlossen wurde, formuliert. Das Anliegen größtmöglicher persönlicher Heilssicherung lässt verstehen, warum Heinrich die harten Konflikte vor allem mit betroffenen Bischöfen, die schon im Vorfeld der Bistumsgründung unvermeidlich waren, nicht scheute. Gerade in diesem Zusammenhang erscheint das Bamberger Vorhaben nicht als ein politisches Mittel zur Herrschaftssicherung, sondern als ein höchst riskantes, Verunsicherung und Instabilität provozierendes Anliegen, das der König nur unter Einsatz seines ganzen Prestiges durchsetzen konnte. Die neue Gründung zu sichern, blieb eine beständige Sorge des Königs, der die Domkirche sowie das in der Nähe gegründete Stephanskloster durch regelmäßige liturgische Feste sowie durch eine spektakuläre Osterfeier unter Teilnahme des Papstes in der Reichskirche zu verankern suchte. Diesem Ziel dürfte auch die reichsweite Besitzausstattung gedient haben, die das Bistum in ein Geflecht von Bindungen und Loyalitäten einband.

Aus dem Protokoll der Frankfurter Synode von 1007
MGH DD H. II.143, ed. H. Bresslau/H. Bloch, Berlin [2]1957, S. 170

Denn weil der große und friedensreiche König Heinrich Gott gegenüber gläubig und den Menschen gegenüber gnädig war, beschloss er in würdiger Überlegung, sich Gott zum Erben zu erwählen und einzusetzen und ein Bistum zur Ehre des Apostelfürsten Petrus zu errichten, auf seinem Erbbesitz Bamberg und mit Aufwand seines gesamten Erbes, damit das Heidentum der Slawen zerstört und das Gedächtnis des christlichen Namens dort ewig gefeiert werde. ...

Um schnell eine ordnungsgemäße und prachtvolle Liturgie in der neuen Bischofskirche und den in Bamberg gegründeten religiösen Gemeinschaften zu ermöglichen, ließ Heinrich aus vielen Kirchen des Reichs kostbare liturgische Handschriften nach Bamberg bringen, oft auch gegen den Widerstand der betroffenen Gemeinschaften. Vor allem aber versorgte der König selbst seine Gründung mit prachtvollen Handschriften;

nicht zuletzt deshalb besitzen wir von Heinrich noch heute weit mehr Handschriften, die mit Bildern des Königs ausgestattet sind, als von allen anderen ottonischen und den salischen Königen.

d) Bruder der Mönche, „Kollege" der Bischöfe

Aufgrund seiner Erziehung in der Hildesheimer Domschule und in der Obhut des Regensburger Reformbischofs Wolfgang (972–994) nahm Heinrich II. noch intensiver als seine literarisch gebildeten Vorgänger am Bildungsmilieu der Kleriker und besonders des benediktinischen Mönchtums teil. Auch der enge Kontakt zum Regensburger Emmeramskloster und seinem Abt Ramwold († 1000), den Heinrich als junger Herzog selbst zu Grabe getragen hatte, förderte eine intensive Verehrung des hl. Benedikt, den der König auch bei lebensbedrohlichen Krankheiten zur Hilfe rief, und ein besonderes Interesse an den monastischen Reformbewegungen der Zeit, die vor allem vom lothringischen Kloster Gorze ausgingen. Der König unterstützte die Klöster vielfach durch Schenkungen oder Verleihung von **Immunität** und **Königsschutz**; die Lebensfähigkeit kleinerer Gemeinschaften erhielt er, indem er diese größeren Klöstern oder Bistümern übertrug. Um die klösterliche Disziplin in der Orientierung an der Benediktsregel zu gewährleisten, setzte Heinrich vor allem auf reformwillige Äbte. Der spätere Hildesheimer Bischof Godehard († 1038), Abt von Niederaltaich, übernahm vorübergehend auch die Leitung der Klöster Tegernsee und Hersfeld und wirkte weiter durch einen großen Kreis von Schülern. Wichtigen Reichsklöstern wie Corvey, Fulda oder Reichenau zwang der König Äbte auf, die auf die strengere Befolgung der Benediktsregel achteten; besonders wirksam war der Lothringer Abt Poppo († 1048), der die wichtigen Klöster Stablo-Malmedy und St. Maximin bei Trier auf Reformkurs hielt.

Immunität und Königsschutz
Diese garantierten die exklusive Bindung der Bischofskirchen und herausgehobener religiöser Gemeinschaften an den König. Die Kirchen wurden dem Zugriff königlicher Amtsträger, vor allem der Gerichtsgewalt der Grafen, entzogen. Aufgaben der Rechtswahrung und des Schutzes wurden stattdessen vom Vogt wahrgenommen.

Auch zum burgundischen Kloster Cluny, unter seinem Abt Odilo längst in alle Richtungen ausstrahlendes Zentrum monastischer Reformbestrebungen, hielt Heinrich enge Kontakte. Odilo nahm an der Kaiserkrönung 1014 teil, und im Jahr 1022 besuchte der Kaiser wohl selbst das Kloster, das ihm später ein aufwändiges Totengedenken widmete. Trotzdem stellte sich die Frage einer Einbindung deutscher Klöster in den cluniazensischen Verband nicht, denn der König selbst garantierte den Klöstern die Freiheit von weltlicher Gewalt, die man in Cluny durch die exklusive Bindung an den Papst zu sichern suchte.

Wie die Klöster fanden die Bischofskirchen des Reichs in Heinrich einen engagierten Partner, der aber auch die Dienste der Bischöfe gelegentlich überfordern konnte und der vor allem bei der Bischofserhebung seinen Herrschaftsanspruch auch gegen die Mitwirkungsrechte der Domkapitel durchsetzte. Die mittelrheinischen Bischöfe hatten nicht zuletzt deshalb auf den Bayernherzog gesetzt, weil er ihnen Befreiung von den Ansprüchen und Übergriffen der weltlichen Großen, vor allem des Schwabenherzogs, versprochen hatte. Nach der Königserhebung konnte Heinrich seinen salischen

Verwandten Otto († 1004), Herzog von Kärnten, mithilfe bedeutender Kompensationen dazu bewegen, seine Burg in Worms und damit die weltliche Herrschaft über die Bischofsstadt zugunsten Bischof Burchards aufzugeben (1002). Der Regensburger Bischof Gebhardt wiederum, der gegen den Wunsch von Heinrichs Vater ins Amt gekommen war, fand im neuen König einen Gegenspieler, der mit der Alten Kapelle ein eigenes geistliches Zentrum in der Stadt ausbaute und dieses schließlich durch die Schenkung an das neue Bistum Bamberg (1009) ganz dem bischöflichen Zugriff entzog.

Bei der Vergabe der Bistümer setzte Heinrich II. in größerem Umfang auf fremde, nicht in die regionalen Strukturen der Adelsfamilien eingebundene Kandidaten; mindestens ein Drittel der in seiner Herrschaftszeit eingesetzten Bischöfe kam aus der Hofkapelle. Besonders wichtige Positionen erhielten Vertrauensleute des Königs wie Tagino, der gemeinsam mit Heinrich in St. Emmeram ausgebildet worden war und gegen die Absichten des Domkapitels 1004 zum Erzbischof von Magdeburg bestimmt wurde. Solche Erhebungen dienten gleichwohl nicht allein der Sicherung reichsweiter Königsmacht, sondern sollten auch die örtlichen Kirchen stärken. Deshalb erhielt der dem König freundschaftlich verbundene, über reichen Eigenbesitz verfügende Meinwerk (1009–1036) keine glanzvolle Position, sondern das damals verarmte Bistum Paderborn, das er aus eigenen Mitteln ausbauen sollte – eine Aufgabe, die der neue Bischof mit kirchlichen Bauten und Klostergründungen eindrucksvoll erfüllte. An zahlreichen Weihen bischöflicher Domkirchen nahm der König teil, um nicht nur seine Verbundenheit mit dem Episkopat zu stärken und öffentlich darzustellen, sondern auch der Heilswirkung eines solchen Festes teilhaftig zu werden und gelegentlich sogar vor gefahrvollen militärischen Unternehmungen die religiöse Leistung eines Kirchbaus für sich zu reklamieren und als Antwort darauf Gottes Hilfe zu erbitten.

Die enge Verbindung zwischen dem Herrscher und seinen Bischöfen kommt auch darin zum Ausdruck, dass der von Heinrich im Zusammenwirken mit Erzbischof Tagino erhobene Bischof von Merseburg, Thietmar (1009–1018), den König als *simpnista* (Mitzelebrant/Festgenosse?) der Bischöfe oder diese als seine *coepiscopi* (Mitbischöfe) bezeichnet. Damit wird Heinrich wohl kein Anteil am Priestertum oder am bischöflichen Amt zugesprochen, sondern seiner besonderen liturgischen Gemeinschaft mit den Bischöfen Ausdruck gegeben. Dieser Aspekt spielte schon im Jahr 1005 eine Rolle, als die zu einer Synode in Dortmund zusammengekommenen Bischöfe vornehmlich norddeutscher Diözesen nach Vorbildern aus karolingischer Zeit einen Gebetsbund mit dem König und Sachsenherzog Bernhard eingingen, der alle Teilnehmer verpflichtete, beim Tod eines der Übrigen genau bemessene liturgische und mildtätige Leistungen zu erbringen. Eine ähnliche Bedeutung für die persönliche Verbindung und die gemeinsame Sorge um das Seelenheil hatten die Verbrüderungen, die der König mit verschiedenen geistlichen Gemeinschaften einging. In Hildesheim oder in Merseburg wurde er dadurch zum Mitbruder der Domkanoniker, der Anspruch auf bestimmte Memorialleistungen oder sogar die vollen Memorialansprüche eines Kanonikers hatte.

Nicht nur, um die Reichskirche als Instrument seiner Herrschaft zu fördern, übertrug Heinrich erstmals in größerem Umfang ganze Grafschaften an Bistümer. Diese Maßnahmen dienten vielmehr auch dazu, den Kirchen zusätzliche Einkünfte zu verschaffen oder durch die Bindung der Grafen an den Bischof die regionale Integration zu fördern und den Frieden zwischen geistlichen und weltlichen Herren zu sichern. Dass dieser auch unter der Herrschaft des „Königs der Mönche" und „Kollegen" der Bischöfe (Stefan Weinfurter) nicht selbstverständlich war, davon zeugen die Klagen des Reichsbischofs und Chronisten Thietmar von Merseburg.

e) Kaisertum und Zusammenarbeit mit dem Papst

Die zahlreichen Konflikte der ersten Herrschaftsjahre hinderten Heinrich nicht zuletzt daran, die römische Kaiserkrönung zu betreiben. Darauf verzichten wollte er aber gewiss nicht; seine Devise *„Renovatio regni Francorum"*, die ohnehin nur auf vier Bullen vom Beginn des Jahres 1003 belegt ist, bedeutete wohl keine Abkehr vom Kaisertum Ottos III., sondern dürfte der Tatsache Rechnung getragen haben, dass er die Kaiserwürde erst erlangen musste. Teile des oberitalienischen Adels hatten nämlich nach dem Tod Ottos III. die Chance genützt, mit Markgraf Arduin von Ivrea einen aus ihrer Mitte zum italienischen König (1002–1015) zu erheben, während der Episkopat Oberitaliens weiterhin beim Nachfolger der ottonischen Kaiser Schutz vor den Übergriffen der weltlichen Herren suchte. Seinen Anspruch, auch in Italien die Nachfolge seiner ottonischen Vorgänger anzutreten, hatte Heinrich während der Nachfolgekämpfe vom salischen Herzog von Kärnten, Otto, vertreten lassen, der aber zunächst eine Niederlage gegen Arduin erlitten hatte. Ein erster Italienzug führte im Jahr 1004 bis nach Pavia, wo Heinrich zum König erhoben wurde, nachdem Arduin zunächst den Alpenübergang versperrt hatte, dann aber einer Konfrontation ausgewichen war.

Nach tumultartigen Auseinandersetzungen in der Stadt zog Heinrich wieder nach Norden; Kontakte mit dem Papsttum galten in der Folgezeit vornehmlich der Absicherung der Bamberger Bistumsgründung. Erst eine strittige Papstwahl im Jahr 1012 eröffnete eine aussichtsreiche Perspektive für die Kaiserkrönung. Der unterlegene Kandidat Gregor (VI.) suchte beim König in Sachsen Unterstützung; der hatte sich aber schon mit dem erfolgreichen Kandidaten aus der römischen Familie der Tuskulaner, Benedikt VIII., verständigt und verbot Gregor, bis zu einer Entscheidung in Rom päpstlichen Ornat anzulegen. Gegen den ausführlich vorbereiteten Italienzug Heinrichs leistete Arduin keinen Widerstand, doch wurde keine Einigung über eine Beilegung des Konfliktes erzielt. Am 14. Februar 1014 wurde der König mit kaiserlichen Ehren von Benedikt VIII. vor Rom empfangen und in die Peterskirche geleitet, wo Heinrich gemeinsam mit seiner Gemahlin Kunigunde die Kaiserkrone empfing.

Um eine dauerhafte Präsenz in Italien bemühte sich der Kaiser auch jetzt nicht; die norditalienischen Adeligen fanden allerdings keinen Kandidaten, der dem schon 1015 gestorbenen König Arduin hätte nachfolgen wollen. Um Heinrich zum Eingreifen in die instabilen Verhältnisse Süditaliens zu bewegen, musste der Papst im Jahr 1020 nach Bamberg reisen und durch seine Teilnahme an einer glanzvollen Osterfeier im neuen Dom zum Ansehen und zur Sicherung des jungen Bistums beitragen. Bei dieser Gelegenheit wurden Bamberg und die Reichsabtei Fulda, die Kaiser und Papst ebenfalls gemeinsam aufsuchten, in den Schutz des Papsttums gegeben. Man hat darin einen Versuch gesehen, den Papst langfristig in die Reichskirche einzubinden. Im Zusammenhang mit Heinrichs Engagement für Bamberg erscheint es aber plausibler, dass er im Papst gerade eine Instanz jenseits der Reichskirche suchte, die seiner Gründung über seine Lebenszeit hinaus Rückhalt geben konnte.

Dem Hilfegesuch des Papstes folgte Heinrich mit einem Feldzug nach Apulien, der Ende des Jahres 1021 begann. Die Fürsten Waimar von Salerno und Pandulf IV. von Capua († 1049) wurden gefangen genommen, die byzantinische Stadt Troia musste sich nach Belagerung ergeben und demonstrativ eine Bresche in ihre Mauern schlagen. Der apulische Fürst Melo (Ismael), der sich nach erfolgloser Rebellion gegen die byzantinische Herrschaft zu Heinrich geflüchtet hatte, war schon vor Beginn des Feldzuges wohl in

Bamberg gestorben und im Dom beigesetzt worden. Er hatte seiner Verbindung mit dem Kaiser einen spektakulären Ausdruck gegeben durch das Geschenk des prachtvollen Sternenmantels, der noch heute zu den Prunkstücken des Bamberger Domschatzes gehört.

Auf ein intensiviertes Zusammenwirken mit dem Papst deutet eine Synode hin, die vor der Rückkehr des Kaisers ins nordalpine Reich im Jahr 1022 in Pavia stattfand und deren Beschlüsse in inhaltsgleichen Dekreten beider verkündet wurden. Dabei ging es vor allem um den Rechtsstatus von Klerikerkindern, ein Problem, das schon eine Goslarer Synode im Jahr 1019 beschäftigt hatte. Es ist allerdings nicht klar, ob man darin den Auftakt zu umfassenderen Reformanstrengungen sehen kann, zumal das eindringlich verkündete Zölibatsgebot in der Folgezeit keine besondere Resonanz fand. Für das Jahr 1023 war allerdings eine gemeinsame Synode mit dem französischen König geplant, die wegen Problemen in Frankreich aber nicht zu Stande kam.

6. Das Reich wählt einen neuen König: Die Anfänge Konrads II.

a) Die Königswahl von Kamba

Aus einer lange Zeit dominierenden verfassungsgeschichtlichen Perspektive erschien die Königswahl nach dem Tod Heinrichs II. 1024 als Testfall für die rechtlichen Grundlagen der Königserhebung, war doch unter den Großen des Reichs kein Anwärter auf den Königsthron zu erkennen, der eine ähnlich exklusive Verwandtschaft zum verstorbenen Herrscher hätte aufweisen können, wie sie zwei Jahrzehnte zuvor der Bayernherzog Heinrich für sich reklamiert hatte. Die Zeitgenossen scheinen darin allerdings nicht die Chance gesehen zu haben, den Wahlakt der Großen, der auch unter Herrschaft der Ottonen erst über die Nachfolge des Königssohnes entschieden hatte, zu einer freien Auswahl unter verschiedenen Kandidaten umzugestalten oder daraus gar ein rechtliches Prinzip abzuleiten. Beherrschend war vielmehr die Sorge vor den Unsicherheiten und Konflikten, die ein Auftreten verschiedener Bewerber hervorrufen konnte: Das hatte noch zu Lebzeiten Heinrichs II. Bischof Thietmar von Merseburg unheilvoll prognostiziert, und nach der Darstellung des Hofkaplans Wipo († nach 1046), der allerdings aus der Perspektive des siegreichen Kandidaten zurückschaute, drohte nicht weniger als das Chaos (s. **Quelle**).

Wipo, Taten Kaiser Konrads 1
Quellen des 9. und 11. Jahrhunderts zur Geschichte der Hamburgischen Kirche und des Reichs, übers. von W. Trillmich (FSGA A, Bd. 11), S. 531.

Nach des Kaisers Tod begann sich der gleichsam durch den Verlust seines Vaters verwaiste Staat alsbald unsicher zu fühlen. Unruhe und Besorgnis ergriff alle, die es redlich meinten, die Schlimmen dagegen hofften auf Unordnung im Reiche. ...

Diese Sichtweise war insoweit berechtigt, als man nach einem Jahrhundert ottonischer Herrscher kein Prozedere kannte, das in einer solchen Situation zu befolgen war. Vor allem die wichtigsten Reichsbischöfe sowie Kaiserin Kunigunde und ihre luxemburgischen Brüder sorgten wohl dafür, dass die führenden Großen nach dem Tod Heinrichs II. am 13. Juli schon bald in Kamba am Mittelrhein zusammenkamen und sich schnell auf zwei Kandidaten einigten, die beide der gleichen Familie entstammten und den Namen Konrad trugen. Seit dem 12. Jahrhundert hat man die Angehörigen dieser Familie als Salier (*salici*) bezeichnet, um damit ihre fränkische Herkunft anzusprechen; das bezog sich auf die Lex Salica, die älteste Aufzeichnung des fränkischen Rechts. Beide Kandidaten waren Nachkommen Herzog Konrads des Roten und Liudgards, einer Tochter Ottos des Großen, und damit Verwandte der ottonischen Königsfamilie. Das trug ohne Zweifel zu ihrem Prestige bei, doch konnten noch andere Herrschaftsträger einen vergleichbaren Verwandtschaftsgrad aufweisen, ohne dadurch zum Kreis der Thronkandidaten zu zählen. Die Salier hatten schon seit Jahrzehnten eine herausragende Machtstellung am Mittelrhein aufgebaut und Eheverbindungen mit lothringischen Adelsfamilien sowie mit den fränkischen Konradinern geschlossen. Otto II. und Otto III. hatten dem Sohn Konrads des Roten, Otto, das Herzogtum Kärnten mit der wichtigen Veroneser Mark übertragen; dessen Sohn Brun war als Gregor V. zum Papst erhoben worden.

Beim Tod Heinrichs II. hatte der jüngere der beiden Konrade, ein Enkel Ottos von Kärnten und des Schwabenherzogs Hermann II. (997–1003), den Großteil des salischen Erbes in seiner Hand, während sein gleichnamiger älterer Vetter, der nach dem frühen Tod seines Vaters Heinrich bei der Verteilung des großväterlichen Erbes leer ausgegangen war, seine aktuelle Stellung vor allem der Ehe mit **Gisela**, einer Tochter Hermanns von Schwaben, verdankte. Die Witwe des babenbergischen Herzogs von Schwaben, Ernst, verfügte nicht nur über einen stattlichen Eigenbesitz, sondern war über ihre Mutter mit dem welfischen Königshaus von Burgund und mit den westfränkischen Karolingern verwandt. Beide Ehepartner waren allerdings mit den Ottonen und dadurch auch miteinander verwandt, Konrad als Urenkel Ottos des Großen, Gisela als Urenkelin von dessen Schwester Gerberga. Das mag der wichtigste Grund dafür gewesen sein, dass sie ins Visier des von Heinrich II. begonnenen Kampfes gegen kirchenrechtlich verbotene Verwandtenehen geraten waren. Mehrfach stand der ältere Konrad an der Seite von Gegnern des Kaisers, bis er sich wohl um das Jahr 1020 mit diesem aussöhnte.

Die beiden salischen Kandidaten repräsentierten verschiedene Gruppen weltlicher und geistlicher Herrschaftsträger: Während der jüngere Konrad vor allem in Lothringen Unterstützung fand, betrieb der Mainzer Erzbischof Aribo (1021–1031) gemeinsam mit anderen Bischöfen die Wahl des älteren Konrad. Die Sachsen, die schon bei der Erhebung Heinrichs II. eine Sonderrolle gespielt hatten, waren bei der Wahl von dessen Nachfolger überhaupt nicht vertreten. Nach Wipos Bericht fiel die Entscheidung in einem Gespräch zwischen den Kandidaten, bei dem der jüngere sich bereit fand, die offenbar erkennbare Neigung der Mehrheit zu seinem Verwandten zu akzeptieren. Für diesen sprach möglicherweise vor allem, dass er schon einen Sohn hatte; tatsächlich wurde die Königswahl von Kamba dadurch nicht zu einer die weitere „Verfassungsentwicklung" prägenden „freien" Wahl nach dem Mehrheitsprinzip, sondern zur Entscheidung für eine neue Herrscherfamilie, denn Konrad der Ältere konnte schon nach knapp anderthalb Jahren seinen Sohn zum Thronfolger designieren und zwei Jahre später zum König erheben lassen.

b) Konflikte und Behauptung des neuen Königs

Die Entscheidung von Kamba war der Beginn einer konfliktreichen Phase, in der Konrad um seine Akzeptanz kämpfen musste. Wipos Bild von einem eher rituell ablaufenden Umritt, auf dem der König innerhalb eines Jahres die Huldigung der Großen seines ganzen Reichs entgegennahm, verkürzt und entdramatisiert das Geschehen. Größter Erfolg noch im Jahr 1024 war die Akzeptanz Konrads durch die Sachsen am Weihnachtstag, nachdem der neue König ähnlich wie sein Vorgänger die besonderen sächsischen Rechtsgewohnheiten bestätigt hatte. Dagegen verweigerten sich die lothringischen Großen, obwohl der Kölner Erzbischof aus der lothringischen Phalanx ausgebrochen war, indem er die Königin gekrönt hatte. Damit hatte er sich im Wettbewerb mit seinem Mainzer Konkurrenten, der die Krönung Giselas aufgrund nicht zu klärender kirchenrechtlicher Vorbehalte abgelehnt hatte, einen Vorteil verschafft, der seinen Nachfolgern langfristig das Recht der Königskrönung in Aachen sichern sollte.

Besonders gefährlich wurde die Verbindung Herzog Friedrichs von Oberlothringen († 1026) mit dem Schwabenherzog Ernst II., dem Sohn der Königin aus der Ehe mit Herzog Ernst I., sowie dem unterlegenen Thronkandidaten Konrad dem Jüngeren. Es ist bezeichnend, dass diese Gegner miteinander und mit dem neuen König vielfach verwandtschaftlich verbunden waren: Während wir über Motive aus dem persönlich-emotionalen Bereich wie etwa eine Abneigung zwischen Stiefsohn und Stiefvater nur spekulieren können, wird in langfristiger Perspektive ein beinahe strukturelles Moment frühmittelalterlicher Adelsgesellschaft erkennbar. Verwandtschaft führte nicht nur zu Bindung und gegenseitigem Schutz, sondern konnte auch harte Konflikte um Erb- und Ranganspräche verursachen. Die familiäre Konstellation wurde besonders problematisch, wenn ein Mitglied zum Königtum aufstieg. Das brachte nicht nur einen Prestigegewinn für alle, sondern verschob auch die komplizierte Balance von Macht und Rang – im Fall Konrads des Älteren umso deutlicher, als mehrere Verwandte den neuen König an Besitz und Herrschaftspositionen weit übertrafen.

Gisela, Kaiserin, † 1043
⚭ 1) Graf Bruno von Braunschweig, † vor 1012
Graf Liudolf von Braunschweig, † 1038
⚭ 2) Herzog Ernst I. von Schwaben, † 1030
Herzog Ernst II. von Schwaben, † 1030
Herzog Hermann IV. von Schwaben, † 1038
⚭ 3) Konrad d. Ältere, König 1024, Kaiser 1027, † 1039
Kaiser Heinrich III., geb. 1017, † 1056
Mathilde, † 1034
Beatrix, † vor 1036?

In dieser Situation allen Erwartungen gerecht zu werden und im Besonderen die Kompensationsansprüche des unterlegenen Konkurrenten Konrad zu erfüllen, dürfte schon deshalb eine schwierige Aufgabe gewesen sein, weil sich Ansprüche und Erwartungen der Großen häufig gegenseitig ausschlossen. In Lothringen und vor allem in Schwaben wurden König und Herzöge zudem noch in Herrschaftskonkurrenz und Fehden auf der Ebene des regionalen Adels einbezogen. Eine besonders enge Bindung zu einem gräflichen Vasallen trieb schließlich Herzog Ernst nach mehrfachen Aussöhnungsversuchen in die letzte, aussichtslose Auflehnung, die erst im Jahr 1030 mit seinem Tod im Kampf endete, als sich die übrigen Gegner längst dem König unterworfen hatten.

c) Eintritt in die Stellung der ottonischen Vorgänger

Die zunehmende Erbitterung des Stiefsohnes mag noch dadurch gesteigert worden sein, dass der König eigene Ansprüche auf Machtausbau und Erwerb neuer Herrschaftspositionen konsequent und auch in Konkurrenz mit den Verwandten betrieb. Das gilt besonders für die Anwartschaft auf das burgundische Königtum, das bei Nachbarn und Verwandten manche Begehrlichkeiten weckte, weil König Rudolf III. (993–1032) keinen männlichen Erben hatte. Mehrere Frauen aus der Nachkommenschaft des Königshauses vermittelten unterschiedlich starke Erbansprüche, darunter Königin Gisela und ihre Schwestern Beatrix, die Gemahlin Herzog Adalberos von Kärnten (1011–1035), und Mathilde, Mutter Konrads des Jüngeren. Für Konrad II. war allerdings von größerem Gewicht, dass er in die nicht nur verwandtschaftlich, sondern auch durch Freundschaftsbündnisse und schließlich sogar lehnsrechtliche Bindungen begründete Stellung eintreten konnte, die sein Vorgänger Heinrich II. und alle Liudolfinger seit Heinrich I. gegenüber dem burgundischen Königtum eingenommen hatten. Ein Verzicht auf die von Heinrich II. erreichte Anwartschaft auf die Nachfolge des burgundischen Königs wäre für Konrad II. einem empfindlichen Gesichtsverlust gleichgekommen; ähnlich konnte allerdings auch sein Stiefsohn Ernst als Nachfolger der ebenfalls eng mit Burgund verbundenen schwäbischen Herzöge und Verwandter des Königshauses empfinden.

Mit Entschlossenheit und Konsequenz gelang es Konrad II., im Sommer 1027 vom burgundischen König die Lehnshuldigung für sein Königreich und die Zusicherung der Nachfolge zu erlangen und damit in den von Heinrich II. erworbenen Anspruch einzutreten; schon zuvor hatte er mit der Krönung in Rom am 26. März auch die kaiserliche Stellung seiner ottonischen Vorgänger übernommen. Auch diese Nachfolge hatte der neue König erst erkämpfen müssen; während die oberitalienischen Bischöfe in ottonischer Tradition Rückendeckung vom deutschen König erwarteten, suchten die meisten weltlichen Großen Oberitaliens einen Kandidaten, der nicht den traditionellen Machtanspruch des karolingischen und ottonischen Kaisertums erneuern würde. Eine solche Perspektive bot der Sohn Herzog Wilhelms V. von Aquitanien (995–1029), zu dessen Unterstützung der westfränkische König Robert II. (996–1031) Kontakt mit den lothringischen Gegnern Konrads aufnahm. Es kam jedoch zu keiner gemeinsamen militärischen Aktion gegen den König, der im Gegenteil am Ende des Jahres 1025 die Huldigung der Lothringer entgegennehmen konnte.

Wilhelm V. von Aquitanien hatte seine italienischen Ambitionen schon wieder aufgegeben, als Konrad im Februar des folgenden Jahres über die Alpen zog, um seinen Herrschaftsanspruch in Oberitalien zur Geltung zu bringen. Ob er formell zum König gekrönt wurde, ist unklar; mit Hof- und Gerichtstagen präsentierte sich Konrad als Herrscher, während sein Heer einzelne Burgen italienischer Gegner erstürmte oder die Umgebung der auch durch längere Belagerung nicht zu bezwingenden lombardischen Königsstadt Pavia verheerte. Auch im unbefestigten Ravenna brachte ein plötzlicher Tumult der Stadtbevölkerung Gefahren, wie sie beim Aufenthalt königlicher Truppen in den italienischen Städten immer wieder drohten. Militärischer Druck und Verhandlungen erreichten erst allmählich die Anerkennung durch die Großen, so dass Konrad schließlich im März 1027 nach Rom ziehen konnte. Die Kaiserkrönung am Osterfest demonstrierte eindrucksvoll die Stellung, die sich der Salier seit seiner Königswahl erkämpft hatte: Mit Rudolf III. von Burgund und Knut dem Großen († 1035) von England und Dänemark nahmen zwei benachbarte Könige an der Zeremonie teil, Großabt Odilo von Cluny bezeugte die Unterstützung durch die überragende geistliche Autorität der Zeit.

IV. Ottonische Tradition und neuer Herrschaftsanspruch: Königsherrschaft und Kaisertum der frühen Salier

1027	Erhebung Heinrichs III. zum bayerischen Herzog
Ostern 1028	Erhebung Heinrichs III. zum König in Aachen
1028	1. Kaiserbulle Konrads II. mit der Umschrift *Heinricus spes imperii*
2. 2. 1033	Erhebung Konrads II. zum burgundischen König
1033	Erhebung Gozelos I. zum Herzog von Ober- und Niederlothringen
1035	Absetzung Herzog Adalberos von Kärnten
1036	Valvassorenaufstand in Mailand
1037	*Constitutio de feudis*
1038	Erhebung Heinrichs III. zum burgundischen König
4. 6. 1039	Tod Konrads II.
1043	Heirat Heinrichs III. mit Agnes von Poitou
1044	Sieg über die Ungarn bei Menfö
1045	Erster Konflikt mit Gottfried dem Bärtigen
20. 12. 1046	Synode von Sutri
25. 12. 1046	Krönung Heinrichs III. zum Kaiser
1053	Niederlage Papst Leos IX. gegen die Normannen bei Civitate
1054	Heirat Gottfrieds des Bärtigen mit Beatrix von Canossa und Tuszien

1. Herrschaftsverständnis und Herrschaftspraxis

a) Ansätze transpersonaler Herrschaftsvorstellungen

Das Wechselspiel von herrscherlichem Anspruch und Erwartungen der Großen prägt Beginn und Entwicklung des salischen Königtums ebenso wie die Geschichte des ottonischen; das Verhältnis von Adel und Königtum bestimmt auch die besondere Situation eines aus dem Kreis des Adels aufgestiegenen Königs. Daneben lassen sich aber neue Momente erkennen, die eine Entwicklung in der Erfahrung der Königsherrschaft und in ihrer Deutung anzeigen. Die zweimalige Kreation eines neuen Königs, der nicht als Sohn dem Vater nachfolgte und der nicht schon zu Lebzeiten des Vorgängers, sondern erst nach dessen Tod erhoben wurde, trug offensichtlich dazu bei, Herrschaft und Reich in der Erfahrung und in der Vorstellung der Herrschaftsträger zumindest ansatzweise und allmählich von Person und Familie des Königs abzulösen. Das Reich wurde gewissermaßen „transpersonal", indem es von der einen auf die andere Königsfamilie überging. Wir wissen allerdings nicht, ob der Herrscher und ein größerer Kreis weltlicher Herrschaftsträger das mit gleicher Klarheit auf den Begriff bringen konnten wie der Hofkaplan Wipo, der Konrad die Unterscheidung zwischen König und Reich mit dem Bild von Schiff und Steuermann illustrieren lässt (s. **Quelle**).

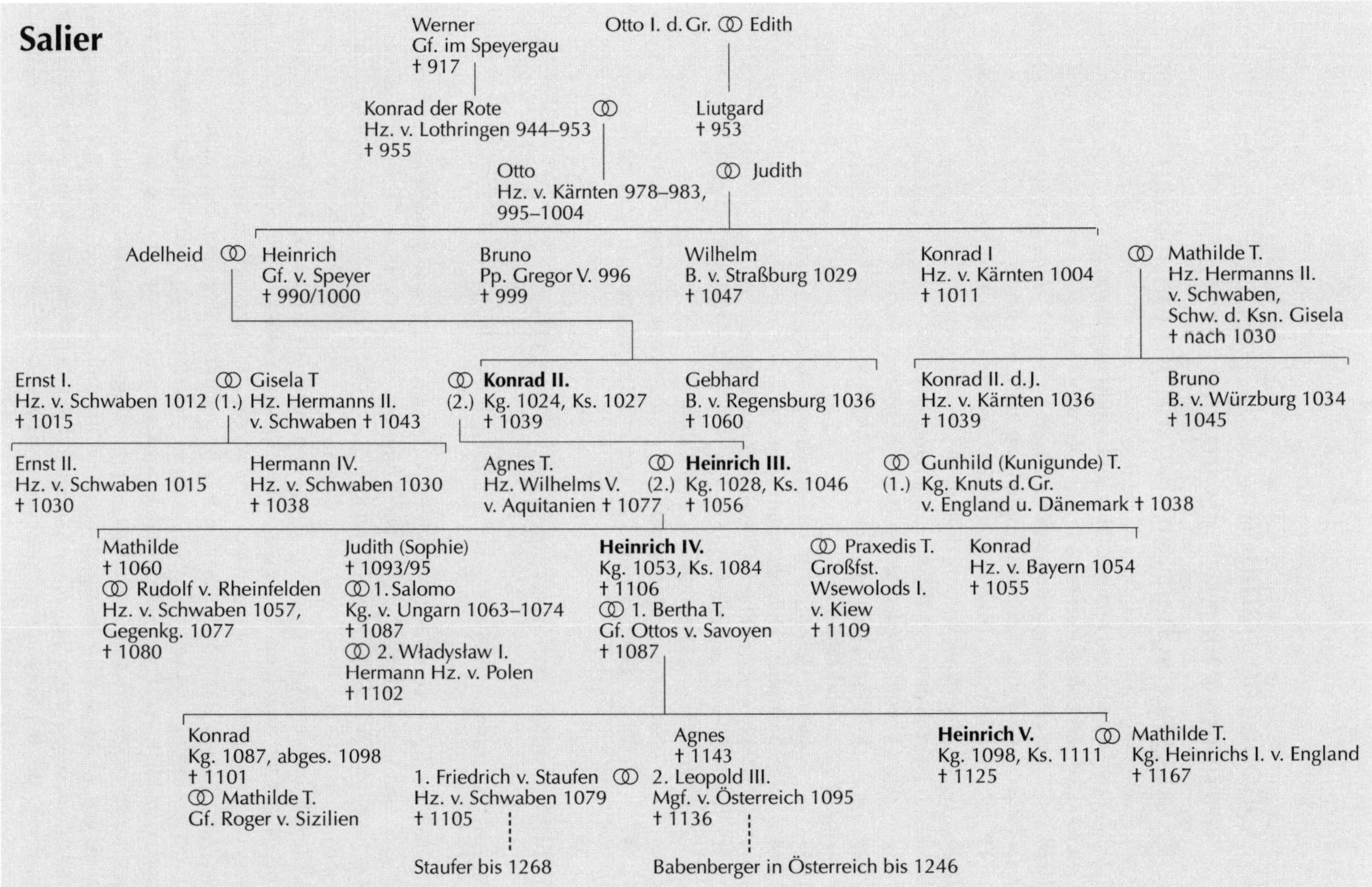
Salier
Werner
Gf. im Speyergau
† 917
Otto I. d. Gr. ⚭ Edith
Konrad der Rote ⚭
Hz. v. Lothringen 944–953
† 955
Liutgard
† 953
Otto
Hz. v. Kärnten 978–983,
995–1004
⚭ Judith
Adelheid ⚭ Heinrich
Gf. v. Speyer
† 990/1000
Bruno
Pp. Gregor V. 996
† 999
Wilhelm
B. v. Straßburg 1029
† 1047
Konrad I
Hz. v. Kärnten 1004
† 1011
⚭ Mathilde T.
Hz. Hermanns II.
v. Schwaben,
Schw. d. Ksn. Gisela
† nach 1030
Ernst I.
Hz. v. Schwaben 1012
† 1015
⚭ (1.) Gisela T
Hz. Hermanns II.
v. Schwaben † 1043
⚭ (2.) Konrad II.
Kg. 1024, Ks. 1027
† 1039
Gebhard
B. v. Regensburg 1036
† 1060
Konrad II. d. J.
Hz. v. Kärnten 1036
† 1039
Bruno
B. v. Würzburg 1034
† 1045
Ernst II.
Hz. v. Schwaben 1015
† 1030
Hermann IV.
Hz. v. Schwaben 1030
† 1038
Agnes T.
Hz. Wilhelms V.
v. Aquitanien † 1077
⚭ (2.) Heinrich III.
Kg. 1028, Ks. 1046
† 1056
⚭ (1.) Gunhild (Kunigunde) T.
Kg. Knuts d. Gr.
v. England u. Dänemark † 1038
Mathilde
† 1060
⚭ Rudolf v. Rheinfelden
Hz. v. Schwaben 1057,
Gegenkg. 1077
† 1080
Judith (Sophie)
† 1093/95
⚭ 1. Salomo
Kg. v. Ungarn 1063–1074
† 1087
⚭ 2. Władysław I.
Hermann Hz. v. Polen
† 1102
Heinrich IV.
Kg. 1053, Ks. 1084
† 1106
⚭ 1. Bertha T.
Gf. Ottos v. Savoyen
† 1087
⚭ Praxedis T.
Großfst.
Wsewolods I.
v. Kiew
† 1109
Konrad
Hz. v. Bayern 1054
† 1055
Konrad
Kg. 1087, abges. 1098
† 1101
⚭ Mathilde T.
Gf. Roger v. Sizilien
1. Friedrich v. Staufen ⚭
Hz. v. Schwaben 1079
† 1105
Staufer bis 1268
Agnes
† 1143
2. Leopold III.
Mgf. v. Österreich 1095
† 1136
Babenberger in Österreich bis 1246
Heinrich V.
Kg. 1098, Ks. 1111
† 1125
⚭ Mathilde T.
Kg. Heinrichs I. v. England
† 1167

In einer weiteren Hinsicht gab die Königserhebung Konrads II. einen Anstoß dazu, dass sich transpersonale Vorstellungen vom Königreich entwickelten. Nach dem Tod Heinrichs II. hatte zwar die Kaiserin Kunigunde zusammen mit ihrer Familie, den Luxemburgern, eine herausragende Rolle gespielt. Daneben waren aber auch wichtige Bischöfe und Äbte tätig geworden, um die schnelle und möglichst konfliktfreie Erhebung eines neuen Königs zu erreichen. Zusammen mit den dann in Kamba versammelten Großen bildeten sie einen Kreis von Herrschaftsträgern, die bei der Königswahl Verantwortung für das Reich übernahmen. Aus solchen Ansätzen konnte sich in langfristiger Perspektive eine Gruppe von Fürsten entwickeln, die Mitverantwortung für das Reich und einen eigenen Anteil an der Königsherrschaft beanspruchten. Einen entscheidenden Impuls in dieser Hinsicht erbrachten allerdings erst die Konflikte zwischen den Großen und den beiden letzten Saliern am Ende des 11. und am Beginn des 12. Jahrhunderts.

Wipo, Die Taten Konrads 7
Quellen des 9. und 11. Jahrhunderts zur Geschichte der Hamburgischen Kirche und des Reichs, übers. von W. Trillmich, Darmstadt 1968 (FSGA, A, Bd. 11) S. 531.

Die Paveser erklärten: „Wen haben wir denn gekränkt? Unserem Kaiser haben wir treu und ergeben bis an sein Lebensende gedient. Wir haben das Haus unseres Königs zerstört, als wir nach seinem Tod keinen König hatten; deshalb kann man uns rechtlich nicht belangen". Der König dagegen erwiderte: „Ich weiß, dass ihr nicht eures Königs Haus zerstört habt, denn damals hattet ihr ja keinen. Aber ihr könnt nicht leugnen, dass ihr einen Königspalast zerstört habt. Ist der König tot, so bleibt doch das Reich bestehen, ebenso wie ein Schiff bleibt, dessen Steuermann gefallen ist."

b) Herrschaftsanspruch und Herrscherfamilie

Am Beginn der salischen Herrschaft verstärkte demgegenüber die schnelle Königserhebung des Thronfolgers Heinrich III. noch die enge Verbindung von Reich und König bzw. Königsfamilie. In ottonischer Tradition bestimmte Konrad II. bald nach seiner Kaiserkrönung eine Gesandtschaft nach Konstantinopel, die offensichtlich vor allem um eine byzantinische Prinzessin als Braut für den Thronfolger Heinrich werben sollte. Ein Erfolg der Verhandlungen, den wohl innerbyzantinische Probleme verhinderten, hätte den kaiserlichen Rang der neuen Herrscherfamilie für die Zukunft gesichert. Dieses Anliegen kommt auch in der allerdings nur einmal belegten ersten Kaiserbulle Konrads zum Ausdruck, die auf dem Revers ein Bild des Thronfolgers trägt, mit der Umschrift *Heinricus spes imperii*, Heinrich, Hoffnung des Kaiserreichs. Deutlicher hätte sich der Anspruch der salischen Herrscherfamilie wohl nicht formulieren lassen: Kaum drei Jahre nach dem Tod des letzten Ottonen gab es wieder ein Königtum mit Zukunft, das die Ansprüche der ottonischen Tradition in vollem Umfang behauptet hatte.

Darin hat man einen neuartigen dynastischen Anspruch des salischen Kaisertums gesehen, im Zusammenhang eines umfassenden Wandels des Selbstverständnisses und der familiären Konstitution des Adels. In langfristiger Perspektive nämlich traten innerhalb der Adelsfamilien die agnatischen Bindungen in den Vordergrund, die auf den männlichen Abstammungslinien beruhten. Die zuvor cognatisch definierten Familienverbände des Adels, die männliche und weibliche Abstammungslinien umfassten, wandelten sich dadurch zu Adelshäusern, die jeweils dynastische Kontinuität über die Sohnesfolge erlangten. Diese Entwicklung stand allerdings im 11. Jahrhundert erst an ihrem Anfang; noch im 12. Jahrhundert spielte die durch Eheverbindungen vermittelte cognatische Verwandtschaft gerade auf der Ebene des hohen Adels eine wichtige Rolle. Das Verhältnis der Staufer, Welfen und Babenberger etwa lässt sich auf diesem Hintergrund besser verstehen als im Zusammenhang von streng agnatisch bestimmten Dynastievorstellungen.

Auch die Salier sollten wir noch nicht als Vertreter neuartiger und ausgeprägter dynastischer Vorstellungen in Anspruch nehmen. Die dafür herangezogenen Zeugnisse lassen sich vielmehr auch im traditionellen Horizont der Deutung und Sicherung königlicher Herrschaft verstehen. Dabei standen jeweils der aktuelle Herrscher und sein Nachfolger im Mittelpunkt; mehr besagt auch die oben angesprochene Kaiserbulle mit dem Verweis auf Heinrich III. nicht. Die hofnahen Geistlichen Bern, Abt von Reichenau (1008–1048), und Wipo unterschieden sogar zwischen der genealogischen Dignität Konrads, dessen ottonische Verwandtschaft der Reichnauer Abt eher beiläufig erwähnt, und der königlichen Abstammung Heinrichs, die Wipo über die Mutter Gisela auf Karl den Großen zurückführt, während Bern sogar eine Linie bis zum ersten christlichen Frankenkönig Chlodwig († 511) zieht.

Auch das liturgische Gedenken der Salier, das vor allem Karl Schmid als Zeugnis eines neuen dynastischen Hausverständnisses gewertet hat, lässt sich ebenso im traditionellen Rahmen verstehen. Nicht zuletzt, um dem Vorbild seines Vorgängers, des Bistumsgründers Heinrich II., zu folgen, begründete Konrad II. das Bistum Speyer zwar nicht, aber er stattete es doch weitgehend neu aus und bestimmte den neubegonnenen Dombau zu seiner Grablege. Dort war auch entgegen früherer Deutung keine monumentale Grablege für eine viele Generationen umfassende Herrscherdynastie vorgesehen, sondern ein Stiftergrab für Konrad II. und seine Gemahlin sowie ihren Sohn Heinrich III. Erst nach dem Neuansatz der Bauarbeiten unter Heinrich IV. erreichte der Dom die heute noch sichtbaren, im 11. Jahrhundert nur von der Klosterkirche von Cluny übertroffenen Ausmaße. Initiativen des Speyerer Klerus führten dann im 12. Jahrhundert dazu, dass die Domkirche für mehrere Jahrhunderte als bevorzugte Königsgrablege galt.

Die traditionellen Vorstellungen folgende Memorialgemeinschaft der engeren Königsfamilie kommt auch in einem prachtvollen Evangeliar zum Ausdruck, das Heinrich III. später wohl dem Speyerer Domkapitel stiftete und dessen Herrscherbilder jeweils das verstorbene und das lebende Königspaar zeigen. Die Domkirche von Speyer, die der hl. Maria geweiht war, mag auch zur besonderen Marienverehrung der Salier beigetragen haben. Das berechtigt noch nicht dazu, Maria mit Blick auf ihre Bedeutung als Mutter Christi als eine spezifische Heilige der neuen Königs„dynastie" zu verstehen, wie es vor allem Ernst-Dieter Hehl vorträgt. Die religiöse Praxis und vor allem die Stiftungsleistungen der Salier blieben wohl traditionellen Vorstellungen verhaftet und zeigen deutlich eigenständige Akzente der einzelnen Herrscher. Schon vor seiner Königswahl hatte Konrad II. gelobt, im Erfolgsfall seine Burg Limburg an der Haardt in ein Kloster umzuwandeln. Heinrich III. gründete bei der wichtigen Pfalz Goslar ein Stift, das den Aposteln Simon und Judas Thaddäus geweiht wurde und das der Herrscher als seinen besonderen Memorialort nachhaltig förderte. Dort wurden später auch die Eingeweide des Kaisers bestattet.

c) *Vicarius Christi*: Herrschaftstheologie und Herrscherethos

Während die Zeit Heinrichs III. häufig als Höhepunkt sakraler Herrschaftsvorstellungen gilt, ist sein Vater seit den Jahrbüchern Harry Bresslaus immer wieder als „vollsaftiger Laie“ oder gar als *rex idiota*, als ungebildeter König, dem Sohn wie dem Vorgänger gegenübergestellt worden. Schon Theodor Schieffer hat allerdings klargestellt, dass sich dieses Bild in nicht geringem Maße der Perspektive späterer kirchlicher Reformer verdankt und den Bedingungen, unter denen Konrad agierte, nicht gerecht wird. Im Unterschied zu seinem geistlich gebildeten Vorgänger hatte der gänzlich unerwartet zum Königtum gelangte Salier nur die Erziehung eines jungen Adeligen der Zeit genossen, allerdings zum Teil unter der Obhut Bischof Burchards von Worms († 1025), eines der bedeutendsten kirchlichen Rechtskenner seiner Zeit, der mit seiner Kirchenrechtssammlung und einem Hofrecht für die Angehörigen seiner Grundherrschaft ein besonderes Interesse für die rechtliche Gestaltung und Organisation des kirchlichen und weltlichen sozialen Lebens zeigte. Davon mag auch das Dienstrecht angeregt worden sein, das Konrad II. im Jahr 1035 für die Angehörigen der an das Kloster Limburg geschenkten salischen Besitzungen erließ.

Mit dem Votum der Limburger Klostergründung und den Aufwendungen für den Dombau in Speyer fügte sich Konrad in die allgemeine, König, Adel und Klerus verbindende religiöse Mentalität der Zeit. Zweifellos verstand auch Konrad II. sein Königtum als gottgewollt und seine Herrschaft als eine in der Schöpfungsordnung vorgesehene irdische Stellvertretung des himmlischen Herrschers. Heinrich III. allerdings wurde schon von seinen Erziehern ausführlicher in die herrschaftstheologischen Traditionen eingewiesen und mit den herrschaftsethischen Konsequenzen konfrontiert. Der Hofkaplan Wipo gestaltete seine Darstellung der Taten Konrads II. weitgehend als Herrscherspiegel für den Nachfolger und schreckte auch vor Kritik nicht zurück, wenn er die Anliegen des christlichen Herrscherethos und die Belange der Kirche und der Kleriker durch Konrad verletzt sah. Die theologischen Grundlagen der Königsherrschaft und die daraus resultierenden herrschaftsethischen Forderungen formulierte Wipo beispielhaft in der Predigt, die er dem Mainzer Erzbischof Aribo anlässlich der Krönung Konrads II. in den Mund legt (s. **Quelle**). Der König sollte sich demnach ganz für das Wort Gottes öffnen und vor allem seinen Gegnern verzeihen. Durch die Weihe sei Konrad zu einem anderen Menschen geworden, unbelastet von den Konflikten der Vergangenheit.

Wipo, Die Taten Konrads 3, Krönungspredigt Erzbischof Aribos von Mainz
Quellen des 9. und 11. Jahrhunderts zur Geschichte der Hamburgischen Kirche und des Reichs, übers. von W. Trillmich, Darmstadt 1968 (FSGA, A, Bd. 11) S. 549f.

Jetzt aber, Herr König, bittet die ganze heilige Kirche mit uns um deine Huld für alle, die bisher gegen dich gefehlt und durch irgendwelche Beleidigung deine Huld verloren haben. ... verzeih ihnen um der Liebe Gottes willen, die heute einen neuen Menschen aus dir gemacht hat und dich teilhaben lässt an ihrem göttlichen Walten, wie auch Gott selbst wiederum dir für alle deine Sünden verzeihen möge!

Nach Wipos Darstellung entsprach Konrad diesen Forderungen schon auf dem Weg zur Krönung beispielhaft und demonstrativ, indem er einem Armen, einer Witwe und einer Waisen Gehör schenkte. Eine weitergehende Orientierung am christlichen Herrscherideal erwarteten Wipo und andere Kleriker allerdings von Heinrich III., dem sie Christus als Vorbild des Königs vor Augen hielten. „Du bist der Stellvertreter Christi (*vicarius Christi*)", lässt Wipo den Mainzer Erzbischof in der Krönungspredigt sagen, und diese besondere Beziehung zwischen dem König und Christus hat Konsequenzen: „Nur wer diesen nachahmt, ist ein wahrer Herrscher" (*nemo nisi illius imitator verus est dominator*). Heinrich III. nahm solche Mahnungen ernst; mehrmals in seinem Leben erniedrigte er sich in öffentlichen Bußakten rituell: Nach dem Tod seiner Mutter Gisela in einem kirchlichen Bußritus, der vielleicht Reue über ein vorheriges Zerwürfnis zwischen beiden ausdrücken sollte. Vor einem Zug gegen Böhmen vollzog Heinrich gemeinsam mit einigen Fürsten einen Bußritus, um die Hilfe Gottes zu erflehen, weil man offensichtlich eine vorangegangene Niederlage als göttliche Strafe deutete. Vor diesem Hintergrund war es nur konsequent, dass der König sich auch nach dem spektakulären Sieg gegen die Ungarn bei Menfö im Jahr 1044 in ritueller Buße demütigte, um für Gottes Hilfe zu danken und nicht durch Selbstüberhebung im Sieg erneute göttliche Strafe zu provozieren.

Forschungen zur Herrschaftstheologie sehen in diesen Bußaten vor allem den Versuch, im rituellen Akt den gekreuzigten Christus zu verkörpern und damit den Anspruch auf die königliche Stellvertretung Christi demonstrativ zum Ausdruck zu bringen. Es gibt aber keinen Anlass für die Annahme, dass der König den Stellenwert von Reue und Buße in der religiösen Praxis geringer geschätzt hätte als seine geistlichen Gesprächspartner. Zu deutlich werden diese Themen etwa in den Briefen ausgeführt, die der Abt Bern von Reichenau († 1048) an den König richtete. Nicht zu bezweifeln ist auch die religiöse Ernsthaftigkeit der demonstrativen Handlung bei der Hochzeit Heinrichs mit Agnes von Poitou im Jahr 1043: Gaukler und Possenreißer, die sich ein gutes Geschäft während der Feierlichkeiten erhofft hatten, wurden vom Hof vertrieben.

d) Friedenswahrung

Nicht nur durch die rituelle Selbstdemütigung in der Buße wollte Heinrich III. Gott unmittelbar ansprechen, um göttliche Hilfe für den Herrschaftserfolg zu gewinnen und Sicherheit für die eigene Heilshoffnung über das irdische Leben hinaus zu erlangen. Der besonderen Verantwortung des *Vicarius Christi* stellte sich der König vor allem auf einem Feld: der Friedenswahrung. Mit unterschiedlicher theologischer Akzentuierung stellten Wipo und Bern von Reichenau, der in seinen Briefen immer wieder ermunternd und ermahnend auf den Herrscher einwirkte und zugleich manche Handlungen Heinrichs, von denen uns keine andere Quelle Nachricht gibt, kommentierend Revue passieren ließ, den Frieden als vornehmstes Ziel christlicher Herrschaftsausübung dar. Der König nahm diese Impulse auf: Im Oktober 1043 hielt er auf einer Synode in Konstanz eine predigtartige Ansprache, in der er das Volk zum Frieden aufrief, seinen Gegnern Verzeihung gewährte und die Anwesenden aufforderte, einander zu verzeihen. Ähnliches geschah im gleichen Jahr beim Weihnachtsfest in Trier, im Jahr darauf während des Bußaktes nach dem Sieg über die Ungarn von Menfö und im Jahr 1046, wohl im Zusammenhang mit der Kaiserkrönung (s. **Quelle**).

Entscheidend für den Erfolg der Friedensbemühungen waren die gegenseitigen Sühneverträge, *foedera pacis*, die zwischen verfeindeten Parteien geschlossen werden sollten. Auf diese Weise konnten die jeweils regional begrenzten Initiativen des Kaisers das ganze Reich erfassen, weshalb der Chronist Hermann von Reichenau († 1054) einen seit Jahrhunderten nicht gekannten Frieden im Reich auf das Gebot Heinrichs zu-

Hermann von Reichenau, Chronik, 1043
Quellen des 9. und 11. Jahrhunderts zur Geschichte der Hamburgischen Kirche und des Reichs, übers. von K. Nobbe und R. Buchner, Darmstadt 1968 (FSGA, A, Bd. 11) S. 677.

Dann söhnte er durch Bitten und Ermahnungen alle anwesenden Schwaben, nachdem sie einander Schuld und Feindschaften vergeben hatten, gegenseitig aus, in dem eifrigen Bemühen, dass dasselbe nachher in den andern Ländern seines Reichs geschehe, und schuf so einen seit vielen Jahrhunderten unerhörten Frieden und bekräftigte ihn durch ein Edikt.

rückführte. Durchsetzung und Dauer solcher Befriedungen waren allerdings von der Autorität des Herrschers abhängig; das unterschied die Friedensgebote Heinrichs III. grundsätzlich von umfassenden Inititiativen, die unter ganz anderen herrschaftlichen Rahmenbedingungen seit Ende des 10. Jahrhunderts vor allem in Südfrankreich wirksam waren. Gegen die Bedrohung, die für Waffenlose, Bauern und Kaufleute, aber auch für Mönche und Kleriker von den allgegenwärtigen Fehden und gewaltsamen Übergriffen des waffentragenden Adels ausging, hatten Bischöfe und Äbte örtliche Friedensabschlüsse, so genannte *pacta pacis*, initiiert, die vom Adel beschworen wurden und die zunächst bestimmte Gruppen und Orte unter Schutz stellen sollten. Die religiöse Motivation dieser Gottesfrieden fand seit dem zweiten Viertel des 11. Jahrhunderts einen noch deutlicheren Ausdruck in der Treuga Dei, die eine umfassende Waffenruhe an liturgisch ausgezeichneten Tagen verlangte. Diese Bewegungen erfassten wohl von Frankreich her allenfalls den Westen des salischen Reichs; die starke Stellung des Königtums machte hier den Herrscher zum ersten Ansprechpartner nicht nur für die Friedensideale herausragender Theologen, sondern auch für die alltäglichen Schutzbedürfnisse der Bischofs- und Klosterkirchen.

e) Anspruch, Widerspruch und Konflikt

Der umfassende Herrschaftsanspruch seiner ottonischen Vorgänger, den Konrad II. seit seiner Königserhebung behauptet hatte, bestimmte im Weiteren sein Verhältnis zu den weltlichen und geistlichen Großen. Im Überblick erscheinen Durchsetzungsvermögen und Strenge als prägende Merkmale von Konrads Herrschaft; dabei muss im Einzelnen unklar bleiben, ob ein kalkulierter Machtwille und das Interesse, herrscherliche Machtpositionen systematisch auszubauen, das Handeln des Königs bestimmten oder ob eher der persönliche Stil des Herrschers entscheidend war, eine härtere Gangart im Umgang mit den Gegnern und eine geringere Bereitschaft, auf die Ansprüche der Großen einzugehen. Dabei darf nicht übersehen werden, dass der König nicht stets überlegen und aus eigener Initiative agierte; auch in salischer Zeit war herrscherliches Handeln zu einem großen Teil Reaktion auf konkrete Probleme und Antwort auf die Ansprüche der Großen.

Die Ursachen der Konflikte, an denen der König beteiligt war, liegen häufig im Dunkeln; oft werden es lokale Auseinandersetzungen zwischen den Großen gewesen sein, in die der Herrscher auf verschiedene Art und Weise einbezogen wurde. Salische Herrschaft war nach einer Formulierung Hagen Kellers „Königsherrschaft in und über dem Rangstreit der Großen“: Das bedeutet zum einen, dass der König immer wieder in den Streit der adeligen Familien um Besitz, Machtpositionen, Herrschaftsrechte und

Ranganspрüche verwickelt wurde. Zum anderen wird damit ausgedrückt, dass grundsätzlich niemand den überlegenen Rang- und Herrschaftsanspruch des Königs in Frage stellte. Im Einzelnen musste aber erst noch geklärt und im Zweifel ausgekämpft werden, was dieser königliche Anspruch in einer Konfliktsituation bedeutete, wie er konkret wirksam werden konnte und unter welchen Bedingungen er Akzeptanz finden konnte. Zwar behauptete der König den Anspruch, Streitfälle vor seinem Gericht zu entscheiden, doch war damit nicht die Vorstellung von einem unparteiischen Richter verbunden. Auch wenn der König als Richter auftrat, agierte er in der Regel nicht unparteiisch, sondern nahm Partei für eine Seite oder geriet spätestens dann in eine solche Position, wenn die unterlegene Konfliktpartei die Anerkennung eines negativen königlichen Urteils verweigerte.

Das königliche Gericht wurde in salischer Zeit zu einem Instrument der herrscherlichen Konfliktführung; der König verweigerte seinen Gegnern zunehmend die Möglichkeit, den Konflikt durch die Leistung der *deditio* beizulegen und dadurch wieder in die Huld des Herrschers zu gelangen. Wer stattdessen vor das königliche Gericht gezogen wurde, hatte die Verurteilung und empfindliche Einbußen an Besitz und Rang zu erwarten; offensichtlich gab es die Vorstellung nicht, dass man vom königlichen Gericht hätte freigesprochen werden können. Besonders spektakulär geriet das Verfahren gegen Herzog Adalbero von Kärnten im Jahr 1035. Es bleibt unklar, ob es durch alte, in den ersten Jahren Konrads II. nur überdeckte Feindschaft oder durch aktuelle Konflikte ausgelöst wurde. Möglicherweise spielten unsichere Loyalitäten oder verschwörerische Beziehungen des Herzogs zu den Ungarn eine Rolle; eine besondere Dimension erhielt der Konflikt, weil auch der Königssohn Heinrich als Herzog von Bayern beteiligt war. Dessen Zustimmung forderten die auf einem Hoftag in Bamberg versammelten Großen, als Konrad von ihnen verlangte, dem Herzog seine Reichslehen abzusprechen. In dieser Situation musste Heinrich bekennen, dass ihn eine eidliche Verpflichtung daran hinderte, sich am Vorgehen gegen Adalbero zu beteiligen. Über den offenen Widerstand seines Sohnes geriet der Kaiser nach dem Bericht eines Augenzeugen in einen unmäßigen Zorn und fiel sogar in Ohnmacht. Durchsetzen konnte Konrad seine Forderung aber erst, als er sich dem Sohn unter Tränen zu Füßen warf. Das war wohl keine spontane Gefühlsäußerung, sondern eine demonstrative Handlung, die das ganze Prestige des Kaisers aufs Spiel setzte und damit eine positive Reaktion Heinrichs und der Fürsten erzwang.

Das Verfahren gegen Adalbero lässt den Charakter gerichtlicher Entscheidungsfindung in salischer Zeit erkennen: Es ging dabei nicht um die Feststellung eines Tatbestandes oder die Abwägung von Gründen, die für oder gegen einen Angeklagten sprachen. Entscheidend war vielmehr, ob die Großen sich bereit fanden, dem Urteilsverlangen des Herrschers nachzukommen. Konrad II. konnte sich dabei regelmäßig durchsetzen, im Extremfall allerdings, das zeigt der Fall Adalberos, nur unter Einsatz seines ganzen Prestiges. Auch in der Herrschaftszeit Heinrichs III. kam es immer wieder zu Konflikten, in denen der König härter, als es in ottonischer Zeit üblich gewesen war, gegen seine Gegner vorging und Absetzungs- oder sogar Todesurteile aussprechen ließ. Die neue Härte auch gegenüber Mitgliedern der obersten adeligen Führungsschicht zeigt sich etwa im Fall des Grafen Thietmar, der zur sächsischen Herzogsfamilie der Billunger gehörte. Er wurde von einem eigenen Vasallen beschuldigt, beim Besuch Heinrichs III. in Lesum im Jahr 1047 ein Attentat auf den Kaiser geplant zu haben. Um sich von der Anklage zu reinigen, stellte sich der Graf dem gerichtlichen Zweikampf, bei dem er vom

Ankläger erschlagen wurde. Als der Sohn des Billungers an diesem grausame Rache nahm, wurde er vom Kaiser hart bestraft.

Das war nicht die selbstverständliche Ausübung herrscherlicher Friedenswahrung, denn fehdeartige Auseinandersetzungen und Blutrache wurden in der Adelsgesellschaft allgemein akzeptiert. Ob er in solchen Fällen eingriff, um gewalttätige Auseinandersetzungen zu beenden oder einzudämmen, ob er Anklagen wie die gegen den Billunger Thietmar vorgebrachte aufgriff, ob er Große zur Aburteilung und Bestrafung vor das königliche Gericht zog oder Milde walten ließ, das alles lag in der Entscheidungsgewalt des Herrschers und machte einen wichtigen Teil seines Handlungsspielraums aus. Auch wenn uns die Quellen nur einen Ausschnitt der Konflikte präsentieren, die zum Leben der Adelsgesellschaft im 11. Jahrhundert gehörten, so verdankt sich der Eindruck sicher nicht dem Zufall, dass die beiden ersten salischen Könige ihren Handlungsspielraum entschlossener nützten und die Prärogative des Königs, Streitfälle zu entscheiden, zu richten und zu strafen, häufiger zur Geltung brachten als ihre ottonischen Vorgänger.

Anschläge auf das Leben des Herrschers oder auch nur entsprechende Vorwürfe bezeugen, dass der Stil der Konflikte, in die der König einbezogen wurde, sich im 11. Jahrhundert wandelte. Die Auseinandersetzungen wurden härter, und die in ottonischer Zeit zu beobachtende Zurückhaltung vor Angriffen auf das Leben des Herrschers und anderer Mitglieder der obersten Führungsschicht scheint zunehmend aufgegeben worden zu sein. Dazu mögen die vielfachen Konflikte im adeligen Wettstreit um Rang, Herrschaftspositionen und Besitz beigetragen haben, aber auch die schon von Heinrich II. gegen adelige Gegner gezeigte Härte. Unter Heinrich III. wurde der Anspruch des Herrschers auf gerichtliche Verurteilung und Bestrafung unterlegener Gegner noch verstärkt, indem auf den Tatbestand des Majestätsverbrechens (*crimen laesae maiestatis*) aus dem spätantiken Kaiserrecht zurückgegriffen wurde. Auch das war allerdings keine allgemein akzeptierte Rechtsvorstellung, sondern ein Anspruch, den der Herrscher erst durchsetzen musste. Dass es Heinrich III. wie seinem Vater immer wieder gelang, bei den Großen Akzeptanz für solche Entscheidungen zu finden, bezeugt die Stärke des frühen salischen Königtums.

2. Das Reich unter den frühen Saliern

a) König und Reich

Die eigenständige Entwicklung der Herrschaftsbildungen im Westen und Osten des ehemals karolingischen Frankenreichs, die sich trotz der engen familiären Bindungen zwischen Ottonen, Karolingern und Kapetingern schon im 10. Jahrhundert stabilisiert hatte, wurde am Beginn des 11. Jahrhunderts auch terminologisch reflektiert. Zuerst waren es allerdings die Nachbarn im Süden und Osten, die für das nordalpine Reich des Königs, der auch Italien und dann Burgund beherrschte, den Terminus *regnum Teutonicum* benützten und die Bewohner dieses Reichs als *Teutonici* bezeichneten. Diese sprachen selbst eher von den „Unsrigen", wenn sie das Gemeinsame der etwa zusammen mit dem König nach Italien ziehenden Herrschaftsträger und Vasallen ausdrücken wollten. Als Selbstbezeichnung begegnen diese Termini erstmals in den etwa um das Jahr 1075 verfassten Annalen des bayerischen Klosters Niederaltaich. Ansonsten verstanden sich die weltlichen und geistlichen Herrschaftsträger und ihre Gefolgsleute sowie die Angehörigen der verschiedenen geistlichen Gemeinschaften weiterhin vor allem als Sachsen, Franken, Schwaben, Bayern oder Lothringer. Ob das Zugehörigkeitsbewusstsein der sozial niedriger angesiedelten Angehörigen einer Grundherrschaft über die engeren lokalen Bindungen hinausging, lässt sich auf Grund des Fehlens entsprechender Quellen nicht beurteilen.

Eine besondere Rolle spielte Sachsen, das unter ottonischer Herrschaft zur Zentrallandschaft des Königtums geworden war und ein eigenes politisches Selbstverständnis ausgebildet hatte. Während der vormalige Bayernherzog Heinrich als König noch über eigenen Besitz und politisch-soziale Verbindungen in Sachsen verfügt hatte, konnten die Salier dort nur noch auf die Reichsgutkomplexe zurückgreifen. Die Pfalz Goslar trat jetzt in den Mittelpunkt königlicher Herrschaftspraxis, während große Bereiche Sachsens keinen Raum für die königliche Präsenz boten. Hier behauptete die Familie der Billunger eine herausragende Stellung, die sich aus ihrem Eigenbesitz sowie der erst unter Otto dem Großen entstandenen und seitdem in der Familie gehaltenen Herzogswürde ergab. Der Zwischenfall um den des Mordkomplotts gegen Heinrich III. beschuldigten Billunger Thietmar ist allerdings das einzige für uns erkennbare Anzeichen von Spannungen zwischen der Herzogsfamilie und anderen sächsischen Adelfamilien sowie Konrad II. und Heinrich III.

Anders als in Sachsen gab es in Bayern und Schwaben beim salischen Herrschaftsantritt keine im Land verwurzelten Herzogsfamilien. Das ist zu beachten, wenn man die souveräne Verfügung der Salier über die süddeutschen Herzogswürden herausstellt. Der Bayernherzog Heinrich V. aus dem Haus der Luxemburger starb im Jahr 1027 ohne einen männlichen Erben; gleiches geschah im Jahr 1038 in Schwaben. Dass Konrad die Herzogswürden jeweils dem Thronfolger Heinrich übertrug und dass er auch das Herzogtum Kärnten zunächst nicht vergab, als beim Tod Konrads des Jüngeren im Jahr 1039 nur ein unmündiger Sohn bereitstand, kann man deshalb nur mit Einschränkungen als Versuch verstehen, dem salischen Königtum weitere Herrschaftspositionen zu verschaffen. Vielleicht bot sich die gewählte Lösung jeweils als die beste an, um die aktuelle Machtbalance unter dem Adel zu wahren und keiner Familie einen Vorrang zu gewähren. Heinrich III. gab die Herzogtümer jedenfalls wieder aus, wodurch jeweils wichtige Familien aus dem Umkreis des Königs gestärkt und an den Herrscher gebunden wurden: Der Luxemburger Heinrich VII., Neffe des ersten Herzogs aus dieser Familie, erhielt im Jahr 1042 Bayern. Mit dem rheinischen Pfalzgrafen Otto wurde ein Mitglied der herausragenden, mit den Ottonen verwandten Adelsfamilie der Ezzonen Herzog von Schwaben. Kärnten vergab der König im Jahr 1047 an Welf III., dessen Stellung im Netz königsnaher Adelsfamilien stärker durch seine Mutter, die Luxemburgerin Imiza († nach 1057), bestimmt wurde als durch seine väterliche Familie.

Herzöge in der Zeit Heinrichs III.

Sachsen:	Bernhard II., 1011–1059, Billunger
Bayern:	Heinrich VII., 1042–1047, Luxemburger
	Konrad I., 1049–1053, Ezzone
Kärnten:	Welf III., 1047–1055
Schwaben:	Otto II., 1045–1047, Ezzone
	Otto III., 1048–1057, Babenberger
Oberlothringen:	Gottfried II. der Bärtige, 1044–1047, Ardenner
	Gerhard, 1048–1070, Châtenois
Niederlothringen:	Gozelo II., 1044–1046, Ardenner
	Friedrich, 1046–1065, Luxemburger
	Gottfried II. der Bärtige, 1065–1069

Dabei handelte es sich, wie oft hervorgehoben wird, ausnahmslos um landfremde Herzöge. Dahinter hat man die politische Absicht der Salier vermutet, die zentrale herrscherliche Macht auf Kosten der partikularen Herzogsgewalten zu stärken. Entscheidend dürfte aber gewesen sein, dass für die Herzogsstellung schon seit ottonischer Zeit nur ein kleiner Kreis von königsnahen oder mit dem König verwandten Adelsfamilien in Frage kam, deren Rang und Stellung im Reich wichtiger waren als ihre gentile Zuordnung. In dieser Perspektive erscheint auch das lothringische Herzogtum nicht, wie häufig dargestellt, als Testfall allgemeiner salischer Politik, sondern eher als gesondert zu betrachtender Schauplatz eines Konfliktes innerhalb der personalen Herrschaftsordnung. Hier hatte Konrad II. eine neue, machtvolle Herrschaftsposition überhaupt erst begründet, indem er die seit ottonischer Zeit getrennten Herzogtümer, nachdem Friedrich von Oberlothringen 1033 ohne männlichen Erben gestorben war, in der Hand Gozelos I. von Niederlothringen (1023–1044) vereinigt hatte, der sich in der Folge als wichtiger Helfer des Kaisers vor allem beim Kampf um Burgund bewährte.

Gozelos Sohn Gottfried dem Bärtigen († 1069) übertrug Heinrich III. nach dem Tod des Vaters im Jahr 1044 nur die Nachfolge in Oberlothringen, obwohl der zweite Herzogssohn Gozelo II., der Niederlothringen erhielt, aus uns unbekannten Gründen als nicht herrschaftsfähig galt. Wenn Heinrich, wie zumeist angenommen, die Gelegenheit nützte, um die außergewöhnliche Machtstellung des Hauses der Ardennergrafen zu zerschlagen, dann bleibt zumindest zu fragen, ob der König aus politischem Kalkül den Konflikt mit dem Herzogssohn in Kauf nahm oder ob er die Auseinandersetzung aus uns unbekannten Gründen geradezu provozieren wollte. Auf einem Hoftag in Aachen, zu dem Gottfried offensichtlich in Hoffnung auf eine Einigung gekommen war, wurden ihm durch Spruch der Fürsten die Reichslehen aberkannt. In der folgenden Fehde fand er kaum Unterstützung, sodass er sich nach heftigen Kämpfen im Juli 1045 dem König unterwerfen musste. Nach monatelanger Haft erhielt er das Herzogtum Oberlothringen zurück, während Niederlothringen als zweites Herzogtum einem Luxemburger übertragen wurde.

Weil Heinrich auch nach der Wiedereinsetzung Gottfrieds die endgültige Aussöhnung verweigerte, trat der Herzog bald dem Kampf bei, den eine Gruppe um Dietrich von Holland (1039–1049) und Balduin V. von Flandern (1035–1067) gegen den Herrscher führte. Erst nach langen Kämpfen gewann Heinrich die Oberhand, unterstützt nicht nur von angelsächsischen und dänischen Flotten, sondern auch vom Papst, der über die gefährlichsten Gegner den Kirchenbann verhängte. Erneut abgesetzt und einige Zeit in Haft gehalten, trat Gottfried im Jahr 1054 auf spektakuläre Weise wieder hervor, indem er seine Verwandte Beatrix († 1076), Witwe Markgraf Bonifaz' von Canossa und Tuszien, heiratete und damit die Teilhabe an einer der wichtigsten Herrschaftspositionen in Oberitalien gewann. Das Fürstenpaar hatte dabei zumindest in Kauf genommen, den Kaiser, der als Lehnsherr seine Zustimmung zur Ehe hätte geben müssen, zu brüskieren. Heinrich reagierte hart und nahm die Markgräfin und ihre Tochter Mathilde gefangen, nachdem Gottfried geflohen war. Auch dessen Bruder Friedrich, der spätere Papst Stephan IX., als Kardinal ein wichtiger Mitarbeiter des Reformpapsttums in Rom, wurde vom Kaiser bedrängt, dessen Kampf gegen den Lothringer und seine Umgebung längst den Rahmen politischer Nützlichkeitserwägungen gesprengt hatte und alle Züge eines unversöhnlichen, immer weiter eskalierenden Konfliktes trug.

Ebenso unklar sind die Gründe, die zum Konflikt zwischen Heinrich und dem Ezzonen Konrad führten, den der Kaiser im Jahr 1049 als Nachfolger des verstorbenen Luxemburgers Heinrich VII. zum Herzog von Bayern erhoben hatte. Möglicherweise gehörte Konrad zu einer bayerischen Adelsgruppe, die engere Kontakte zum ungarischen Königtum suchte; der ungarische König Andreas I., der sich gegen seine mit dem Salier verbündeten Rivalen behauptet hatte, unterstützte den Ezzonen jedenfalls, als dieser nach seiner Absetzung durch ein Fürstengericht im Jahr 1053 zu den Waffen griff. Wichtige Adelsfamilien Bayerns und sogar der Herzog von Kärnten, Welf III., traten an seine Seite; besonders gefährlich wurde der Konflikt dadurch, dass Konrad selbst als Mitglied der erstrangigen, mit den Ottonen verwandten Familie der Ezzonen als ernst zu nehmender Konkurrent um die Königsherrschaft auftreten konnte. Schließlich hatte eine fürstliche Gruppe schon im Jahr 1045 einen Ezzonen ins Spiel gebracht, als eine lebensbedrohliche Krankheit Heinrichs, der damals noch keinen Sohn hatte, die Frage nach einem Nachfolger aus anderer Familie aufwarf.

Wie schon Otto II. und Heinrich II. hatten die frühen Salier es also nicht nur mit einzelnen Adeligen an der Peripherie des Reichs zu tun, die wie Balduin V. von Flandern eine rücksichtslose Ausweitung ihrer Herrschaftsbereiche auf Kosten anderer, weltlicher und geistlicher, Herrschaftsträger betrieben. Konflikte ergaben sich vielmehr gerade innerhalb der obersten Führungsschicht des Reichs und sogar im engeren oder weiteren Bereich der Herrscherfamilie, wobei immer wieder einzelne Große und ihre Familien eine Rolle spielten, die zuvor vom jeweiligen Herrscher mit wichtigen Positionen ausgestattet worden waren. Diese Beobachtungen deuten darauf hin, dass die beständige Möglichkeit solcher Konflikte ein Strukturmoment ottonischer und salischer Königsherrschaft darstellt, das auch von der kraftvollen und energischen Herrschaft eines Konrad II. oder Heinrich III. nicht grundsätzlich überwunden wurde. Die relative Stärke ottonischer und salischer Königsherrschaft erweist sich deshalb nicht in einer überlegen autokratischen, jeden Widerstand im Keim erstickenden und von keiner Seite in Frage gestellten Herrschaftsausübung, sondern in der Art und Weise, in der die Herrscher jeweils auf Herausforderungen reagierten und sich auch in gefährlicheren Konflikten behaupteten. Es bleibt deshalb weiter zu diskutieren, ob die zahlreichen Konflikte in der späteren Phase der Herrschaftszeit Heinrichs III. mit Egon Boshof als grundlegende Krise des salischen Königtums zu werten sind oder nur als besonders deutliche Äußerungen des Konfliktpotentials, das in der ottonisch-salischen Herrschaftsordnung angelegt war.

b) Kaiser, Könige und Fürsten

Die Konsolidierung der Herrschaftsbindungen im Osten und im Westen des ehemaligen Frankenreichs und nicht zuletzt die Ausbildung neuer, der lateinisch-christlichen Kultur des Westens geöffneter Herrschaftsräume im slawischen Osten hatten die politische Geografie Mitteleuropas bis zum Beginn des 11. Jahrhunderts in einer Weise geprägt, die schon Ansätze der weiteren Entwicklung in Mittelalter und Neuzeit erkennen lässt.

Die polnischen Piasten, mit dem ehemaligen Königshaus der Ottonen verschwägert, nutzten die Situation nach dem Tod Heinrichs II., um königlichen Rang zu beanspruchen. In Böhmen herrschte mit Udalrich (1012–1034) ein Fürst, der am bayerischen Herzogshof erzogen worden war; der ungarische König Stephan (997–1038) war nicht nur mit einer Schwester des letzten ottonischen Königs verheiratet, sondern hatte auch verwandtschaftliche Beziehungen zum Dogen von Venedig geknüpft. Wechselnde skandinavische Herrscher traten in Kontakt mit den christlichen Nachbarn im Süden, und der Aufbau kirchlicher Strukturen in Skandinavien konfrontierte die Könige mit den kirchenrechtlichen Ansprüchen des Erzbistums Hamburg-Bremen, dem in der Zeit Ottos des Großen vom Papst die Metropolitangewalt für den Norden zugesprochen worden war. Auch das Fürstentum von Kiew war nicht mehr das unbekannte Reich in der Ferne, in das Otto der Große einen Missionar gesandt hatte, der schon bald unverrichteter Dinge wieder heimgekehrt war. Großfürst Jaroslaw (1019–1054) unterhielt vielmehr, obwohl die junge Kirche in seinem Reich von Byzanz aus aufgebaut worden war, Verbindungen zu seinen christlichen Nachbarn im Westen und bot sogar dem Kaiser Heinrich III. eine Tochter als Braut an.

Europäische Herrscher zur Zeit der frühen Salier
Knut der Große, König von England, Dänemark und Norwegen 1014–1035

Harald Hardrada, König von Norwegen 1046–1066

Heinrich I., König von Frankreich 1031–1060

Mieszko II., Herzog (König) von Polen 1025–1034
Kasimir I., Herzog von Polen 1040–1058

Udalrich, Herzog von Böhmen 1012–1034
Bretislaw I., Herzog von Böhmen 1034–1055

Peter I., König von Ungarn 1038–1041 u. 1044–1046
Andreas I., König von Ungarn 1046–1060

Jaroslaw, Großfürst von Kiew 1019–1054

Wilhelm II., Herzog der Normandie 1035–1087
= Wilhelm I. der Eroberer, König von England 1066–1087

Verbindungen und Konflikte zwischen den verschiedenen Herrschern im Umkreis des salischen Reichs und den salischen Kaisern werden auch in der aktuellen Forschung noch häufig in den Kategorien neuzeitlicher Diplomatiegeschichte beschrieben und unter die Rubrik „Außenpolitik" gestellt. Demgegenüber ist zu bedenken, dass die weiterhin sehr geringe und unterschiedliche Staatlichkeit der einzelnen Herrschaftsbereiche es nicht erlaubt, die Beziehungen zwischen Königen und Fürsten des 11. Jahrhunderts als „zwischenstaatliche" Beziehungen etwa „Deutschlands" und „Frankreichs" oder „Polens" und „Ungarns" zu verstehen. Auch die Heiratsverbindungen zwischen den Herrscherfamilien lassen sich nicht ohne Vorbehalt als Spiegel oder Medium diplomatischer Verbindungen deuten. Problematisch erscheint vor allem die Vorstellung europaweiter Bündniskonstellationen, die nicht zuletzt durch Eheverbindungen vermittelt und in einzelnen Konflikten politisch wirksam geworden wären.

Effektiv konnten solche Verbindungen vor allem werden, wenn sie konkrete Ansprüche vermittelten und regional begrenzte Aktionsräume erschlossen. So diente die zweite Hochzeit Heinrichs III. mit Agnes von Poitou im Jahr 1043 wohl nicht dazu, durch eine Verbindung mit dem Fürstenhaus der Anjou den kapetingischen König von Frankreich gewissermaßen „einzukreisen". Wichtiger dürfte gewesen sein, dem salischen Königshaus Herrschaftspositionen in Burgund zu verschaffen und die Herrschaft im gerade erworbenen Königreich durch Verbindungen zu einem mächtigen Nachbarn zu stabilisieren. Die ersten Ehe Heinrichs III. mit Gunhild (Kunigunde), einer Tochter Knuts des Großen, die im Jahr 1035 geschlossen worden war, diente wohl dem Zweck, nicht nur das lange Zeit gespannte Verhältnis zu den dänischen Nachbarn zu klären, sondern auch einen Verbündeten im Rücken der Elbslawen zu gewinnen, denn der dänische König beherrschte auch die südliche Ostseeküste. Zugleich stand die Ehe aber in der Konsequenz der Verbindungen zwischen Konrad II. und Gunhilds Vater Knut dem Großen, die sich schon im Jahr 1027 angebahnt hatten, als Knut, der als Pilger nach Rom gekommen war, an der Kaiserkrönung Konrads teilgenommen hatte. Mit Knut dem Großen herrschte im ersten Viertel des 11. Jahrhunderts ein König über Dänemark und Norwegen, der zugleich die Nachfolge der angelsächsischen Könige in England angetreten hatte und eng mit angelsächsischen Beratern und Kirchenleuten zusammenarbeitete. Auf die Verbindung mit diesem Herrscher, der auch mit dem polnischen Fürstenhaus eng verwandt war, legte Konrad II. offenbar so großen Wert, dass er ihm Schleswig abtrat. Langfristige Perspektiven ergaben sich daraus allerdings nicht, denn Knut erlebte die Hochzeit seiner Tochter mit dem salischen Thronfolger nicht mehr, und die junge Königin starb schon im Jahr 1038.

Auch die Beziehungen zum französischen Königtum sollten durch eine Heirat gestärkt werden, doch Konrads II. Tochter Mathilde starb, bevor ihre Hochzeit mit dem Kapetinger Heinrich I. verwirklicht werden konnte. Einvernehmen zwischen Saliern und Kaptingern wurde in den Folgejahren auf mehreren Herrschertreffen bekräftigt und öffentlich dargestellt, bis es im Jahr 1056 bei Ivois zu einem Eklat kam. Das hat man als letzte Konsequenz einer Neuorientierung kapetingischer Politik seit dem Jahr 1051 beurteilt. Damals heiratete Heinrich I. eine Tochter des Großfürsten von Kiew und trat damit in verwandtschaftliche Beziehung zu einer Gruppe europäischer Fürsten, die nicht nur mit Prinzessinnen aus Kiew verheiratet waren, sondern auch dem salischen Kaisertum distanziert oder sogar feindlich gegenüberstanden, darunter Kasimir von Polen, Harald von Norwegen und vor allem Andreas von Ungarn. Dass der Kiewer Großfürst aber auch eine Tochter mit Heinrich III. hatte verheiraten wollen, macht deutlich, dass wir hier kein systematisch aufgebautes Netzwerk anti-kaiserlicher Fürsten wahrnehmen sollten, sondern Verbindungen, die zu verschiedener Zeit und mit verschiedenen Absichten entstanden waren und deren politische Effektivität jeweils nur aus dem Kontext heraus zu beurteilen ist.

Jeder dieser Herrscher hatte verschiedene Probleme im eigenen Reich oder mit jeweils verschiedenen Nachbarn, keiner war ausschließlich auf das Verhältnis zum Kaiser konzentriert, sondern nutzte Eheverbindungen, um den eigenen Rang darzustellen, die eigene Stellung durch ein möglichst breites Netz persönlicher Bindungen zu sichern oder ganz konkrete Situationen zu klären. Auch die salischen Kaiser hatten nicht die Möglichkeit, souverän ein System von Bindungen und Verträgen zu entwerfen und zu kontrollieren, sondern mussten in wechselnden Konstellationen auf jeweils aktuelle Anforderungen reagieren. Komplex und unübersichtlich wurde die Situation vor allem dadurch, dass sich häufig Bindungen und Konflikte innerhalb der einzelnen Herrschaftsbereiche mit den Beziehungen zwischen benachbarten Herrschern überschnitten.

Bei den Konflikten mit Gottfried dem Bärtigen und Balduin V. von Flandern musste Heinrich III. nicht nur Einvernehmen mit dem Kapetinger suchen, sondern auch bis zum Normannenherzog Wilhelm II., dem späteren „Eroberer", schauen. Verbindungen zwischen Saliern und Normannen konnten aber ebenso die Stellung des französischen Königs berühren wie eine Huldigung des Grafen Tedbald von Blois-Champagne († 1089), der wohl bei Heinrich III. Rückhalt gegenüber einem neuen Bündnis zwischen dem karpetingischem Königtum und der mächtigen Fürstenfamilie der Anjou suchte. Die weit ausgreifende Eheverbindung des Kapetingers Heinrich I., die sicher auch den besonderen Rang des französischen Königtums darstellen sollte, kann nicht verdecken, dass der eigentliche Aktionsraum der Monarchie in Frankreich weiterhin auf die Krondomäne um die Île-de-France beschränkt blieb und dass die Machbalance in wechselnden Bündnissen und Konflikten mit Anjou, Poitou-Aquitanien, den Normannenherzögen oder den Grafen von Flandern für das französische Königtum ein drängenderes Thema gewesen sein dürfte als das Verhältnis zum salischen Nachbarn.

Nichts spricht deshalb dagegen, den Eklat beim Herrschertreffen von Ivois 1056 in dem Kontext zu verstehen, in den ihn die zeitgenössischen Quellen stellen: in den Kontext des Ranganspruchs und der gegenseitigen Achtung der beiden Herrscher. Den Vorwurf des Kapetingers, früher eingegangene Verpflichtungen nicht eingehalten zu haben, wollte der Salier durch das Gottesurteil eines Zweikampfs klären. Daraufhin soll der Kapetinger erschrocken das Weite gesucht haben. Was auch immer der Kern der Verstimmungen war, denen der französische König Ausdruck gab: Heinrich III. sah sich dadurch offensichtlich persönlich herausgefordert und reagierte entsprechend dem adeligen Verhaltenskodex der Zeit. Der Kapetinger, der diese Reaktion nicht erwartet hatte, fand wohl keine Möglichkeit, die verfahrene Situation ohne beiderseitigen Gesichtsverlust zu klären.

In dieser Perspektive illustriert der Eklat von Ivois die Probleme, die das öffentliche Verhalten in der adeligen Ranggesellschaft bestimmten und die bei der Begegnung von Königen in gesteigerter Form wirksam wurden. Jeder musste darauf achten, im eigenen Verhalten Rang und Ehre zu wahren und auf das Verhalten des anderen in angemessener Weise zu reagieren. Öffentliches Verhalten war deshalb zumeist nicht spontan, sondern ritualisiert; es folgte weitgehend allgemein bekannten Mustern, die aber in bestimmten Situationen auch verändert und mit konkreten Gesten oder Ritualen angereichert werden konnten. Wichtig war in jedem Fall die Voraussehbarkeit der Reaktionen, die durch konkrete Vereinbarungen sichergestellt werden musste. Wir können zwar aufgrund der Quellenlage häufig nur annehmen, dass ritualisiertes Verhalten in der Öffentlichkeit eines Hoftages oder einer Herrscherbegegnung abgesprochen, also in mehr oder weniger detaillierter Weise inszeniert war. Gerade für frühere Treffen zwischen dem westfränkisch-französischen und dem ostfränkisch-deutschen König ist aber belegt, dass demonstratives Verhalten während der Begegnung sehr genau abgestimmt wurde. Demgegenüber dürfte das Treffen von Ivois 1056 vor allem deshalb gescheitert sein, weil es nicht ausreichend vorbereitet gewesen war oder weil beide Könige den vereinbarten Rahmen durchbrachen: der Kapetinger durch seine Vorwürfe, der Salier durch seine Reaktion darauf. Der Eklat belastete deshalb auch vornehmlich das Verhältnis zwischen den beiden Königen; langfristige Konsequenzen für die Beziehung zwischen deutschem und französischem Königtum hatte er nicht und er darf wohl auch nicht als Ausdruck tief greifender politischer Gegensätze gewertet werden.

c) Die Nachbarn im Osten

Auch die zahlreichen Konflikte der beiden ersten Salier mit den östlichen Nachbarn lassen sich nicht als Äußerungen einer zielgerichteten „Ostpolitik“ verstehen, sondern erklären sich jeweils aus konkreten Situationen und personalen Konstellationen. Spannungen und militärische Auseinandersetzungen hatten ihre Ursachen häufig nicht in übergreifender Politik der Könige und Fürsten, sondern in lokalen Auseinandersetzungen um Grenzen und Besitztümer. So waren es wohl sächsische Übergriffe, die den Frieden mit den heidnischen Elbslawen, seit der Zeit Heinrichs II. häufiger Verbündete gegen Polen als Gegner, störten. Obwohl Konrad II. zunächst auf Ausgleich bedacht war, kam es zur Eskalation und schließlich zu mehreren Feldzügen des Kaisers, die mit der Niederwerfung der Lutizen und der Annahme eines erhöhten Tributes endeten. Die Kämpfe wurden von antichristlichen Aktionen der Lutizen begleitet; nach Wipo reagierte der Kaiser mit äußerster Härte als „Rächer des Glaubens", ohne aber irgendwelche Initiativen zur Christianisierung oder Unterwerfung der Elbslawen nach ottonischem Vorbild zu ergreifen

Verbündete gegen die polnischen Piasten wurden zu dieser Zeit nicht mehr benötigt, weil der mit einer Nichte Ottos III., der Ezzonin Richeza († 1063), verheiratete Mieszko II., der sich gemeinsam mit seinem Vater Boleslaw I. Chrobry zum König hatte krönen lassen, dessen überragende Stellung nicht hatte behaupten können. Vom böhmischen Přemysliden, der auf Mähren übergriff, und vom Kiewer Großfürsten bedrängt und zwischenzeitlich vom Halbbruder abgelöst, musste Mieszko schließlich dem Kaiser huldigen, bevor sein Tod (1034) langandauernde Wirren hervorrief. Sein Sohn Kasimir I., über Richeza ein Urenkel Ottos II., konnte nur mit salischer Hilfe die Herrschaft der Piasten neu aufbauen. Deren zeitweilige Schwäche hatte sich der böhmische Přemyslide Bretislaw I. zu Nutze gemacht, um nicht nur das im 10. Jahrhundert lang umkämpfte Schlesien an sich zu bringen, sondern auch die Reliquien des hl. Adalbert aus dem polnischen Gnesen in dessen vormalige Bischofsstadt Prag zu überführen (1039). Damit wurde Heinrich III., der schon als Bayernherzog in Böhmen eingegriffen und die Lehnshuldigung Bretislaws erreicht hatte, brüskiert und zu erneutem militärischen Vorgehen provoziert, das nach einer schweren Niederlage erst im Herbst 1041 mit der *deditio* des Böhmenherzogs und der Anerkennung salischer Lehnsoberherrschaft endete.

Auch die ersten Konflikte mit Ungarn wurden offenbar zunächst durch Grenzstreitigkeiten ausgelöst, die nicht Konrad II., sondern bayerische Herrschaftsträger betrafen. Langwierige und harte kriegerische Auseinandersetzungen begannen, als Heinrich III. in die Kämpfe um die ungarische Königsherrschaft eingriff, nachdem sich der vom ersten christlichen König Stephan ausgewählte Nachfolger Peter, ein Sohn des Dogen von Venedig, im Jahr 1041 an den salischen Hof geflüchtet hatte. Nach einem spektakulären Sieg bei Menfö konnte Heinrich seinen Schützling im Jahr 1044 in Stuhlweißenburg inthronisieren und ein Jahr später die Lehnshuldigung des ungarischen Königs entgegennehmen. Dass der Salier in der Folgezeit mehrfach erfolglos intervenierte, um Peter auch nach seinem erneutem Sturz und der Blendung durch seine Gegner wieder auf den Thron zu bringen, lässt sich nicht als kaiserliche Machtpolitik erklären, sondern nur als Loyalität zum Lehnsmann, dessen Unheil auch den Kaiser beschädigte. „Von einem realpolitischen Standpunkt aus war eine solche Strategie eher unverständlich" (Egon Boshof, Die Salier, S. 156): Gegen den neuen König Andreas I. war kein Sieg mehr zu erringen, denn die Reiterverbände der salischen Vasallen waren für Operationen in einem unbekannten und unwegsamen Gelände und gegen ein funktionierendes Grenzschutzsystem nicht gerüstet.

d) König und Kirche

Die literarische und geistliche Bildung Heinrichs III., seine Empfänglichkeit für die vertiefte Herrschaftstheologie eines Wipo oder Bern und seine demonstrativen Akte religiöser Gesinnung und herrschaftsethischer Verantwortung haben die Herrschaftszeit des zweiten Saliers im Bewusstsein vieler Zeitgenossen und in der Darstellung der Forschung zu einem Höhepunkt der Zusammenarbeit von Königtum und Kirche gemacht. In der konkreten Ausübung ihrer Kirchenherrschaft setzten Heinrich III. und sein Vater allerdings nur konsequent fort, was ihre ottonischen Vorgänger begonnen hatten. Die Hofkapelle, schon unter Heinrich II. bevorzugtes Reservoir für den bischöflichen Nachwuchs, wurde noch deutlicher zum integrierenden Faktor der Reichskirche, zumal immer häufiger Hofkapläne auch mit Pfründen an wichtigen Domkapiteln ausgestattet wurden. Das von Heinrich errichtete Stift St. Judas und Simon bei Goslar wurde die wichtigste Ausbildungsstätte für den höheren Reichsklerus. Angesichts der steigenden Bedeutung der Schriftlichkeit trat klarer als zuvor innerhalb der Hofkapelle die Kanzlei als Ort der Urkundenausstellung hervor. Das Amt des Erzkapellans wurde aus der Verbindung mit dem des Erzkanzlers gelöst und bald ganz aufgegeben; die Kapelle leitete jetzt ein Kapellan, die Geschäfte der Kanzlei führte der Kanzler, dessen Amt zunehmend politische Bedeutung gewann.

Die Entscheidungsgewalt des Königs bei der Vergabe von Bischofsstühlen wurde in salischer Zeit noch weniger als zuvor in Frage gestellt; unter Heinrich III. fand die Rolle des Herrschers ihren zeremoniellen Ausdruck darin, dass er die Bischöfe mit den Symbolen von Ring und Stab in ihr Amt einwies. Schon die Zeitgenossen hatten allerdings an der Kompromisslosigkeit, mit der Konrad II. auch gegenüber Bischöfen auftrat, Anstoß genommen und erwarteten von seinem Sohn größeren Respekt gegenüber Amt und Person der Geistlichen. Als Erzbischof Aribert von Mailand (1019–1045) sich weigerte, auf die von italienischen Großen gegen ihn vorgebrachten Klagen zu reagieren, zeigte der Kaiser Härte und setzte den Erzbischof sowie die ihn unterstützenden lombardischen Bischöfe ab. Der Hofkaplan Wipo tadelte dieses Vorgehen ohne jede Berücksichtigung kirchenrechtlicher Bestimmungen, und der Thronfolger soll sich dieser Kritik angeschlossen haben. Heinrich III. setzte sich jedenfalls in kirchlichen Angelegenheiten nach der Übernahme der Herrschaft nicht nur in dieser Frage vom Stil des Vaters ab, indem er den Mailänder Erzbischof schon im Jahr 1040 rehabilitierte. Kritik war auch an der Praxis Konrads II. laut geworden, von einem neu ernannten Bischof Geldzahlungen entgegenzunehmen. Das konnte man zu den von der Kirche geschuldeten Abgaben rechnen, doch im Zusammenhang mit der einsetzenden kirchlichen Reformdiskussionen wurden besonders spektakuläre Fälle solcher Zahlungen als Simonie kritisiert. Heinrich III. verzichtete demonstrativ darauf; ansonsten setzte seine Förderung der Kirche und seine Behauptung der Kirchenherrschaft aber die Politik des Vaters ohne Brüche fort.

Schon Konrad II. hatte sich in Konflikten zwischen geistlichen und weltlichen Herrschaftsträgern zumeist auf die Seite der Kirche gestellt und bedeutende Anreger und Träger kirchlicher und monastischer Reformen mit der Leitung wichtiger Bistümer und Klöster betreut. Zwar kann man mit Hartmut Hoffmann bestreiten, dass der Kaiser in der Lage war, in gleicher Intensität wie sein Vorgänger und sein Nachfolger an den Belangen der Kloster- und Kirchenreform Anteil zu nehmen. Trotz solcher Vorbehalte lassen sich aber die Erhebung eines Bischofs wie Brun von Toul, des späteren Papstes Leo IX., die Berufung eines Wazo von Lüttich zum Hofkaplan (1042–1048) sowie die Übertragung weiterer Klöster an den schon von Heinrich II. mit wichtigen Aufgaben betreuten Abt Poppo von Stablo-Malmedy (1020–1048) und St. Maximin/Trier wohl als Förderung der Reformen und vor allem der Reformer durch den König verstehen. Heinrich III. setzte diesen Weg vielleicht noch entschlossener fort und achtete noch deutlicher darauf, persönlich geeignete und reformfreudige Bischöfe zu erheben. Auch der zweite Salier verzichtete aber nicht darauf, durch die besondere Förderung einzelner Bischofskirchen auch ein herrschaftliches Gegengewicht zu regionalen Adelsherrschaften zu bilden. So sollte wohl in Sachsen vor allem der tatkräftige Erzbischof von Hamburg-Bremen, Adalbert (1043–1072), zusammen mit den Bischöfen von Hildesheim und Halberstadt die Belange des Königs gegenüber den Billunger Herzögen wahren.

Im Einzelnen lässt sich allerdings auch unter Heinrich III. nicht jede Privilegierung der Kirchen durch Immunitätsverleihung oder jede Übertragung von Forsten, Münzrechten und ganzen Grafschaften als Ausführung eines politischen Konzeptes zur Stärkung der Reichsgewalt im Kampf gegen partikuläre Interessen des Adels werten. Schenkungen und Privilegierungen waren vielmehr auch Ausdruck der Nähe zwischen dem König und den Kirchen, weiterhin reagierte der Herrscher auch auf Vorstöße der jeweils begünstigten Bischöfe oder Klostergemeinschaften. Im Ganzen wurde die Reichskirche durch die Vergabe königlicher Ressourcen überhaupt erst in den Stand versetzt, ihre Leistungen für das Königtum zu erbringen: nicht nur die Abstellung militärischer Kontingente etwa für die Italienzüge oder den Kampf gegen die Ungarn, sondern auch die regelmäßige Beherbergung und Verpflegung des im Reich umherziehenden Hofes sowie nicht genau bemessene weitere finanzielle Leistungen für den König.

Der zunehmend aufwendiger werdende Reichsdienst der Kirchen wurde zudem zumeist unbestritten als Verpflichtung verstanden, die aus der unmittelbaren Zuordnung der Bischofskirchen und großen Abteien zum Königtum resultierte. Diese exklusive Bindung an den König blieb für die Kirchen auch in frühsalischer Zeit attraktiv als die spezifische Form größtmöglicher kirchlicher Eigenständigkeit: Freiheit von jeder weltlichen Herrschaft außer der des Königs. Nur vereinzelt wurde Kritik an den Konsequenzen dieser Bindung laut: Der Lütticher Domscholaster, Dekan und Hofkaplan Wazo weigerte sich, gemäß dem Wunsch Konrads II. die Bischofswürde anzunehmen, weil schon ein anderer Kandidat vom Domkapitel gewählt worden war. Das beeinträchtige allerdings die Königsnähe Wazos nicht, denn nach dem Tod des Gewählten im Jahr 1042 wurde er von Heinrich III. doch noch zum Bischof von Lüttich erhoben. In der Folgezeit übte Wazo immer wieder Kritik an Entscheidungen des Königs und verband damit grundsätzliche Bedenken gegenüber der königlichen Kirchenhoheit. Ausschließlich in weltlichen Angelegenheiten wollte der Bischof dem Herrscher Folge leisten, nur dem Papst sei er zu Gehorsam in Angelegenheiten des geistlichen Amtes verpflichtet. In letzter Konsequenz sprach Wazo den Bischöfen eine höhere geistliche Würde zu als dem König, denn dieser sei als Richter zum Töten gesalbt, jene aber dazu, Leben zu spenden.

Noch folgenschwerere Fragen berührte die Weigerung des Abtes Halinard von Saint-Bénigne bei Dijon († 1052), bei der Erhebung zum Erzbischof von Lyon im Jahr 1046 dem Kaiser einen Treueid zu leisten. Halinard konnte sich darauf berufen, dass ihm die Benediktsregel ebenso wie die Bibel das Schwören überhaupt verboten, und Heinrich III. akzeptierte diese Argumentation nach einigem Zögern. Tatsächlich ließen sich solche Vorbehalte aus alten kirchenrechtlichen und exegetischen Traditionen herleiten, während die Kirchenherrschaft des Königs und vor allem seine Entscheidungsgewalt bei der Bischofseinsetzung dem überlieferten Kirchenrecht widersprachen. Allerdings gab es keinen offiziellen, überall verbindlichen Rechtskodex der Kirche. Die kirchliche Rechtstradition hatte sich vielmehr durch immer wieder erneuerte Entscheidungen von Synoden (Kanones) oder einzelnen Päpsten (Dekretalen) gebildet, die in verschiedenen Kanones– und Dekretalensammlungen überliefert wurden. In solchen älteren Sammlungen, aber auch in der im 11. Jahrhundert aktuellen, systematisch geordneten Bischof Burchards von Worms (s. Kap. IV,1,c) waren verschiedene Bestimmungen zu finden, die den Einfluss weltlicher Gewalten bei der Bischofserhebung ausschlossen und die Wahl des Bischofs durch Klerus und Volk seiner Diözese forderten. Diese Bestimmungen wurde im Frühmittelalter tradiert, aber offensichtlich nicht mit der jeweils aktuellen Praxis abgeglichen; deshalb ist es fraglich, ob die kritischen Äußerungen in der Zeit Heinrichs III. mehr waren als situationsbezogene und weitgehend isoliert bleibende Vorstöße von Reformern, die sich auf Grund ihrer jeweiligen Kenntnisse und Reflexionen im Einklang mit der kirchlichen Tradition wussten, aber nicht für einen größeren Kreis ihrer Zeitgenossen sprachen.

Es war wohl kein Zufall, dass Halinard der von Wilhelm von Dijon († 1031) geprägten Reformbewegung angehörte, die zwar in salischer Zeit auch Einfluss auf deutsche Klöster gewann, die sich aber weitgehend außerhalb des deutschen Bereichs entwickelt hatte und nicht von der langen Erfahrung des Zusammenwirkens mit dem ottonischen und salischen Königtum geprägt war, die Bischofskirchen und Reichsklöster aufwiesen. Ohnehin dürfte in Burgund, das ja erst seit wenigen Jahrzehnten zum Herrschaftsbereich der Salier gehörte, die königliche Kirchenherrschaft weit weniger selbstverständlich gewesen sein als im deutschen Reich. In Burgund entstand möglicherweise auch eine Schrift, die ähnlich wie der Lothringer Wazo das Eingreifen Heinrichs III. in Rom scharf kritisiert und dem Kaiser jegliche richterliche Kompetenz gegenüber dem Papst abspricht: der anonyme Traktat *De ordinando pontifice*. Konkrete Wirkung konnten diese Proteste aber nicht entfalten, vielmehr eröffnete gerade Heinrichs Vorgehen auf der Synode von Sutri 1046 der Kirchenreform den Weg auf den Papstthron und leitete eine Phase intensiver Zusammenarbeit von Kaiser und Reformpäpsten ein, die in der Rückschau auch von erbitterten Gegnern der späteren salischen Kaiser als vorbildlich beurteilt wurde.

3. Italien, Kaisertum und Papsttum

a) Die Situation in Italien

Die ottonische Herrschaft über Italien ist vor allem von Bischöfen getragen worden, die häufig in der Auseinandersetzung mit weltlichen Großen Rückhalt bei den Kaisern suchten. Diese nützten immer wieder die Möglichkeit, Vertraute aus dem nordalpinen Reich auf italienische Bischofsstühle zu bringen; Konrad II. gelang es darüber hinaus, auch wichtige weltliche Große an sich zu binden, nachdem er schon vor seiner Kaiserkrönung dem bedeutendsten weltlichen Gefolgsmann der Ottonen in Italien, Markgraf Bonifaz von Canossa († 1052), mit Tuszien eine zentrale Herrschaftsposition hatte übertragen können.

Die politischen und sozialen Verhältnisse in Italien stellten den Kaiser vor spezielle Probleme. Die Herrschaft über die Bischofsstädte und ihr Umland, den so genannten Contado, lag seit Ausschaltung der in karolingischer Tradition amtierenden Grafen in der ersten Hälfte des 10. Jahrhunderts nominell in der alleinigen Hand der Bischöfe, die ihre Herrschaftsrechte zu einem großen Teil an weltliche Vasallen vergeben hatten und sich seit Ende des 10. Jahrhunderts darum bemühten, einen Teil ihrer Rechte und Besitztümer wieder unter direkte Kontrolle zu bekommen. Darüber kam es zu Konflikten mit der obersten Schicht der bischöflichen Vasallen, den Kapitanen; zunehmende Unzufriedenheit zeigten auch die kleineren Untervasallen, die gerade in Zeiten der Konflikte und der Unsicherheit über Herrschafts- und Lehnsverhältnisse jederzeit einen Verlust ihrer Lehen, die noch nicht als erblich galten, fürchten mussten. Die Spannungen entluden sich im so genannten Valvassorenaufstand von 1036, der Angehörige beider Gruppen gegen den Mailänder Erzbischof Aribert vereinte.

Nach einem militärischen Sieg der Aufständischen sollte der Kaiser Klarheit schaffen; als Konrad im Jahr 1037 in Mailand eintraf, sah er sich aber mit einem plötzlichen Aufstand konfrontiert, mit dem alle Gruppen der Stadtbevölkerung die Rechte von Stadt und Bischof verteidigen wollten. Auch nach Absetzung des Erzbischofs (s. Kap. IV,2,d) konnte Konrad die Stadt militärisch nicht bezwingen. Bedeutsam wurde aber sein Entschluss, die Rechtsstellung der Vasallen zu klären, um diese auf seine Seite zu ziehen und wohl auch grundsätzlich die Situation in Oberitalien zu entspannen. Die *Constitutio de feudis* setzte die Erblichkeit der Lehen fest und verbot, einem Vasallen das Lehen ohne Urteilsspruch seiner Standesgenossen zu entziehen. Zur Unterwerfung der belagerten Stadt kam es trotzdem nicht; bald nachdem Heinrich III. sich mit Aribert ausgesöhnt hatte, mussten königliche Abgesandte im Jahr 1042 bei Unruhen vermitteln. Dieses Mal hatte sich die von der Herrschaft ausgeschlossene Stadtbevölkerung gegen die adligen Herrschaftsträger, Kapitane und Valvassoren, gewandt, deren Stellung von der Constitutio gefestigt worden war.

Die Mailänder Probleme konfrontierten die salischen Herrscher erstmals mit Entwicklungen, die langfristig zur politischen Formierung der städtischen Bevölkerungsgruppen und zur Ausbildung eigener politischer Strukturen in den oberitalienischen Städten führten. Mit einem ganz anderen, ebenfalls neuen und für die Zukunft bedeutsamen Faktor der italienischen Situation kam Konrad II. in Berührung, als er im Jahr 1038 die Lehnsherrschaft über die langobardischen Fürstentümer Capua, Benevent und Salerno neu ordnete. Der schon von Heinrich II. exilierte und später begnadigte Pandulf IV. von Capua (s. Kap. III,5,e) wurde erneut verbannt und sein Herrschaftsbereich an Waimar IV. von Salerno († 1052) übertragen. Dabei belehnte der Kaiser einen Vasallen Waimars, den Normannen Rainulf († 1044/45), mit der Grafschaft Aversa. Normannische Adelige waren seit Beginn des 11. Jahrhunderts zunächst wohl auf der Pilgerfahrt nach Jerusalem mit den Fürsten Mittel- und Süditaliens in Kontakt gekommen und in immer größeren Gruppen in deren Dienst getreten. Zunächst als Kämpfer gegen Byzantiner und Sarazenen ausersehen, wurden sie schon bald zur Konkurrenz für ihre Herren und zur Bedrohung für die byzantinische Herrschaft in Unteritalien. Auch die Stellung des kaiserlichen Lehnsherrn der langobardischen Fürstentümer war von dieser Entwicklung betroffen, doch kam es unter Heinrich III. noch zu keinem direkten Eingreifen. Der zweite Salier nahm seine kaiserliche Verantwortung in Italien vor allem auf einem anderen Feld nachdrücklich wahr: bei der Neuordnung des Papsttums in Rom.

b) Kaiser und Papst

Schon im Vorfeld seines ersten Italienzuges, dessen Ziel die Kaiserkrönung in Rom war, musste Heinrich III. eine spektakuläre kirchenpolitische Entscheidung herbeiführen. Der 1044 von ihm selbst ernannte Erzbischof von Ravenna, der ehemalige Kölner Domherr Widger, wurde von einer Aachener Synode abgesetzt (Mai 1046), nachdem vor allem der Prior der Eremitengemeinschaft von Fonte Avellana, Petrus Damiani († 1072), gegen ihn Front gemacht hatte. Widger galt als Feind kirchlicher Reformen, die unter seinem Vorgänger, dem noch von Konrad II. erhobenen Eichstätter Domkanoniker Gebhard (1027–1044), in Ravenna Einzug gehalten hatten.

Die Nähe zu den kirchlichen Reformen und ihren Protagonisten bestimmte dann auch das Eingreifen des Königs in Rom. Stadtrömische Auseinandersetzungen hatten dazu geführt, dass gleich drei Päpste um die Rechtmäßigkeit ihrer Amtsführung stritten. Nach der Vertreibung Papst Benedikts IX. aus der seit Jahrzehnten dominierenden Adelsfamilie der Tuskulaner war zu Beginn des Jahres mit Unterstützung der rivalisierenden Crescentier Bischof Johannes von Sabina unter dem Namen Silvester III. zum Papst erhoben worden. Gegen diesen setze sich Benedikt IX. allerdings bald wieder durch, um dann aber auf die Papstwürde zugunsten eines Dritten zu verzichten. Der Erzpriester Johannes Gratian, der unter dem Namen Gregor VI. erhoben wurde, galt auch unter Reformern als persönlich untadelig, doch die Umstände seiner Erhebung gerieten ins Zwielicht. Benedikt IX. soll nämlich für seinen Verzicht eine materielle Abfindung erhalten haben; das konnte man zwar als Mittel für einen guten Zweck werten, doch aus der Perspektive konsequenter Reformer war das ebenso eine unerlaubte, als Simonie (s. Kap. V,3,a) zu verurteilende Zahlung für ein geistliches Amt wie die Abgaben, die salische Bischöfe an Konrad II. geleistet hatten.

Die Päpste vor Sutri
Benedikt IX., 1033–1045, Tuskulaner
Silvester III., 1045–1046, Bischof Johannes von Sabina, Kandidat der Crescentier
Gregor VI., 1045–1046, Johannes Gratian, Kandidat reformorientierter Kreise

Die deutschen Päpste nach Sutri
Clemens II., Bischof Suidger von Bamberg, 1046–1047
Damasus II., Bischof Poppo von Brixen, 1047
Leo IX., Bischof Brun von Toul, 1048–1054
Viktor II., Bischof Gebhard von Eichstätt, 1055–1057

In dieser unklaren Situation zog Heinrich III. im Sommer 1046 nach Italien, um die Kaiserkrone zu erlangen. Nachdem er in Pavia eine Synode versammelt hatte, die Rangstreitigkeiten innerhalb der Kirchenprovinz Aquileia regelte und vielleicht auch schon ein Verbot simonistischer Zahlungen für geistliche Handlungen erließ, traf der König in Piacenza mit Gregor VI. zusammen. Der offenbar ehrenvolle Empfang des Papstes dort und schriftliche Zeugnisse eines Gebetsbundes, an dem beide beteiligt waren, deuten darauf hin, dass Heinrich erst nach dieser Begegnung mit der Kritik konfrontiert wurde, die an den Umständen der Papsterhebung geübt wurde. Wahrscheinlich sah der König sich dadurch vor das Problem gestellt, von einem möglicherweise auf unrechtmäßige Weise ins Amt gekommenen Papst zum Kaiser gekrönt zu werden und damit seine Kaiserwürde zu beschädigen. Vielleicht trug auch die Sorge um den Fortgang der kirchlichen Reformen dazu bei, dass Heinrich entschlossen handelte. Er berief eine Synode nach Sutri, in deren Verlauf alle drei Päpste ihr Amt verloren. Unklar ist allerdings, ob auch Gregor VI. wie die beiden anderen förmlich abgesetzt wurde oder ob er unter dem Druck der Vorwürfe eine Selbstabsetzung vollzog, wie es vor allem reformorientierte Berichterstatter vermelden, denen die Absetzung eines Papstes nicht statthaft erschien mit Rücksicht auf den alten kirchenrechtlichen Grundsatz, dass der Inhaber des vornehmsten Bischofssitzes von niemandem gerichtet werden dürfe (*prima sedes a nemine judicatur*).

c) Die Anfänge des Reformpapsttums

Auch die notwendige Neuwahl eines Papstes wurde nach Heinrichs Wunsch vorgenommen. Mit Bischof Suidger von Bamberg wurde der Erste einer Reihe von Päpsten erhoben, die aus dem Reichsepiskopat stammten. Man hat das als Versuch des Königs verstanden, das Papsttum in die Reichskirche einzubinden. Im Zusammenhang mit dem Engagement, das der Salier für die Kirchenreform aufbrachte, erscheinen aber Motive aus diesem Bereich überzeugender. Die neuen Päpste hatten ihren Rückhalt beim Kaiser und in der Reichskirche, und vor allem wurde das Papsttum durch ihre Etablierung den stadtrömischen Parteikämpfen entzogen. Dass sie ihre angestammten Bischofssitze nicht aufgaben, sondern ihre Bischofsämter in Personalunion mit dem Papstamt ausübten, ist als weiterer Beleg für eine engere Einbindung in die Reichskirche in Anspruch genommen worden. Das Motiv dafür dürfte aber in der alten kirchenrechtlichen Tradition zu suchen sein: Danach war es verboten, von einem Bischofssitz auf einen anderen zu wechseln. Die Reformer nahmen solche tradierten Rechtssätze besonders ernst, und wahrscheinlich wollten die deutschen Päpste es gemäß den zeitgenössischen Vorstellungen vermeiden, durch Aufgabe ihrer Bischofsämter gewissermaßen die Ehe mit ihrem jeweils angestammten Bistum zu brechen.

Am Weihnachtsfest 1046 wurde der Bamberger Bischof zum Papst erhoben, am folgenden Tag krönte er Heinrich III. zum Kaiser. Schon durch die Wahl des Namens Clemens II. gab der neue Papst zu erkennen, dass jetzt auch die römische Kirche nach urchristlichem Vorbild erneuert werden sollte: Clemens galt als dritter Papst der Kirchengeschichte und Märtyrer römischer Christenverfolgung. Im Januar 1047 verurteilte eine römische Synode unter seinem Vorsitz die Simonie als Häresie: der Kampf der Reformer gegen simonistische Praktiken bei der Spendung kirchlicher Weihen wurde dadurch zur Verteidigung des rechten Glaubens. In der Folge wurde die Durchsetzung und Fortführung der Kirchenreform von den Päpsten und ihren Beratern getragen; der Kaiser nahm vor allem dadurch Anteil, dass er noch dreimal einen Reichsbischof zur Papstwahl nominierte. Besonders diese Rolle wurde wohl in dem alten Titel des *Patricius Romanorum* ausgedrückt, der jetzt erstmals einem Kaiser verliehen wurde, während Karl der Große den Titel vor seiner Kaiserkrönung geführt hatte. Möglicherweise wollte Heinrich III. damit seine Mitwirkung an der Papsterhebung auf einen eigenen Rechtsanspruch gründen, mit Rücksicht auf die Konstantinische Schenkung (s. Kap. I,3,c), die ja dem Kaiser keine Funktion mehr in Rom beließ. Vielleicht waren es aber auch stadtrömische Kreise, die durch die Vergabe des Patricius-Titels ihren Anteil an Papsttum und Kaiserherrschaft demonstrieren wollten.

Nach Suidgers Tod im Oktober 1047 musste Heinrich den erneuten Widerstand der Tuskulaner überwinden, bevor Poppo von Brixen für nur einen Monat als Damasus II. erhoben werden konnte. Erst der dritte Papst aus der Reichskirche brachte den endgültigen Durchbruch der Reform in Rom: Brun von Toul, der den Namen Leo IX. annahm, war mit der Kaiserfamilie verwandt und stand seit langem in engem Kontakt mit kirchlichen Reformkreisen in Lothringen und Burgund. Von dort brachte er eine Gruppe von Beratern mit nach Rom, die entscheidenden Einfluss auf Programm und Fortgang der Reformen nahmen, darunter Humbert aus dem burgundischen Moyenmoutier, später Kardinalbischof von Silva Candida (1050–1061), Hugo Candidus aus dem Vogesenkloster Remiremont († 1098) sowie der Lütticher Archidiakon Friedrich, der spätere Papst Stephan IX., ein Bruder Herzog Gottfrieds des Bärtigen.

Brun von Toul hatte seine Designation durch Heinrich nur unter der Bedingung akzeptiert, auch von Klerus und Volk von Rom gewählt zu werden. Das ging nicht grundsätzlich gegen die kaiserliche Mitwirkung, sondern war Ausdruck des Willens der Reformer, alte kirchenrechtliche Bestimmungen wieder ernst zu nehmen. Auch im Weiteren war die Zusammenarbeit von Papst und Kaiser ungetrübt, und sie wirkte sich in zwei Richtungen aus: der Kaiser unterstützte die päpstlichen Reformanstrengungen, der Papst vertrat die herrschaftlichen Interessen des Kaisers in Italien. Die Anteilnahme des Kaisers an den Reformen im Reich stellte eine Synode unter Beweis, die Leo und Heinrich im November 1049 gemeinsam in Mainz abhielten, unter Beteiligung von 42 Bischöfen. Neben einem Streit um das Erzbistum Besançon bildeten die zunehmend in das Zentrum der Reformbemühungen tretenden Fragen von Simonie und Klerikerehe den wichtigsten Beratungsgegenstand. In Mainz übertrug Heinrich III. das Goslarer Stift St. Simon und Judas in Eigentum und Schutz des Papstes, womit er seine persönliche Gründung, die auch als wichtigster Ort seines liturgischen Gedenkens vorgesehen war, langfristig vor Ansprüchen etwa des Hildesheimer Bischofs oder auch nachlassendem Interesse seiner eigenen Erben und Nachfolger schützte. In ähnlicher Weise hatte schon Heinrich II. seine Bamberger Bistumsgründung abgesichert (s. Kap. III,5,e).

Die Wahrnehmung kaiserlicher Interessen durch den Papst wirkte sich zunächst in Süditalien aus: Nachdem Heinrich III. und Clemens II. bald nach der Kaiserkrönung gemeinsam die Huldigungen langobardischer Fürsten und Städte in Montecassino, Capua, Salerno und Melfi entgegengenommen hatten, wobei erneut normannische Herrschaftsträger belehnt worden waren, unternahm Leo IX. eine vergleichbare Reise im Jahr 1050. Im Frühjahr 1051 konnte er sogar die Huldigung der Stadt Benevent entgegennehmen, die sich zuvor Kaiser und Papst verweigert hatte. Bald darauf übertrug ihm Heinrich III. auch förmlich das Fürstentum Benevent und anderen Reichsbesitz in Süditalien, im Tausch gegen die noch aus der Zeit Heinrichs II. stammenden Rechte des Papstes am Bistum Bamberg sowie Fulda und anderen deutschen Klöstern. Das war wohl kein mühsam austariertes Kompensationsgeschäft, sondern eher eine Klärung von Zuständigkeiten: Leo IX. agierte in Süditalien als Reichsvikar, so wie sein Nachfolger Viktor II. nach dem Ausgreifen Gottfrieds des Bärtigen auf Canossa und Tuszien (s. Kap. IV,2,a) als Vikar für Spoleto und Fermo die Interessen des Kaisers vertrat.

Ohne kaiserliche Rückendeckung musste Leo IX. allerdings auskommen, als er dem Druck der Normannen auf Benevent militärisch begegnen wollte. Stattdessen versuchte der Papst, unter eigenem Kommando Kämpfer zu sammeln, denen als Streiter für die Kirche Sündenvergebung versprochen wurde – ein Versprechen, das wenige Jahrzehnte später beim Kreuzzugsaufruf Urbans II. eine entscheidende Rolle spielten sollte. Das Unternehmen geriet zur militärischen Katastrophe, der Papst wurde bei Civitate in Apulien gefangen genommen und starb bald nach seiner Rückkehr nach Rom am 19. April 1054. Der Kaiser nahm zwar im folgenden Jahr wieder Kontakte mit den langobardischen Fürsten und den weiterhin in Süditalien engagierten Byzantinern auf, ließ sich aber auf keine militärische Konfrontation mit den Normannen ein. Sein Interesse zu dieser Zeit galt vornehmlich der Sicherung seiner Herrschaft in Norditalien gegen Gottfried den Bärtigen.

V. Problematischer Übergang: Reich und Kirche während der Minderjährigkeit Heinrichs IV.

1053	Wahl Heinrichs IV. zum König
5. 10. 1056	Tod Heinrichs III.
1057	Erhebung Rudolfs von Rheinfelden zum Herzog von Schwaben
1059	Papstwahldekret Papst Nikolaus' II.
1061	Erhebung Ottos von Northeim zum Herzog von Bayern
1061	Papstschisma: Alexander II. – Honorius II.
April 1062	Entführung Heinrichs IV. bei Kaiserswerth
1064	Synode von Mantua; Entscheidung für Alexander II.
1065	Schwertleite Heinrichs IV.
1066	Trennung des Königs von Erzbischof Adalbert von Bremen
1069	Auf Intervention des päpstlichen Legaten Petrus Damiani muss Heinrich IV. sein Vorhaben, sich von seiner Gemahlin Bertha zu trennen, aufgeben.
1075	Absetzung Bischof Hermanns von Bamberg

1. Konflikte oder Krise: Die Situation der Königsherrschaft vor dem Tod Heinrichs III.

Anzahl und Intensität der Konflikte, die Heinrich III. etwa seit Ende der 40er-Jahre durchzustehen hatte, haben vor allem Egon Boshof dazu veranlasst, diese Vorgänge als Beginn einer umfassenden Krise der salischen Herrschaft zu deuten, die sich bis zum Beginn der selbstständigen Herrschaft seines Sohnes Heinrich IV. durchgehalten habe. In weiterer Perspektive fiele in diese Zeit sogar der Wendepunkt salischer Königsherrschaft überhaupt: So wie die Jahre bis zur Kaiserkrönung Heinrichs III. den Ausbau herrscherlicher Macht und die letzte Überhöhung der sakralen Legitimation und Darstellung des Königtums gesehen hätten, seien die folgenden Jahrzehnte bis zum Tod des letzten Saliers von weitgehender Entsakralisierung königlicher Herrschaft, vom Verlust des Konsenses im Reich und vom Aufstieg der fürstlichen Macht bestimmt gewesen. Dagegen ist eingewandt worden, dass auch die Konflikte im letzten Jahrzehnt Heinrichs III. nicht den Rahmen von Konflikt und Konsens gesprengt hätten, in dem die ottonisch-salische Königsherrschaft überhaupt wirksam wurde.

Allerdings wurden in den 50er-Jahren des 11. Jahrhunderts wiederholt kritische Stimmen laut, die sich nicht auf einen bestimmten Konflikt bezogen, sondern einer allgemeinen Unzufriedenheit mit der Herrschaft Heinrichs Ausdruck gaben. Als die Fürsten im Jahr 1053 den Königssohn Heinrich zum König wählten, knüpften sie daran in vorbildloser Weise eine Bedingung, deren Wortlaut allerdings nicht eindeutig ist. Die Fürsten, so berichtet der Reichenauer Chronist Hermann (1013–1054), wollten dem Königssohn als dem künftigen König gehorchen, wenn er sich als gerechter Herrscher erweisen werde. Das hat man zumeist als eine verfassungsgeschichtlich einmalige Bedingungen verstanden, die eine spätere Akzeptanz des gewählten Königs von seinem Verhalten und der darin unter Beweis gestellten Eignung für das Königsamt abhängig gemacht hätte. In der Situation des Jahres 1053 galt ein solcher Vorbehalt aber wohl nicht dem erst zweijährigen Königssohn, sondern dem Vater, dessen aktuelle Herrschaft ja auch durch die Königswahl seines Sohnes gestärkt wurde. Vielleicht adressierten die Fürsten ihren Vorbehalt sogar direkt an den Vater, indem sie verlangten, dieser solle sich zukünftig als gerechter Herrscher erweisen. Dass man eben dieses in der aktuellen Situation nicht über Heinrich III. hätte sagen können, wäre dann der Kern der fürstlichen Kritik gewesen (s. **Quelle**).

Hermann von Reichenau, Chronik, 1053
Quellen des 9. und 11. Jahrhunderts zur Geschichte der Hamburgischen Kirche und des Reichs, übers. von K. Nobbe und R. Buchner, Darmstadt 1968 (FSGA, A, Bd. 11), S. 703.

Zu dieser Zeit murrten sowohl die Großen des Reichs wie die Geringeren mehr und mehr gegen den Kaiser und klagten, er falle schon längst von der anfänglichen Haltung der Gerechtigkeit, Friedensliebe, Frömmigkeit, Gottesfurcht und vielfältigen Tugenden, in der er täglich hätte Fortschritte machen sollen, allmählich mehr und mehr ab zu Gewinnsucht und einer gewissen Sorglosigkeit und werde bald viel schlechter sein, als er war.

Es bleibt allerdings fraglich, ob das zum Jahr 1053 gezeichnete Stimmungsbild mehr bedeutet als eine Momentaufnahme. Der lange Konflikt des Kaisers mit Gottfried dem Bärtigen, die Rebellion des Bayernherzogs Konrad oder die heftigen Attacken Balduins von Flandern im Westen hatten jeweils verschiedene Anlässe und sind nicht zu einem reichsweiten Widerstand zusammengewachsen (s. Kap. IV,2,a). Die Kritik der zur Königswahl versammelten Fürsten, die uns vom Chronisten ohnehin nicht namentlich benannt werden, hatte offensichtlich eine andere Stoßrichtung als die von geistlicher Seite vorgebrachte. Auch die klerikalen Kritiker des Königs bildeten keine einheitliche Front: Schon Heinrichs Eheschließung mit Agnes von Poitou im Jahr 1043 war gerade von Reformern wie den Äbten Poppo von Stablo und Siegfried von Gorze (1031–1055) kritisiert worden, die ansonsten eng mit dem König zusammenarbeiteten. Gegenstand dieser Kritik war die Verwandtschaft zwischen den Brautleuten, ein schon seit Jahrzehnten immer wieder von geistlicher Seite gegen Ehen im Hochadel vorgebrachtes Monitum (s. Kap. III,5,c). Bischof Wazo von Lüttich (1042–1048) kritisierte die Absetzung der Päpste auf der Synode in Sutri im Dezember 1046 aus den gleichen grundsätzlichen Überlegungen heraus, aus denen er sich zuvor gegen die Absetzung Widgers von Ravenna im Mai desselben Jahres gewandt hatte, die von einem so profilierten Reformer wie Petrus Damiani begeistert gefeiert worden war. Wazos Erhebung zum Bischof von Lüttich wiederum hatte die Kritik anderer Geistlicher gefunden, die sich aber wohl nicht vornehmlich gegen den König, sondern gegen seine Berater richtete. Die einflussreichen Kreise am Hof nahm auch Bischof Gerhard von Cambrai (1012–1051) ins Visier, der nicht aus grundsätzlichen Erwägungen, sondern über Auseinandersetzungen mit weltlichen Herren in seinem Bistum mit dem König in Streit geriet.

2. Thronfolge und Regentschaft

a) Die Rolle der Kaiserin Agnes

Heinrich III. hatte es also mit Widerstand und Kritik von verschiedenen Seiten und mit unterschiedlicher Motivation und Stoßrichtung zu tun. Ob Kritik und Konflikte in der zweiten Hälfte seiner Herrschaftszeit tatsächlich eine neue Qualität erreicht haben und ob sich darin eine grundlegende Krise der Herrschaftsordnung anzeigt, lässt sich wohl deshalb nicht entscheiden, weil der Kaiser schon im Jahr 1056 gestorben ist. Diese kritische Situation wurde zunächst ganz nach den eingespielten Regeln und Gewohnheiten ottonisch-salischer Königsherrschaft bewältigt: Ohne auf Widerstand zu stoßen, übernahm Kaiserin Agnes die Regentschaft für ihren unmündigen, aber von den am Sterbebett des Kaisers versammelten Großen nochmals zum König gewählten Sohn Heinrich IV. Eine wichtige Rolle spielte dabei Papst Viktor II., in dessen besonderen Schutz der sterbende Kaiser den jungen König gegeben hatte.

Nicht zuletzt der Einsatz des Papstes trug dazu bei, dass der kleine König und die Regentschaft der Agnes allgemeine Anerkennung finden konnten, auch in den zuletzt immer wieder unruhigen Regionen Lothringen, Bayern und Kärnten. Eine wichtige Rolle spielte dabei auch Gottfried der Bärtige, mit dem sich Heinrich III. noch kurz vor seinem Tod ausgesöhnt hatte und der jetzt wieder in die erste Reihe der Herrschaftsträger trat. Auch nach dem Tod des Papstes noch während seiner Rückreise nach Rom im Sommer 1057 konnte die Regentschaft einige Erfolge bei der Beilegung von Konflikten und der Stabilisierung der Herrschaftsordnung erzielen. Ganz in der Tradition salischer Herrschaft konnte Agnes herausragende Adelsfamilien durch die Vergabe der süddeutschen Herzogtümer an sich binden: Das Herzogtum Bayern, das Agnes nach dem Tod ihres zweiten Sohnes Konrad selbst verwaltet hatte, übertrug die Kaiserin dem sächsischen Grafen Otto von Northeim. Von Bayern aus gelang es dem neuen Herzog, in Ungarn den schon von Heinrich III. unterstützten Salomo (1063–1074) als König durchzusetzen, der durch die Ehe mit der Kaisertochter Judith an die salische Herrscherfamilie gebunden wurde. Rudolf von Rheinfelden, der mit der ehemaligen burgundischen Königsfamilie verwandt war, erhielt das Herzogtum Schwaben und wurde mit der Kaisertochter Mathilde verheiratet. Zum Ausgleich versprach Agnes dem Zähringer Grafen Berthold († 1078), dem Heinrich III. die Herzogswürde in Aussicht gestellt hatte, Kärnten, wo er im Jahr 1061 die Nachfolge des Ezzonen Konrad antreten konnte. Die verwandtschaftliche Verbindung mit einem wichtigen Herrschaftsträger im Süden hatte noch der verstorbene Kaiser gesichert, als er den jungen König Heinrich mit Bertha, der Tochter des Markgrafen Otto von Turin und Savoyen, verlobt hatte. Deren Schwester Adelheid heiratete der Schwabenherzog Rudolf, nachdem seine salische Gemahlin Mathilde schon im Jahr 1060 gestorben war.

Die von Kaiserin Agnes erhobenen Herzöge
Rudolf von Rheinfelden, Herzog von Schwaben 1057, König 1077, † 1080
 ⚭ 1) Mathilde, Tochter Heinrichs III. und der Agnes († 1060)
 ⚭ 2) Adelheid von Turin und Savoyen (verstoßen 1069, † 1079)
Otto von Northeim, Herzog von Bayern 1061–1070
Berthold von Zähringen, Herzog von Kärnten 1061–1078

Eine Beurteilung von Erfolg oder Misserfolg der Regentschaft der Agnes hängt davon ab, welche Maßstäbe überhaupt an die ottonisch-salische Königsherrschaft angelegt werden. Sofern der Ausgleich mit den Großen, die Reaktion auf ihre Erwartungen und die eher unspektakuläre Präsenz des Königtums als wesentliche Momente königlicher Herrschaft begriffen werden, fällt die Bilanz der ersten Jahre nach dem Tod Heinrichs III. uneingeschränkt positiv aus. Sieht man dagegen den Ausbau der Herrschaftsgrundlagen und die Zentralisierung herrscherlicher Macht in Konkurrenz und Konflikt mit den als partikulär qualifizierten Interessen und Initiativen der Großen als wesentliche Funktion und Aufgabe königlicher Herrschaft an, dann kann man schon in diesen Jahren Ansätze zu einem Ausbau adeliger Herrschaftsansprüche auf Kosten des Königtums und eine zunehmende Entfremdung zwischen der Regentschaft und den weltlichen Herrschaftsträgern feststellen. Tatsächlich waren es geistliche Fürsten, die in der Umgebung der Kaiserin eine führende Rolle spielten: die Erzbischöfe Anno von Köln (1056–1075) und Siegfried von Mainz (1060–1084) sowie vor allem Bischof Heinrich II. von Augsburg (1047–1063), dem man sogar ein unerlaubtes Verhältnis zur Kaiserin vorwarf. Solche Nachreden mussten allerdings geistliche Herren im Umkreis mächtiger Frauen immer wieder hinnehmen, sogar Papst Gregor VII. sollte davon nicht verschont bleiben. Bischöfe waren auch schon bei der Regentschaft der ottonischen Kaiserinnen Theophanu und Adelheid hervorgetreten, und am Hof Heinrichs III. hatten geistliche Berater eine wichtige Rolle gespielt. Es bleibt deshalb fraglich, ob man die grundsätzliche Konstellation der Regentschaft schon als problematisch werten müsste, wenn nicht ein spektakuläres Ereignis die Situation grundlegend geändert hätte: Die Entführung des jungen Königs, die Erzbischof Anno von Köln im April 1062 bei Kaiserswerth ins Werk setzte.

Eine ausführliche, dramatische Schilderung von der Entführung des jungen Heinrich verdanken wir dem Chronisten Lampert von Hersfeld, der nach verbreiteter Forschungsmeinung von Begleitern des Königs informiert worden sein könnte. Nach diesem Bericht war der junge König vom Kölner Erzbischof Anno II. zur Besichtigung eines vor Kaiserswerth liegenden Schiffes eingeladen worden. Als das Schiff plötzlich vom Ufer ablegte, soll Heinrich über Bord gesprungen und dann vom Grafen Ekbert aus dem Fluss gerettet worden sein. Durch diesen spektakulären Akt übernahm Anno die Kontrolle über den minderjährigen König.

b) Die Übernahme der Kontrolle durch Anno von Köln

Wichtige Motive für den Kölner Erzbischof und seine Unterstützer, darunter der Bayernherzog Otto und Gottfried der Bärtige, mögen Rivalitäten zwischen den wichtigsten Beratern der Regentschaft, Unzufriedenheit mit der Rolle Heinrichs von Augsburg und persönliche Machtinteressen gewesen sein. Anno hätte sich aber wohl kaum zu dem spektakulären Unternehmen entschlossen, wenn nicht die verfahrene kirchenpolitische Situation eine radikale Wendung provoziert und legitimiert hätte. Schon in den Jahren 1060/61 hatte sich die Beziehung zwischen dem Reformpapsttum in Rom und dem Königshof sowie dem deutschen Episkopat dramatisch verschlechtert, ohne dass wir den Grund dafür erkennen können. Nach dem plötzlichen Tod des Papstes Nikolaus II. ergriffen stadtrömische Kreise und Teile des lombardischen Episkopats die Initiative und wandten sich an den Königshof. Daraufhin wählten die Reformkräfte in Rom, die um ihre Dominanz fürchteten, Bischof Anselm von Lucca zum Papst Alexander II. Es bleibt unklar, warum Agnes und ihre Berater in offensichtlicher Verkennung der Situation vier Wochen später auf einer Synode in Basel Bischof Cadalus von Parma als Honorius II.

zum Papst erheben ließen, nachdem man die Wahl Alexanders II. für ungültig erklärt hatte. Die Kaiserin musste allerdings schon bald erkennen, dass diese Entscheidung die Situation nicht geklärt, sondern im Gegenteil ein Schisma, eine Kirchenspaltung, herbeigeführt hatte, denn Honorius II. fand nur wenig Unterstützung. Alles spricht dafür, dass Agnes daraus die Konsequenzen zog, indem sie zu Ende des Jahres 1061 den Schleier nahm und das Gelübde ablegte, fortan im Stand der Witwe ein religiöses Leben zu führen.

Das Papstschisma 1061
Alexander II., 1061–1073, Bischof Anselm von Lucca, Kandidat der Reformer
Honorius II., 1061–1064, † 1071/72, Bischof Cadalus von Parma

Offensichtlich beurteilte die Kaiserin ihren Anteil an der Entwicklung nicht nur als politischen Fehler, sondern als schweren religiösen Verstoß, als Sünde, die ihr persönliches Heil gefährdete. Wohl zur Buße und Wiedergutmachung legte sie das Witwengelübde ab und setzte sie sich bis an ihr Lebensende engagiert für die Sache des Reformpapsttums ein. Es ist nicht ganz klar, was das für ihre Stellung im Reich bedeutete: Mit dem religiösen Leben vertrug es sich wohl nicht, in gleicher Weise wie zuvor an der Spitze der Regentschaft zu agieren und die wesentlichen Entscheidungen zu verantworten. Agnes blieb aber als Regentin im Reich, bis ihr Sohn Heinrich IV. im Jahr 1065 durch die feierliche Umgürtung mit dem Schwert (Schwertleite) wehrhaft gemacht wurde; erst dann ist sie nach Rom gegangen, um fortan in unmittelbarer Nähe zum Papst und zum Grab des Apostels Petrus zu leben. Vielleicht hatte sich die Kaiserin nach ihrem Witwengelübde zunächst nur von den mit dem Papstschisma zusammenhängenden Entscheidungen zurückgezogen, um nicht erneut einen gravierenden Fehler zu begehen. Es gibt allerdings keinen Beleg für die These von Mechthild Black-Veldtrup, dass Agnes ihren umstrittenen Berater Heinrich von Augsburg förmlich als ihren Stellvertreter in der Regentschaft eingesetzt hätte.

Bischöfe an der Spitze der Regentschaft
Heinrich II., Bischof von Augsburg 1047–1063
Anno, Erzbischof von Köln 1056–1075
Adalbert, Erzbischof von Hamburg-Bremen 1043–1072

Wahrscheinlich hatte gerade die Unklarheit der Situation den Kölner Erzbischof zu seinem Schritt ermuntert, und es ist nicht einmal sicher, dass der Kaiserin die Entwicklung ungelegen kam. Jedenfalls unternahm sie, wie schon Lampert von Hersfeld († 1088) vermeldet, keinen Versuch, den zumindest von vielen Chronisten als ungeheuerlich empfundenen Übergriff Annos zu ahnden, sondern hat im Gegenteil bis zu ihrem Rückzug nach Rom immer wieder mit dem Erzbischof zusammengearbeitet, gelegentlich aber auch erfolgreich gegen seine Aktivitäten Position bezogen.

c) Die Interessenspolitik der Fürsten

Unter Annos Verantwortung korrigierten die Regentschaft und der deutsche Episkopat die Fehlentscheidung von Basel. Zu einer Synode in Mantua am Pfingstfest 1064, auf der über beide Päpste geurteilt werden sollte, erschien Honorius II., der die Entwicklung erkannt hatte, gar nicht mehr. Eine Entscheidung wurde schon dadurch vorweggenommen, dass Alexander II. den Vorsitz übernahm. Nachdem der Papst sich durch einen Eid vom Vorwurf der Simonie gereinigt hatte, wurde sein Rivale verurteilt. Abgesehen von dieser kirchenpolitischen Kehrtwende betrieben die geistlichen und weltlichen Fürsten, die jetzt den maßgeblichen Einfluss am Hof ausübten, vor allem Interessenspolitik: Anno und der Bremer Erzbischof Adalbert, der bald gleiches Gewicht an der Spitze der Regentschaft erlangte, brachten Verwandte auf frei werdende Bischofsstühle und ließen ihren eigenen Kirchen immer mehr an Reichsgut und Herrschaftsrechten übertragen, darunter auch wichtige Reichsklöster wie das Kloster Lorsch, dessen Mönche sich heftig und letztlich erfolgreich zur Wehr setzten. Diese Situation dauerte über die Schwertleite des jungen Königs am 29. März 1065 hinaus an. Wichtigster Berater blieb zunächst Adalbert von Bremen, bevor sich Heinrich auf Druck der Fürsten auf einem Hoftag in Tribur im Januar 1066 von ihm trennen musste.

Positionskämpfe zwischen den Fürsten bestimmten die nächsten Jahre, ohne dass eigenständige Akzente des Königs erkennbar wurden. Als Heinrich IV. im Jahr 1069 mit einem eigenen Anliegen hervortrat, ging es um den persönlichen Bereich: Auf einem Wormser Hoftag bat der König die Fürsten, einer Auflösung seiner im Jahr 1066 geschlossenen Ehe mit Bertha von Turin und Savoyen zuzustimmen. Die deutschen Bischöfe wandten sich an den Papst, und dessen Legaten Petrus Damiani gelang es auf einer Synode in Frankfurt, den König zum Verzicht auf sein Vorhaben zu bewegen, das nicht nur nach den Vorstellungen der Reformer einen schweren Verstoß gegen Recht und Moral der Kirche dargestellt hätte und mit dem Bild vom christlichen König nicht zu vereinbaren gewesen wäre. Im ottonisch-salischen Bereich hatte noch kein Herrscher einen solchen Schritt gewagt; am Beginn des 11. Jahrhunderts hatte der französische König Robert II. (996–1031) vergeblich versucht, sich von seiner kirchlich anerkannten Gemahlin zu trennen, um seine zuvor wegen zu naher Verwandtschaft aufgelöste erste Ehe wieder aufnehmen zu können.

3. Kirchenreform mit und ohne Kaiser

a) Ziele und Fortgang der Kirchenreform

Mit dem Pontifikat Leos IX. war die Kirchenreform in Rom zum Durchbruch gelangt. Immer deutlicher traten zwei Themen in den Vordergrund, die jetzt auch auf Synoden unter päpstlicher Leitung, in Rom und anderswo, verhandelt und von den Päpsten in der ganzen westlichen Kirche propagiert wurden: Der Kampf gegen die Simonie und die Forderung des Klerikerzölibats.

Als **Simonie** verstand man mit Bezug auf einen im Neuen Testament genannten Simon die Spendung von kirchlichen Weihen gegen Geldzahlung. Unter Simonieverdacht konnte jede sakramentale Handlung geraten, für die Zahlungen geleistet wurden; schon bald konzentrierten sich die Diskussionen allerdings auf die Vergabe kirchlicher Ämter, weil dabei immer die Vollmacht übertragen wurde, sakramentale Handlungen zu vollziehen. Dieser Aspekt des kirchlichen Amtes, der in der theologischen Vorstellungswelt eine zunehmende Rolle spielte, war auch entscheidend für die Forderung, dass Priester und andere geweihte Kleriker ehelos leben sollten. Das war zwar schon seit dem 4. Jahrhundert immer wieder in Synodalbestimmungen festgelegt worden, doch hatte sich zumindest unter den Priestern auf dem Land, die allein die Kirchen der Grundherrschaften verwalteten, das familiäre Zusammenleben mit Frau und Kindern als Regelfall durchgesetzt.

Besonders durchschlagskräftig wurde die Forderung nach dem **Klerikerzölibat** dadurch, dass man die Klerikerehe mit einer in der frühen Kirche bekämpften Häresie, dem so genannten Nikolaitismus, gleichsetzte, wodurch verheiratete Kleriker und ihre Verteidiger zu Häretikern wurden. Gleiches geschah auf dem anderen Kampffeld der Kirchenreform, indem simonistische Praktiken ebenfalls als Häresie gebrandmarkt wurden. Das motivierte immer schärfere Angriffe und kirchenrechtliche Maßnahmen, die sich aber zunächst noch nicht gegen die königliche Mitwirkung bei der Bischofserhebung richteten. Dass auch diese Praxis zu bekämpfen war, das formulierte zwar schon Humbert von Moyenmoutier, der einflussreiche Berater Leos IX. und Kardinalbischof von Silva Candida, in seinen „Drei Büchern gegen die Simonisten" (*Adversos simoniacos libri III*). Diese theologisch stringente, umfangreiche Schrift hatte allerdings wohl keine praktische Wirkung. Humberts Vorstellungen mögen am päpstlichen Hof bekannt gewesen sein, doch erfuhr seine Schrift offenbar keine nennenswerte Verbreitung; wir kennen sie überhaupt nur durch einen neuzeitlichen Druck. Ein Verbot der Investitur, der Vergabe eines kirchlichen Amtes durch Laien hatte zwar schon die im päpstlichen Lateranpalast abgehaltene Synode von 1059 erlassen, doch dürfte sich diese Vorschrift nur auf die Niederkirchen bezogen haben, also auf die Praxis der Grundherren, selbst Priester an ihren Eigenkirchen zu installieren, während die Praxis der Bischofserhebung wohl auf der Synode nicht diskutiert worden war.

Simonie

Der Begriff Simonie ist von Simon Magus abgeleitet, der nach dem Bericht der Apostelgeschichte (8,18–25) den Aposteln die Fähigkeit abkaufen wollte, den heiligen Geist zu spenden. Dementsprechend wurde seit dem 6. Jahrhundert jeder Handel mit geistlichen Gaben und besonders jede materielle Leistung bei der Vergabe eines kirchlichen Amtes als Simonie bezeichnet. Die kirchlichen Reformer des 11. Jahrhunderts erkannten darin eine besonders schwere Abweichung von der kirchenrechtlichen Tradition und brandmarkten die Simonie als Häresie, also als Abfall von der kirchlichen Glaubenslehre. Der Kampf gegen simonistische Praktiken wurde zu einem zentralen Anliegen der seit 1046 in Rom herrschenden Reformpäpste.

Zölibat

Der Zölibat, das ehelose Leben der Kleriker, war seit der Spätantike Bestandteil der kirchenrechtlichen Überlieferungen und ist im frühen Mittelalter immer wieder von Bischöfen und Königen gefordert worden; trotzdem lebten große Teile des Klerus in ehelichen Verbindungen und konnten sogar ihre Ämter häufig an Söhne weitergeben. Erst im Zusammenhang mit den Kirchenreformen des 11. Jahrhunderts bemühten sich einflussreiche Theologen und die Päpste darum, auch auf diesem Feld die Wirklichkeit der kirchenrechtlichen Tradition anzupassen. Unter Rückgriff auf den Namen einer frühchristliche Sekte, deren Anhänger frühmittelalterlichen Autoren als Nikolaiten bekannt waren, wurde die Klerikerehe als Häresie des Nikolaitismus bekämpft.

In systematischer Betrachtungsweise hat Johannes Laudage die Vorstellungen vom Priestertum und seiner Bedeutung für die sakramentale Heilsvermittlung als Schlüssel zum Verständnis von Motivation und Entwicklung der Kirchenreformen genützt (1984). Eine umfassende Einordnung der reformerischen Bestrebungen des 11. Jahrhunderts in die theologisch bestimmten Vorstellungen von der Ordnung der Welt und der Herrschaftsverhältnisse hat die klassische Darstellung von Gerd Tellenbach geleistet (1936). Tellenbach hat die Bemühungen der Kirchenreformer in den Zusammenhang einer „sakramental-hierokratischen" Ordnungsvorstellung gestellt, die in der Reformzeit den Sieg sowohl über die „monastisch-asketische" Vorstellung der frühmittelalterlichen Kirche als auch über die „theokratische" Ordnung der vom ostfränkisch-deutschen Königtum bestimmten Zeit der Ottonen und frühen Salier davongetragen habe. Solche umfassenden Deutungsversuche sind geeignet, den Vorstellungshorizont der Zeitgenossen zu erschließen und die leitenden Ideen und Motive der Akteure in Traditionslinien und langfristige Entwicklungen zu stellen. Sie beinhalten aber die Gefahr, die historische Wirklichkeit als reines Produkt von Ideen und Vorstellungen aufzufassen und die Vielfalt der jeweils in bestimmten Situation wirksam werdenden Motive, die Bedeutung konkreter Bedingungen sowie die unableitbaren Konstellationen der Handelnden zu verkürzen oder ganz zu leugnen.

In den Mittelpunkt seiner Deutung stellte Tellenbach den Begriff der Freiheit der Kirche, der *libertas ecclesiae*, dem eine Schlüsselstellung in vielen Äußerungen der kirchlichen Reformer zukommt. Dieser Begriff konnte aber in ganz unterschiedlichen Zusammenhängen gebraucht werden und jeweils verschiedene Bedeutung annehmen; es lässt sich deshalb nicht mit systematischer Stringenz ableiten, was im einzelnen Fall als Bedrohung der kirchlichen Freiheit gebrandmarkt und welche Praxis toleriert wurde. Durch ihre Definition als Häresie entwickelten die Themen der Simonie und der Klerikerehe eine Eigendynamik, die jeden systematischen Zusammenhang sprengen konnte. Vor allem der Vorwurf der Simonie wurde in der zweiten Hälfte des 11. Jahrhunderts zu einem Kampfmittel, mit dem man jeden innerkirchlichen Gegner empfindlich treffen konnte. Das mussten gerade Bischöfe erfahren, die zu den engsten Vertrauten des jungen Königs Heinrich IV. gehörten: Hermann von Bamberg wollte das von ihm gegründete Stift St. Jakob zu strengerer monastischer Lebensweise verpflichten. Dieses in den Zusammenhang aktueller Reformimpulse gehörende Vorgehen stieß auf heftigen Widerstand der Betroffenen, denen es schließlich gelang, den verhassten Bischof in Rom als Simonisten anzuklagen. Gegen die päpstliche Entscheidung konnte auch Heinrich IV. seinen Vertrauten nicht schützen, der im Jahr 1075 abgesetzt wurde. Besser erging es im Jahr 1074 Bischof Pibo von Toul, für den der zuständige Metropolit, Erzbischof Udo von Trier (1068–1078), und die auf einer Synode in Straßburg versammelten Bischöfe Partei ergriffen.

b) Die neue Gestalt des Papsttums

Seit der Synode von Sutri übernahmen die Päpste und ihre Berater die Führung der kirchlichen Reformen. Das brachte nicht nur eine Intensivierung und europaweite Ausdehnung des Kampfes gegen Simonie und Klerikerehe; jetzt wurden vielmehr Stellung und Bedeutung des Papsttums selbst zu einem Thema der Reformen. Erst in der Folge von Anspruch und Auftreten des Reformpapsttums wurde aus dem Bischof von Rom, der seit langem einen kirchenrechtlich nicht streng definierten, aber im Westen allgemein akzeptierten und immer wieder in Konflikten ins Spiel gebrachten Vorrang behauptete, der Papst, der eine reguläre, kontinuierliche und institutionell abgesicherte Leitungsgewalt über die ganze westliche Kirche ausübte.

Zukunftsweisend war das Auftreten Leos IX.: Während seine Vorgänger nur selten Rom verlassen hatten, verbrachte der Reformer aus Lothringen einen Großteil seines Pontifikates auf Reisen durch Italien, nach Deutschland oder Frankreich. Mindestens zwölf Synoden leitete der Papst selbst; päpstliche Legaten brachten die Autorität des Papstes auch unabhängig von seiner persönlichen Anwesenheit zur Geltung. Eine erste Konsequenz aus der neuen, aus den römischen Bindungen gelösten und auf die ganze

Kirche bezogenen Stellung des Papsttums zog das auf der Lateransynode von 1059 verabschiedete Papstwahldekret. Um die Umstände der zuvor in Konkurrenz mit der Erhebung eines tuskulanischen Papstes durchgeführten Wahl Gerhards von Florenz zum Papst Nikolaus II. nachträglich zu legitimieren, wurde die führende Rolle der Kardinalbischöfe bei der Papstwahl festgeschrieben, ein wichtiger Schritt zur Ausbildung des Kardinalskollegiums. Stellung und Ansprüche (*honor et reverentia*) des deutschen Königs wurden in einem berühmten Paragrafen eigens erwähnt, ohne dass seine Mitwirkungsrechte genauer definiert wurden. Angesichts der Minderjährigkeit Heinrichs IV. dürfte das auch kein aktuelles Problem gewesen sein. Bei der nächsten, strittigen Wahl im Jahr 1061 spielte das Papstwahldekret allerdings keine Rolle. Unter Papst Alexander II. wurde das Tempo der Reformen nochmals verschärft; immer deutlicher trat dabei Archidiakon Hildebrand, der spätere Papst Gregor VII., in den Vordergrund.

Die Päpste nach 1057
Stephan IX., 1057–1058, Kardinal Friedrich von Lothringen
Nikolaus II, 1058–1061, Bischof Gerhard von Florenz
Alexander II., 1061–1073, Bischof Anselm von Lucca
Gregor VII., 1073–1085, Archidiakon Hildebrand

Der gesteigerte Anspruch des Papsttums verschärfte auch die Konflikte mit der Kirche des Ostens, die in den Jahrhunderten zuvor auf Grund von unterschiedlichen kulturellen, theologischen und liturgischen Entwicklungen, aber auch von Rivalitäten bei der Missionierung und kirchenpolitischen Ordnung vor allem der slawischen Völker immer wieder aufgebrochen waren. Im Jahr 1054 führte das kompromisslose Auftreten Kardinal Humberts von Silva Candida, der als Gesandter in Konstantinopel nicht nur den päpstlichen Autoritätsanspruch gegenüber den Kirchen des Ostens bekräftigen, sondern auch über konkrete Zusammenarbeit zwischen dem Papst und dem byzantinischen Kaiser in Unteritalien verhandeln sollte, zu einem formellen Bruch: Humbert legte auf dem Altar der Hagia Sophia eine Bulle mit der Exkommunikation des Patriarchen von Konstantinopel, Michael Kerullarios, nieder, woraufhin eine ostkirchliche Synode die Exkommunikation der Lateiner aussprach. Diese Ereignisse änderten allerdings zunächst nicht viel am seit Jahrhunderten problematischen Verhältnis von Ost- und Westkirche; ohnehin war Papst Leo IX., in dessen Namen Humbert agierte, zu diesem Zeitpunkt schon verstorben. Erst mit Blick auf die Entwicklung der folgenden Jahrhunderte erscheint das Jahr 1054 als entscheidendes Datum der Kirchentrennung.

VI. „Königsherrschaft im Streit“: Heinrich IV.

1070	Absetzung Ottos von Northeim als Herzog von Bayern
1073	Beginn der sächsischen Erhebung
1075	Sieg Heinrichs über die Sachsen an der Unstrut
22. 4. 1073	Hildebrand wird zum Papst Gregor VII. erhoben
1075	*Dictatus papae*
26. 1. 1076	Absage an Gregor VII. in Worms
Fastensynode 1076	Exkommunikation und Absetzung Heinrichs IV.
25.–27. 1. 1077	Buße des Königs in Canossa
15. 3. 1077	Wahl Rudolfs von Rheinfelden in Forchheim zum König
Fastensynode 1080	Erneute Exkommunikation und Absetzung Heinrichs IV.
1084	Erhebung Wiberts von Ravenna zum Gegenpapst Clemens III.
Ostern 1084	Kaiserkrönung Heinrichs IV. in Rom
1089	Eheschließung Mathildes von Canossa mit Welf V.
1093	Der Kaisersohn Konrad sagt sich von seinem Vater los und wird zum italienischen König gekrönt
1095	Synoden von Piacenza und Clermont, Kreuzzugsaufruf
1097	Restitution Welfs IV. als Herzog von Bayern
1104	Aufstand unter Führung Heinrichs V.
7. 8. 1106	Tod Heinrichs IV.

1. Heinrich IV. und die Sachsen

a) Der Konflikt mit Otto von Northeim

Der erste große Konflikt nach Übernahme der selbstständigen Herrschaft durch Heinrich IV. folgte noch ganz einem Schema, das auch unter seinem Vater schon festzustellen ist: Ein mächtiger Fürst wurde unter unklaren Umständen und aus uns nicht mehr erkennbaren Motiven angeklagt und von einem Fürstengericht verurteilt. Mit Otto von Northeim traf es einen der wichtigsten Herrschaftsträger aus der Zeit der Regentschaft, der als Herzog von Bayern erfolgreich im Streit um die ungarische Thronfolge eingegriffen hatte. Kern der Anklage war die Anschuldigung eines ansonsten unbekannten Egino, der vom Herzog zu einem Mordanschlag auf den König veranlasst worden sein wollte. Weil Otto sich anders als der bei einer vergleichbaren Gelegenheit umgekommene Billunger Thietmar (s. Kap. IV,1,e) einem verabredeten Zweikampf nicht stellte, wurde er zum Verlust nicht nur seiner Lehen, sondern auch seiner Eigengüter verurteilt. Während sein Schwiegersohn, der aus Oberitalien als Erbe des Welfenbesitzes gekommene Welf IV. († 1101), die Nachfolge des Herzogs in Bayern antrat und dazu auch seine Ehe löste, fand Otto Unterstützung in Sachsen, wo der Schwerpunkt seines familiären Besitzes lag. Gemeinsam mit dem Billunger Magnus († 1106), Sohn des Sachsenherzogs, musste sich Otto aber Mitte des Jahres 1071 dem König unterwerfen. Wie es schon Heinrich III. in ähnlichen Situationen praktiziert hatte (s. Kap. IV,2,a), hielt der

König den unterlegenen Gegner zunächst mehrere Monate in Haft und setzte ihn auch nach der Begnadigung nicht wieder in seine vorherige Stellung ein. Der Billunger Magnus blieb sogar weiter in Haft.

b) Herrschaftsausbau und sächsischer Widerstand

Nicht nur die Verweigerung einer vollständigen Aussöhnung, wie sie früher nach der *deditio* zu erwarten gewesen wäre, bereitete den Boden für eine weitere Verschlechterung des Verhältnisses zwischen dem König und den Sachsen. Als sich im Sommer 1073 weltliche und geistliche Große, darunter der Billunger Hermann († 1086), Erzbischof Werner von Magdeburg (1063–1078) und Bischof Burchard II. von Halberstadt (1059–1088), unter Führung Ottos von Northeim gegen Heinrich erhoben, wurden auch grundsätzliche Klagen gegen die königliche Herrschaft in Sachsen vorgebracht. Der Chronist Lampert von Hersfeld und die Schrift des im Dienst sächsischer Bischöfe stehenden Bruno über den „Sachsenkrieg“ lassen bei aller polemischen Überspitzung den Kern der Vorwürfe erkennen, die in weiten Kreisen Sachsens umliefen. Die Kritik richtete sich zum einen grundsätzlich gegen die Intensivierung königlicher Herrschaft in Sachsen, zum anderen gegen die Praktiken, die dabei angewandt wurden.

Wie schon seine Vorgänger bemühte sich Heinrich, die königlichen Ressourcen in Sachsen zu konzentrieren und möglichst effektiv zu nutzen. Das hat man als „Revindikationspolitik“ qualifiziert, denn der König hat nach der Übernahme der eigenständigen Herrschaft Rechte und Besitzungen zurückverlangt, die unter der Regentschaft an weltliche und geistliche Große vergeben worden waren. Die königlichen Maßnahmen griffen aber offensichtlich weit über solche Rückforderungen hinaus; nach Stefan Weinfurter ging es um „das territorialpolitische Verankern und Vorschieben der Königsmacht“ (Herrschaft und Reich, S. 118) in Sachsen. Dabei handelte es sich aber nicht um spezielle Konzeptionen und Tendenzen Heinrichs IV. oder seiner salischen Vorgänger. Im 11. Jahrhundert versuchten vielmehr auch Bischöfe und weltliche Adelsherren auf verschiedene Weise, ihre Herrschaftsrechte auszubauen und vor allem die Möglichkeiten zu nutzen, die sich aus dem Bevölkerungswachstum, der steigenden landwirtschaftlichen Produktivität und der zunehmenden Wirtschafts- und Handelstätigkeit ergaben.

Die Abhängigen der Grundherrschaften konnten größere Leistungen erbringen, die von den Grundherren durch zusätzliche Forderungen und stärkeren herrschaftlichen Druck abgeschöpft wurden. Das ermöglichte nicht nur neue Anstrengungen von Bischöfen und Äbten beim Kirchbau, sondern auch die Anlage neuartiger Burgen durch geistliche und weltliche Herren. Diese Befestigungen wurden entgegen der früheren Praxis nicht mehr als Fluchtburgen für die Bevölkerung errichtet, sondern zumeist fern von den Ansiedlungen, als Höhenburgen, die das Umland kontrollieren konnten und deren herrschaftlicher Charakter offensichtlich war. Mit dem Einsatz größerer finanzieller Mittel, aber auch durch Tausch, Erbe oder königliche Übertragung konnten Herrschaftsrechte erworben werden, die schon vorhandene Rechte und Besitzungen ergänzten und abrundeten. Der herrschaftliche Zugriff auf zuvor allgemein genutzte Waldgebiete ermöglichte den weiteren Ausbau geschlossener Herrschaftsbereiche. Im 11. Jahrhundert erkennen wir bei geistlichen und weltlichen Herrschaftsträgern unterschiedlich intensive und unterschiedlich erfolgreiche Versuche, die wir einem neuartigen territorialpolitischen Interesse zuordnen können, auch wenn es von solchen Ansätzen noch weit war bis zum Aufbau fürstlicher Territorien im späteren Mittelalter.

In Sachsen konkurrierten vor allem zwei fürstliche Herrschaften bei ihren territorialpolitischen Vorstößen miteinander: Erzbischof Adalbert von Bremen und die Herzogsfamilie der Billunger. Adalberts ausgeprägtes Herrschaftsbewusstsein zeigte sich auf der einen Seite bei seinen beharrlichen Versuchen, die kirchenrechtliche Zuständigkeit Bremens für den gesamten Norden gegenüber den eigenständigen Kirchenorganisationen der skandinavischen Herrscher zu behaupten. Der Anspruch, als Metropole einer ganz Skandinavien umfassenden Kirchenprovinz zu fungieren, war dem Erzbistum mit Unterstützung Heinrichs III. von Papst Leo IX. bestätigt worden. Sollte sich das nicht in die Praxis umsetzten lassen, so erhoffte Adalbert als Kompensation den Ausbau seines Erzbistums zum Patriarchat mit insgesamt 12 zugehörigen Bistümern. Dem entsprach auf der anderen Seite der planmäßige Ausbau von Herrschaftsrechten in Sachsen, wozu der Erzbischof auch seine Stellung in der Regentschaft und dann seine Nähe zum jungen König nutzte.

Der Ausbau der Königsherrschaft in Sachsen stand also im Zusammenhang ähnlicher Initiativen des geistlichen und weltlichen Adels; Heinrich IV. dürfte auch von seinem Berater Adalbert dazu angeregt worden sein. Die Klagen der Sachsen über die königliche Herrschaft sind jedenfalls zum einen in den Zusammenhang von auch anderswo geübtem Widerstand gegen gesteigerte Herrschaftsansprüche zu stellen. Zum anderen gehören sie in den Kontext der allgemeinen Verunsicherung, die von dem zum Teil konkret zu benennenden, zum Teil aber auch eher diffus erfahrenen Wandel der Verhältnisse im 11. Jahrhundert ausgelöst wurde. Dazu kamen das Bewusstsein einer besonderen Stellung der ehemals ottonischen Königslandschaft Sachsen sowie die Tradition eigener Rechtsgewohnheiten, die das königliche Vorgehen als Anschlag auf die sächsische Freiheit verstehen ließen. Die von Heinrich III. noch ausgebaute Bedeutung Sachsens als Zentralraum herrscherlicher Präsenz wurde unter Heinrich IV. nicht mehr als bevorzugte Königsnähe, sondern als Belastung empfunden: Sachsen, so hieß es, sei wegen der häufigen königlichen Aufenthalte und der dabei zu leistenden Versorgung des Hofes geradezu die „Küche" des Reichs geworden.

Weitere Klagen richteten sich gegen die konkrete Herrschaftspraxis des Königs in Sachsen, die auch keine Besonderheit königlicher Herrschaft darstellte, sondern den allgemeinen Tendenzen der Zeit folgte. Dass der König in großem Stil neuartige Höhenburgen errichten ließ, schürte Misstrauen und Ängste. Besonderen Anstoß erregte, dass die königlichen Burgen nicht mit lokalen Herrschaftsträgern, sondern mit königlichen Gefolgsleuten aus Schwaben und anderen Regionen besetzt wurden. Zunehmend kamen auch Dienstleute zum Einsatz, die nicht adeliger Herkunft waren. Solche Ministerialen waren im 11. Jahrhundert zu Spezialisten in der Verwaltung, am Hof des Königs, der Bischöfe und Fürsten und besonders im militärischen Dienst geworden. Von unfreiem Stand, hatten sie nicht nur wegen ihrer jeweils speziellen Kenntnisse und Fähigkeiten, sondern oft auch aufgrund persönlicher Nähe zum Herrn einen sozialen Aufstieg erlebt, der ihnen Handlungsfelder erschloss, auf denen sie mit dem Adel konkurrierten. Den Einsatz solcher Dienstmannen empfand man als Herabwürdigung der Sachsen, die nichtsächsische Herkunft auch der adeligen Gefolgsleute des Königs als Fremdherrschaft. Auch Maßnahmen, die der Integration dieser königlichen Mannschaften in ihre sächsische Umgebung dienen sollten, erzielten in einem von Misstrauen geprägten Klima gegenteilige Wirkung: Die vom König veranlasste Verheiratung seiner Dienst- und Gefolgsleute, auch derjenigen freier oder adeliger Abkunft, mit Töchtern sächsischer Adelsfamilien wurde zumindest in der polemisch verzerrten Darstellung

Lamperts oder Brunos als Entführung oder Vergewaltigung und Schmähung der sächsischen Ehre gebrandmarkt. Sicher wird es immer wieder zu Übergriffen vor allem aus den Reihen der Burgbesatzungen gegen die Landbevölkerung und vielleicht auch gegen adelige Familien gekommen sein; ob solche Vorfälle in Sachsen aber über das Maß der zeittypischen Begleiterscheinungen gesteigerter Herrschaftsausübung hinausgingen, lässt sich angesichts der parteiischen Voreingenommenheit der Chronisten, die aus der Erfahrung eskalierender Konflikte und Kampfhandlungen schrieben, nicht mehr feststellen.

c) Der Verlauf des Konfliktes

Nachdem eine Gruppe sächsischer Großer mit Otto von Northeim an der Spitze vergeblich versucht hatte, beim König Gehör für die sächsischen Klagen zu finden, kam es zum Aufstand, der den Salier völlig überraschte. Auf der Harzburg wurde Heinrich von den Aufständischen eingeschlossen; nachdem ihm die Flucht gelungen war, suchte der König vergeblich Unterstützung bei den übrigen Fürsten. Allein Papst Gregor VII. fand sich bereit, die Sachsen zum Frieden und zur Wahrung ihrer dem König beschworenen Treue anzuhalten. Schutz fand Heinrich in dieser Situation bei den Bürgern der Stadt Worms, die ihren Stadtherrn, den Bischof, vertrieben hatten und zum Dank für ihre Unterstützung vom König mit einem Zollprivileg ausgestattet wurden.

Von Worms aus zog Heinrich mit den Kontingenten einiger Bischöfe gegen die Sachsen, ohne aber eine militärische Entscheidung herbeiführen zu können. In Gerstungen wurde ein Friede abgeschlossen, der den König dazu verpflichtete, seine Burgen in Sachsen zu schleifen. Ein Exzess sächsischer Bauern wendete dann das Blatt zu Gunsten des Herrschers: Bei der Niederlegung der Harzburg wurden die Gräber von Angehörigen der Königsfamilie geschändet; das erregte großes Aufsehen und brachte die süddeutschen Fürsten und viele Bischöfe, die sich ebenfalls dem König entfremdet hatten, wieder auf die Seite Heinrichs, während die Front der sächsischen Gegner auseinander brach. Am 9. Juni 1075 wurde ein Bauernheer aus Sachsen und Thüringern unter Führung Ottos von Northeim bei Homburg an der Unstrut vom Aufgebot des Königs und der Fürsten vernichtend geschlagen. Wiederum verweigerte der König eine milde Behandlung der Gegner nach den älteren Gewohnheiten der Konfliktführung: Die Anführer wurden auf unbestimmte Zeit in Haft genommen, nicht nur ihre Lehen, sondern auch ihre Eigengüter wurden eingezogen.

Nach dem Sieg über die Sachsen konnte der König einen weiteren Erfolg verbuchen: Zu Weihnachten 1075 verpflichteten sich die Fürsten in Goslar, keinen anderen als Heinrichs im Jahr zuvor geborenen Sohn Konrad zum König zu wählen. Gleichzeitig erfolgte die Aussöhnung mit Otto von Northeim, der zwar nicht wieder in sein bayerisches Herzogtum eingesetzt wurde, aber offensichtlich in Sachsen an Stelle des weiter in Haft gehaltenen Herzogs Magnus Billung die Führungsrolle übernehmen sollte. Die Autorität des Königs in Sachsen schien damit widerhergestellt, die salische Königsherrschaft auch für die Zukunft gesichert, als die Eskalation des Konfliktes mit Papst Gregor VII. die Dinge dramatisch wendete. Auf einen Schlag wurde klar, dass die Erfolge des Königs oberflächlich geblieben waren und die Missstimmung über seine Herrschaftsführung nicht hatten überwinden können, die nicht nur unter den Sachsen, sondern auch bei den süddeutschen Fürsten herrschte.

2. Heinrich IV. und Gregor VII.

a) Aspekte der Forschungsgeschichte

„Nach Canossa gehen wir nicht": Mit diesem Ausspruch, der während des so genannten Kulturkampfes jede Nachgiebigkeit gegenüber der katholischen Kirche ausschließen sollte, hatte Bismarck die Perspektive bestimmt, unter der eine deutschnational ausgerichtete Geschichtsschreibung bis weit ins 20. Jahrhundert hinein den Konflikt zwischen Heinrich IV. und Gregor VII. dargestellt hat. Die Buße Heinrichs vor Canossa erschien unter diesem Blickwinkel als Demütigung des deutschen Königs durch den Papst; zu diskutieren blieb allein, ob Heinrich IV. sich vor Canossa dem Machtanspruch Gregors VII. gebeugt oder ob der König durch taktisches Verhalten einen politischen Erfolg erzielt hatte.

In weiterem Rahmen ist der Konflikt zumeist als Machtkampf zwischen Papsttum und Kaisertum verstanden worden, allerdings nicht als ein bloß vordergründiger Streit um Vorrang und Herrschaft, sondern als Auseinandersetzung um das Verhältnis von weltlicher und geistlicher Macht und damit als grundlegendes Ringen um die rechte Ordnung in der Welt. Diese Perspektive gaben schon zeitgenössische Beobachter vor, die den Konflikt als Auseinandersetzung von *regnum* oder *imperium* und *sacerdotium*, von Königs- bzw. Kaisertum und Priestertum, bezeichneten. Welche von den beiden Gewalten den Sieg davongetragen hat, ist im Rahmen dieser Fragestellung nicht zweifelhaft: Mit dem Kampf Gregors VII. gegen Heinrich IV. trat das Papsttum an die erste Stelle der mittelalterlichen Weltordnung, während das Kaisertum in der Folge kontinuierlich an Bedeutung verlor.

In dieser ideengeschichtlichen Perspektive hat vor allem das Ereignis von Canossa weitreichende Konsequenzen nicht nur für das Verhältnis von Kaiser und Papst, sondern auch für die königliche Stellung des deutschen Herrschers. Durch die Maßnahmen des Papstes und vor allem durch die Bußleistung hat das Königtum nach verbreiteter Deutung seine sakrale Aura und seine sakrale Herrschaftslegitimation eingebüßt (s. Kap. II,3/IV,1,c). Im Kampf gegen die tradierte Rolle des Herrschers bei der Bischofserhebung bestritten die Reformer, dass Weihe und Salbung dem König eine Priestern und Bischöfen vergleichbare Würde verliehen. Der König wurde fortan als einfacher Laie aufgefasst; das schwächte nach dem weitgehenden Konsens der Forschung seine Stellung gegenüber der Kirche, vor allem gegenüber Papst und Bischöfen, entscheidend.

Neue Perspektiven hat der Beitrag von Rudolf Schieffer (1981) eröffnet, der erstmals gefragt hat, welche Rolle die vom Papst ausgesprochenen Investiturverbote im Konflikt mit dem König überhaupt gespielt haben. Nur vordergründig geht es dabei um die Berechtigung des Etiketts „Investiturstreit", das dem Konflikt zwischen König und Papst gemeinhin aufgeprägt wird. Schieffers Fragestellung eröffnet vielmehr die Möglichkeit, die Auseinandersetzungen nicht mit zwingender Konsequenz aus den Vorstellungen und Konzeptionen der Akteure herzuleiten, sondern konkreter zu verstehen, wie sich ein solcher Konflikt zunächst in den hergebrachten Zuordnungen und Konstellationen entwickeln konnte, unter welchen konkreten Bedingungen der Konflikt den vorgegebenen Rahmen sprengte und wie die verschiedenen Ereignisse im Zusammenhang der Auseinandersetzungen dazu beitrugen, dass neue Vorstellungen wirksam werden konnten und dass alte Selbstverständlichkeiten ihre Bedeutung verloren.

b) Der Ausbruch des Konfliktes

Nach dem Tod Alexanders II. im Jahr 1073 gelangte ein Mann auf den Stuhl des Papstes, der schon zuvor den Fortgang der Reformen maßgeblich beeinflusst hatte. Der römische Archidiakon Hildebrand wurde nicht nach den Bestimmungen des Papstwahldekrets gewählt, sondern noch während der Grablegung seines Vorgängers vom Volk unter Tumulten erhoben und anschließend von den Kardinälen und dem übrigen Klerus bestätigt. Über Herkunft und Bildung Hildebrands ist wenig bekannt: Während die Forschung zuletzt davon ausging, dass er vor seiner Tätigkeit für Gregor VI. und die Reformpäpste seit Leo IX. als Mönch in Rom lebte, ist Uta-Renate Blumenthal zu der älteren These zurückgekehrt, dass er Kanoniker, also Angehöriger einer Klerikergemeinschaft gewesen ist, die nicht nach der Mönchsregel des hl. Benedikt lebte.

In den Mittelpunkt seines Pontifikates stellte Gregor VII. die römische Kirche. Sie sah er als Gründung Christi an, und ihrem Bischof, den Papst, als Stellvertreter des Apostels Petrus. Gedankenwelt und Zielvorstellungen Gregors lassen sich aus der Niederschrift von Leitsätzen erkennen, die offensichtlich im März des Jahres 1075 als *Dictatus papae* (Diktat des Papstes) in das päpstliche Register eingetragen wurden. An der Übereinstimmung mit der römischen Kirche und dem Papst entschied sich demnach, wer als rechtgläubig gelten konnte. Jeder Papst sollte als heilig gelten aufgrund der Verdienste seines Vorgängers, des hl. Petrus. Gegenüber allen Bischofskirchen beanspruchte Gregor unmittelbare rechtliche Kompetenz für das Papsttum; der Papst sollte ohne Entscheidung einer Synode über Bischöfe urteilen können, seinen Legaten sollte der Vorrang vor allen Bischöfen zukommen. Mit gleicher Konsequenz wurde auch die Stellung des Papstes gegenüber der weltlichen Herrschaft definiert: Der Papst durfte auch Kaiser absetzen und die Untertanen eines Herrschers von ihrem Treueid lösen.

Nicht nur die letztgenannten Aussagen gingen weit über Vorgaben der kirchenrechtlichen Tradition hinaus; sie ergaben sich als letzte Konsequenz aus dem Anspruch der exklusiven Nähe zu Christus und dem Apostel Petrus, den Gregor VII. vertrat. Das bedeutet allerdings nicht, dass es sich beim *Dictatus* um ein ausgefeiltes Programm handelte, das der Papst konsequent in die Praxis umzusetzen versuchte. Es gibt jedenfalls keine Anzeichen dafür, dass Gregor VII. etwa zur Durchsetzung dieser Vorstellungen den Konflikt mit dem deutschen König gesucht hätte. Im Gegenteil schien sich das Verhältnis zwischen Papst und König am Beginn von Gregors Pontifikat sogar zu bessern, nachdem noch unter Alexander II. fünf königliche Ratgeber exkommuniziert worden waren.

Entzündet hatte sich dieser Konflikt an der gegensätzlichen Parteinahme von König und Papst in Auseinandersetzungen, die seit langem die Mailänder Kirche erschütterten. Dort hatten sich Stadtbürger und Angehörige des niederen Lehnsadels, die Valvassoren, in der Bewegung der Pataria zusammengeschlossen, um gegen den Bischof und seine unmittelbaren Lehnsleute, die Kapitane, Mitwirkungsrechte beim Stadtregiment zu erkämpfen. Unter ihren Anführern Landulf († 1066) und Erlembald († 1075) verband diese Bewegung ihre sozialen und politischen Forderungen mit einem radikalen Eintreten für die Ziele der Kirchenreform. Mit päpstlicher Unterstützung wurde im Jahr 1072 ein Kandidat der Pataria, der Kleriker Atto, zum Erzbischof gewählt. Atto konnte sich aber ebenso wenig in der Stadt durchsetzen wie Gottfried, ein Kleriker aus der alten Führungsschicht, den Heinrich IV. schon zwei Jahre zuvor investiert hatte, nachdem Erzbischof Wido (1054–1071) sein Amt aufgegeben hatte. Als der König seinen

Kandidaten im Jahr 1073 zum Bischof weihen ließ, reagierte Papst Alexander II. mit der Exkommunikation der königlichen Ratgeber.

Durch den sächsischen Aufstand bedrängt, zeigte Heinrich in einem Brief an den neuen Papst Reue und versprach, sich in der Zukunft nicht mehr simonistisch zu verhalten. Gregor setzte daraufhin wohl einige Hoffnung in die Zusammenarbeit mit dem Salier: Kurzfristig fasste er sogar den Plan, den König mit der stellvertretenden Leitung der Kirche zu betrauen, während er selbst mit einem Heer ins Heilige Land ziehen wollte. Eine deutsche Reformsynode, die unter der Leitung päpstlicher Legaten stattfinden sollte, wurde nicht vom König, sondern vom Episkopat verhindert, der sich durch die päpstlichen Ansprüche zunehmend bedroht fühlte. Erst nach dem Sieg über die Sachsen vollzog Heinrich eine überraschende Kehrtwendung: Nachdem der Anführer der Mailänder Pataria im Kampf getötet worden war, griff der König erneut in die Auseinandersetzungen ein und ernannte den Hofkaplan Tedald zum Erzbischof (1075–1085). Wurden schon mit diesem Schritt die päpstlichen Ansprüche einfach ignoriert, so musste es geradezu wie eine Provokation wirken, dass Heinrich auch in Fermo und Spoleto, in Bistümern, die zum Metropolitanbezirk des Papstes gehörten, neue Bischöfe einsetzte. Der Papst reagierte mit einem harten Schreiben, das nicht nur die königlichen Maßnahmen zurückwies, sondern dem König auch vorwarf, sich trotz anders lautender Versprechungen nicht von seinen exkommunizierten Ratgebern getrennt zu haben. Der Umgang mit Exkommunizierten zog nach kirchlichem Recht ebenfalls die Exkommunikation nach sich: diese Warnung ließ Gregor dem König mündlich übermitteln.

Das päpstliche Schreiben vom 8. Dezember 1075 forderte vom König in unmissverständlicher Weise Gehorsam; Heinrich reagierte darauf mit einer radikalen Kampfansage. Auf einer Synode, die am 24. Januar 1076 in Worms zusammentrat, kündigten die versammelten Bischöfe dem Papst den Gehorsam auf und rechneten grundsätzlich mit seiner Amtsführung ab. In einem eigenen Schreiben, das in zwei Fassungen verbreitet wurde, schloss sich der König dem Urteil der Bischöfe an und forderte den Papst auf, vom Stuhl des Apostelfürsten Petrus herabzusteigen. In der nach Rom gesandten Fassung berief der König sich besonders auf sein Amt als Patricius; in der in Deutschland verbreiteten Version vollzog Heinrich einen noch engeren Schulterschluss mit den Bischöfen, indem er sich in die Reihe der „Gesalbten des Herrn" stellte, gegen die der Papst zu Unrecht vorgegangen sei (s. **Quelle**).

Tatsächlich spielten die Reichsbischöfe einen wichtige Rolle beim Zustandekommen der folgenschweren Wormser Absage an den Papst. Sicher hatten sie den König nicht gegen seinen Willen in den Kampf gegen Gregor VII. getrieben: 13 deutsche Bischöfe waren der Wormser Versammlung fern geblieben, und von den 24 Bischöfen und zwei Erzbischöfen, die in Worms zusammengekommen waren, mag der eine oder andere die Skrupel Bischof Hermanns von Metz geteilt haben, der das Absageschreiben unterzeichnete, aber seine Vorbehalte in einem Brief an den Papst formulierte. Die in Worms formulierten Absagen gaben aber auch einer Stimmung Ausdruck, die sich in weiten Teilen des deutschen Episkopats verbreitet hatte und die gegen den seit dem Pontifikat Alexanders II. verstärkten Zuständigkeits- und Machtanspruch des Papsttums gerichtet war.

Meldungen von einem am Weihnachtsfest auf den Papst verübten Attentat mögen die Bischöfe und den König zu ihrem Vorgehen ermuntert haben; sie konnten sich auch weitgehender Zustimmung ihrer oberitalienischen Amtskollegen sicher sein, die ebenfalls gegen die päpstlichen Leitungsansprüche Front machten. Die unerwartete Reaktion des Papstes änderte die Situation dramatisch: Auf der Fastensynode in Rom im gleichen Jahr verkündete Gregor die Absetzung des Königs, sprach über ihn die Exkommunikation aus und löste seine Untertanen vom Treueid (s. **Quelle**). Vor allem diese Maßnahme war geeignet, die Grundlagen der königlichen Herrschaft im weltlichen Bereich zu erschüttern, während die Exkommunikation des Königs die einheitliche Front der Bischöfe zerstörte. Nur wenige waren weiterhin bereit, sich offen gegen den Papst zu stellen; die Mehrzahl verhielt sich abwartend, während einzelne schon bald einen Ausgleich mit Gregor suchten.

Absageschreiben Heinrichs IV. an Gregor VII., 2. Fassung
Quellen zur Geschichte Kaiser Heinrichs IV., übers. von F.-J. Schmale (FSGA, A, Bd. 12) Darmstadt 1968, S. 65–69.

Heinrich nicht durch Anmaßung, sondern durch Gottes gerechte Anordnung König, an Hildebrand, nicht mehr den Papst, sondern den falschen Mönch. ...
... du scheutest dich nicht nur nicht, die Lenker der heiligen Kirche, nämlich Erzbischöfe, Bischöfe und Priester, die doch Gesalbte des Herrn sind, anzutasten, nein, wie Knechte, die nicht wissen, was ihr Herr tut, zertratest du sie unter deinen Füßen und gewannst dir dabei die Zustimmung aus dem Mund des Pöbels ... So steige du denn, der du durch diesen Fluch und das Urteil aller unserer Bischöfe und unser eigenes verdammt bist, herab, verlasse den apostolischen Stuhl, den du dir angemaßt hast. Ein anderer steige auf den Thron des heiligen Petrus, einer, der Gewalttat nicht mit Frömmigkeit bemäntelt, sondern die reine Lehre des heiligen Petrus lehrt. Ich, Heinrich, durch die Gnade Gottes König, sage dir zusammen mit allen meinen Bischöfen: Steige herab, steige herab!

Absetzung und Bannung Heinrichs IV. durch Gregor VII. (überliefert in Brunos Buch vom Sachsenkrieg)
Quellen zur Geschichte Kaiser Heinrichs IV., übers. von F.-J. Schmale (FSGA, A, Bd. 12) Darmstadt 1968, S 289.

Heiliger Petrus, Fürst der Apostel, neige, wir bitten dich, gnädig dein Ohr und erhöre mich, deinen Knecht, den du von Kindheit an genährt und bis auf den heutigen Tag aus der Hand der Sünder gerettet hast, die mich um deiner Treue willen hassten und noch hassen ... Und daher glaube ich, dass es dir in deiner Gnade und nicht um meiner Werke willen gefallen hat und noch gefällt, dass das christliche Volk, das dir ganz besonders anvertraut ist, mir gehorcht, weil es mir als deinem Stellvertreter ebenfalls ausdrücklich anvertraut ist, und dass mir um deinetwillen von Gott Gewalt gegeben ist, zu binden und zu lösen, im Himmel und auf Erden ... kraft deiner Gewalt und Vollmacht spreche ich König Heinrich, des Kaisers Heinrich Sohn, der sich gegen deine Kirche mit unerhörtem Hochmut erhoben hat, die Herrschaft über Deutschland und Italien (*totius regni Teutonicorum et Italiae gubernacula*) ab, und ich löse alle Christen vom Eid, den sie ihm geleistet haben oder noch leisten werden, und untersage, ihm fürderhin als König zu dienen.

c) Canossa

Besonders kritisch wurde die Situation für den König, weil jetzt auch seine sächsischen Gegner sich wieder erhoben. Nach einer Niederlage Heinrichs vereinigten sich die Sachsen mit den süddeutschen Fürsten, die sich zunächst abwartend verhalten hatten. Während die Gegner des Königs im Oktober 1076 in Tribur berieten, lagerte Heinrich mit seinen Anhängern bei Oppenheim auf der gegenüberliegenden Rheinseite. Nach langen Verhandlungen musste der König versprechen, in Zukunft dem Papst Gehorsam zu leisten, und damit sein Absageschreiben von Worms widerrufen. Die Fürsten verpflichteten sich gegenseitig durch Eid, den König nicht mehr anzuerkennen, sofern er nicht bis zum Jahrestag des päpstlichen Spruchs die Aufhebung der Exkommunikation erlange. Der Papst wurde eingeladen, den Streit in Deutschland zu entscheiden; für den 2. Februar des folgenden Jahres wurde eine Versammlung nach Augsburg einberufen, auf der über die Neuwahl des Königs beraten werden sollte. Um der Reise des Papstes zuvorzukommen, zog Heinrich noch im Winter über die Alpen; am 25. Januar 1077, dem Tag, an dem die Kirche die Bekehrung des Verfolgers Saulus zum Apostel Paulus feierte, stand der König barfuß und im Büßergewand vor der Burg der Markgräfin Mathilde von Canossa, die mit ihrer Mutter Beatrix und der Kaiserin Agnes zu den entschiedensten Anhängern Gregors gehörte. Das Bußritual wiederholte sich an den beiden folgenden Tagen, bevor Gregor den König vom Bann löste und ihm den Friedenskuss gewährte. Anschließend feierten beide gemeinsam die Messe.

Exkommunikation und Buße Heinrichs IV. bilden eine Ereignisfolge ohne Vorbild in der Kirchengeschichte. So empfanden es schon die Zeitgenossen und die nachfolgenden Generationen: Auf die Nachricht von der Exkommunikation des Königs hin „erzitterte die ganze römische Welt", so gab der Gregorianer Bonizo von Sutri († 1091) zu Protokoll, und mehr als ein halbes Jahrhundert später bekannte der Bischof und Chronist Otto von Freising († 1158), er lese „wieder und wieder die Geschichte der römischen Könige und Kaiser", ohne vor Heinrich auch nur einen zu finden, der vom Papst exkommuniziert oder abgesetzt worden sei. Neu war nicht, dass ein König sich der kirchlichen Bußpraxis unterwarf; das hatte schon der spätantike Kaiser Theodosius (379–395) getan, und nicht zuletzt die Bußleistungen Heinrichs III. hatten demonstriert, dass der König als Büßer auftreten konnte, ohne seine herrscherliche Autorität einzubüßen oder die besondere sakrale Würde des Königtums dadurch zu beschädigen. Ohne Vorbild war aber, dass der Papst das Instrument der Exkommunikation einsetzte, um den König zum Gehorsam zu zwingen, und dass dieser durch die Bußleistung den päpstlichen Anspruch anerkannte.

Warum Heinrich diesen Schritt tat, lässt sich leicht erklären: Durch die päpstliche Rekonziliation gewann er seine Handlungsfähigkeit zurück, und der geplanten Neuwahl wurden die Voraussetzungen entzogen. Weniger klar ist die Motivation des Papstes: Er hatte sicher nicht nur aus priesterlicher Verantwortung gegenüber einem reuigen Sünder gehandelt, wie es päpstliche Schreiben an die deutschen Fürsten reklamierten. Wahrscheinlich hatte sich Gregor, wie es Egon Boshof formuliert, entschlossen, „es noch einmal mit Heinrich zu wagen" (Die Salier, S. 230). Dazu dürften hochrangige Vermittler beigetragen haben, die sich beiden Seiten verpflichtet fühlten, allen voran Markgräfin Mathilde und Abt Hugo von Cluny (1049–1109), der Taufpate des Königs. Der Papst hielt sich jedenfalls in den folgenden Jahren an die Vereinbarungen und verfolgte weiter die Absicht, selbst in Deutschland den Streit zwischen Heinrich und seinen Gegnern zu entscheiden. Die Unterwerfung unter diesen Spruch und sicheres Geleit hatte ihm der König in Canossa versprechen müssen.

d) Der Fortgang des Konfliktes bis zum Tod Gregors VII.

Gregor VII. hat sich in den folgenden Jahren zunächst abwartend verhalten. Als eine kleine Gruppe von Fürsten unter Mitwirkung des päpstlichen Legaten den Schwabenherzog Rudolf von Rheinfelden am 15.03.1077 zum König wählte, unterstützte Gregor ihn nicht. Der Papst wollte selbst die Entscheidung zwischen den beiden Kontrahenten treffen, doch die beabsichtigte Reise nach Deutschland wurde nicht zuletzt vom Salier immer wieder verzögert. Zum endgültigen Bruch mit Heinrich kam es erst, als dieser vom Papst ultimativ verlangte, Rudolf zu exkommunizieren (1080). Offenbar fühlte sich der König stark genug, Gregor zu brüskieren und unverhohlen mit der Einsetzung eines eigenen Papstes zu drohen. Gregor antwortete darauf mit der erneuten Bannung des Königs, wieder in der Form eines dramatischen Gebetes. Wieder erklärte der Papst die Absetzung des Königs und die Eidlösung für seine Untertanen, wobei er behauptete, diese Maßnahmen in Canossa gar nicht zurückgenommen zu haben. Zugleich beanspruchte der Papst das Recht, entsprechend seiner Binde- und Lösegewalt auch über Königtümer zu verfügen, und entschied den Streit um das Königtum zu Gunsten Rudolfs. Dabei bezog sich Gregor wie schon gegenüber Heinrich auf das deutsche Königreich (*regnum Teutonicorum*), um italienische Herrschaftsansprüche des Königs offensichtlich gar nicht erst zu erwähnen. In Deutschland fand der vom Papst propagierte Begriff eines „Reichs der Deutschen“ wenig Resonanz; die königliche Kanzlei griff vielmehr seit Heinrich V. auf den schon unter Heinrich II. gelegentlich bezeugten Titel des *Rex Romanorum* zurück, um die Ansprüche auf die Herrschaft in Italien und das Kaisertum zum Ausdruck zu bringen.

Gregors Vorgehen veranlasste seine Gegner im deutschen und lombardischen Episkopat zu geschlossenem Handeln. Ein Synode in Brixen verurteilte den Papst und forderte ihn auf, sein Amt aufzugeben. Mit Rücksicht auf die kirchenrechtliche Problematik einer Papstabsetzung (s. Kap. IV,3,b) wurde noch kein neuer Papst erhoben, sondern nur ein Kandidat nominiert: Wibert, der ehemalige Kanzler Heinrichs IV., der 1078 von Gregor als Erzbischof von Ravenna abgesetzt und 1080 exkommuniziert worden war. Schon im April 1081 zog Heinrich IV. nach Italien, um dort eine Entscheidung herbeizuführen. Verhandlungen mit dem Papst scheiterten, weil der König zu keiner erneuten Bußleistung bereit war. Militärischen Rückhalt für Gregor VII. bot im wesentlichen Mathilde von Canossa, während der Normanne Robert Guiskard († 1085) seine Absichten auf Byzanz gerichtet hatte. Erst nach mehreren erfolglosen Versuchen zur Eroberung Roms konnte der König die Leostadt mit St. Peter besetzen. Die Tore der antiken Stadt öffnete ihm schließlich die Stadtbevölkerung, die Gregors unversöhnliche Haltung nicht mittragen wollte. Am 21. März 1084 konnte der König feierlichen Einzug halten, unmittelbar darauf wurde eine Synode eröffnet, die Gregor VII., der sich in der Engelsburg verschanzt hatte, als Majestätsverbrecher absetzte und exkommunizierte. Auch 13 Kardinäle beteiligten sich an der Wahl Wiberts, der am Palmsonntag als Clemens III. (1080–1100) zum Papst erhoben wurde und am Ostersonntag die Kaiserkrönung vollzog; gemeinsam mit Heinrich IV. wurde seine Gemahlin Berta gekrönt.

Die folgenden Jahre sahen den Kaiser auf dem Höhepunkt seiner Macht in Italien, auch wenn er Rom gegen die zur Unterstützung Gregors VII. gekommenen Normannen nicht halten konnte. Die Plünderungen und gewalttätigen Übergriffe seiner Helfer brachten die Römer aber vollends gegen Gregor VII. auf, der mit den Normannen Rom verlassen musste und in Salerno Zuflucht fand. Hier starb der Papst im Jahr 1085, bis zuletzt von der Berechtigung seines Kampfes überzeugt. „Ich habe die Gerechtigkeit geliebt und gottloses Wesen gehasst; deshalb sterbe ich in der Verbannung": Diese Worte, der Überlieferung nach die letzten Gregors VII., zeugen nicht von Resignation, sondern deuten das kurzfristige machtpolitische Scheitern des Papstes als Bestätigung seiner heilsgeschichtlichen Sendung.

3. König, Fürsten und Kirchenreformer: Die Entwicklung im Reich

a) Die Entwicklung bis zum Tod Heinrichs IV.

In Deutschland waren nach Canossa nur noch wenige Fürsten bereit, den Kampf gegen den wieder in die Kirchengemeinschaft aufgenommenen Heinrich IV. weiterzuführen und an den Plänen für eine Neuwahl des Königs festzuhalten. Im März 1077 wurde in Forchheim Rudolf von Rheinfelden, der Schwager des Saliers, zum König erhoben (1077–1080). Obwohl er sich zunächst militärisch gegen Heinrich IV. behaupten konnte, blieb der Wirkungsraum des neuen Königs auf Ostsachsen beschränkt. Schon 1080 wurde Rudolf in einer Schlacht tödlich verwundet; zu seinem Nachfolger wurde auf Betreiben des päpstlichen Legaten der Lothringer Hermann von Salm (1081–1088) gewählt, der aber trotz einiger militärischer Erfolge in Sachsen keine größere Bedeutung erlangte und sich im Jahr 1088 in seine lothringische Heimat zurückzog. Mit dem Tod Hermanns in einer Fehde mit adeligen Gegnern endete der erste Versuch, das salische Königtum durch ein von den Fürsten und der kirchlichen Reformpartei getragenes Königtum zu ersetzen.

Im Jahrzehnt nach Canossa hat sich Heinrich IV. als König behauptet; nach dem Tod Ottos von Northeim im Jahr 1083 fehlte den sächsischen Gegnern der Anführer. Der Kampf gegen den König wurde in der Folge vor allem von süddeutschen Fürsten getragen, allen voran Welf IV., der zunächst als Gefolgsmann Heinrichs die Nachfolge Ottos im bayerischen Herzogtum angetreten, sich aber schon bald gegen den König gestellt hatte. Wie Rudolf von Rheinfelden und Berthold von Kärnten wurde der Welfe nach der Forchheimer Königswahl von Heinrich abgesetzt. Kärnten vergab der Salier an Markgraf Liutold aus der Familie der Eppensteiner, Schwaben erhielt im Jahr 1079 Pfalzgraf Friedrich I. von Staufen, der zugleich mit Heinrichs Tochter Agnes verlobt wurde.

Weltliche Gegner Heinrichs IV.
Rudolf von Rheinfelden, Herzog von Schwaben, König 1077, † 1080
Berthold von Rheinfelden, Herzog von Schwaben, † 1092
Otto von Northeim, † 1083
Welf IV., Herzog von Bayern, † 1101
Mathilde, Markgräfin von Canossa und Tuszien, † 1115
Berthold I. von Zähringen, Herzog von Kärnten, † 1078
Berthold II. von Zähringen, 1092 Herzog von Schwaben, † 1111
Hermann von Salm, König 1081, † 1088

Weltliche Fürsten an der Seite Heinrichs IV.
Friedrich I. von Staufen, Herzog von Schwaben 1079–1105
Liutold von Eppenstein, Markgraf, Herzog von Kärnten 1077–1090
Wratislaw II., Herzog (1085 König) von Böhmen 1061–1092

Durch die Herzogserhebung und die Eheverbindung mit der Königsfamilie rückten die Staufer in die erste Reihe der Herrschaftsordnung; an der Seite der Salier und schließlich als deren Erben erlebten sie in den folgenden Jahrzehnten ihren weiteren Aufstieg. Die Wirksamkeit des neuen Herzogs in Schwaben blieb allerdings auf seinen eigenen und den salischen Besitz beschränkt; gegen den Staufer behaupteten sich die Zähringer, die das Erbe Rudolfs von Rheinfelden und seines zunächst als Herzog agierenden Sohnes Berthold antraten, sowie die Welfen, die ebenfalls einen Herrschaftsschwerpunkt in Schwaben hatten. Zu den wichtigsten Gefolgsleuten des Kaisers gehörte der böhmische Herzog Wratislaw II. († 1092), der im Jahr 1085 auf einer Synode in Mainz zum König von Böhmen erhoben wurde.

Obwohl nach dem Tod Hermanns kein neuer Gegenkönig erhoben wurde, wendete sich die Situation dramatisch gegen Heinrich, als Welf IV. eine enge Verbindung mit Mathilde von Canossa einging. Welfs erst 17-jähriger Sohn Welf V. († 1120) heiratete 1089 die 43-jährige Markgräfin, die sich als entschiedenste Anhängerin Gregors VII. und seiner Nachfolger gegen die salische Herrschaft in Oberitalien behauptete. Damit hatte sich ein strategisch bedeutsamer, über die Alpen hinweggreifender Machtkomplex gebildet, gegen den Heinrich in Oberitalien mit wechselndem Erfolg operierte. Nach einer Niederlage des Kaisers bei Canossa (1092) erhoben sich erstmals oberitalienische Städte gegen seine Herrschaft; als sich dann auch noch Konrad, der ausersehene Thronfolger, im Jahr 1093 vom Vater lossagte und in Mailand zum italienischen König gekrönt wurde, geriet Heinrich in eine bedrohliche Situation. In seiner Bewegungsfreiheit etwa auf einen Raum zwischen Padua und Venedig beschränkt, konnte er weder im Reich noch in Italien Einfluss auf die politischen und kirchlichen Entwicklungen nehmen.

Seine Handlungsfähigkeit gewann der Kaiser erst wieder zurück, als sich Welf IV. zum Ausgleich bereit fand. Im Jahr 1095 verließ dessen Sohn Welf V. seine Gemahlin Mathilde, angeblich, ohne die Ehe mit ihr vollzogen zu haben. Vielleicht hatten persönliche Gründe den Ausschlag gegeben; ob dieser Schritt des jungen Welfen aber entscheidend auf den Schwenk des Vaters einwirkte oder vielleicht sogar erst möglich wurde, weil Welf IV. sich schon vorher zur Annäherung an den Kaiser entschlossen hatte, bleibt unklar. Es lässt sich auch nicht sicher feststellen, welche Rolle beim Zustandekommen und bei der Auflösung der Verbindung zwischen den Welfen und Mathilde die Hoffnung auf deren oberitalienisches Erbe spielte. Als Vermittler zwischen dem Kaiser und Welf IV. trat jedenfalls dessen inzwischen etwa hundertjähriger Vater, der Otbertiner Albert Azzo II. († 1097), auf; 1096 oder 1097 erhielt Welf sein bayerisches Herzogtum zurück, im Jahr 1098 sicherte Heinrich ihm die Nachfolge eines seiner Söhne in der Herzogswürde zu.

In den folgenden Jahren konnte Heinrich IV. seine Herrschaft im Reich weiter festigen; den Höhepunkt des neuen Zusammenwirkens von König und Fürsten stellt der Reichsfrieden dar, der im Jahr 1103 verkündet wurde und 40 Jahre gelten sollte. Obwohl durch königliche Autorität gewährleistet, lässt sich dieser Frieden nicht in die Kontinuität der Friedensgebote Heinrichs III. (s. Kap. IV,1,d) stellen. Das salische Königtum gewann vielmehr Anschluss an eine Entwicklung, die in der Tradition der Gottesfriedensbewegung des Westens (s. Kap. IV,1,d) stand und die in der Zeit schwacher oder fehlender königlicher Präsenz vor allem von Bischöfen und Fürsten aufgegriffen worden war. Nachdem kaisertreue Bischöfe auf Synoden in Köln (1083) und Mainz

(1085) Gottesfrieden verkündet hatten, die für weite Teile des Reichs gelten sollten, übernahmen in den folgenden Jahren die weltlichen Fürsten in ihren Herrschaftsbereichen die Initiative. Im Jahr 1093 waren es die zu Heinrich in Opposition stehenden süddeutschen Fürsten, die Friedensabschlüsse für einzelne Provinzen des Reichs initiierten; in Schwaben wurde dabei sogar der vom König eingesetzte Herzog, der Staufer Friedrich, vom Frieden ausgenommen. Auch der Reichsfrieden von 1103 ging von einzelnen **Landfrieden** aus, die auf das Reich ausgedehnt wurden, und fand seine Fortsetzung in einem Frieden, der im folgenden Jahr von Herzog und Fürsten Schwabens beschworen wurde. Die Friedensabschlüsse sollten Fehde und Gewalt gegen Schwache und Schutzlose bekämpfen, Verstöße wurden mit schweren Körperstrafen geahndet. Diese Sanktionen und ihre Garantie durch weltliche Gewalten stellten eine Neuerung gegenüber dem überlieferten Recht dar, nach dem auch Gewaltdelikte durch Kompensationsleistungen, vor allem Geldbußen, ausgeglichen wurden. Reichsfrieden und Landfrieden bildeten damit einen wichtigen Schritt zur Ablösung des frühmittelalterlichen Bußensystems durch das Strafrecht.

Landfrieden
Dies ist ein Begriff des Spätmittelalters, der von der Forschung auf hochmittelalterliche Friedensschlüsse übertragen wurde. Der Begriff des „Landes“ suggeriert allerdings Verbindungen zur späteren Entwicklung der fürstlichen Herrschaft zur Landesherrschaft, die als Herrschaft über ein bestimmtes Territorium verstanden wird. Bedingungen und zeitlicher Rahmen dieser Entwicklung werden in der Forschung differenziert und kontrovers diskutiert; mit Rücksicht darauf werden die salischen Friedensschlüsse auch als Provinzialfrieden bezeichnet, um den problematischen Begriff des „Landes“ zu vermeiden.

Schon ein Jahr später, 1104, zerbrach die im Reichsfrieden wirksam gewordene Gemeinschaft von König und Fürsten endgültig. An die Spitze einer neuen Erhebung gegen Heinrich IV. trat dessen schon im Jahr 1099 zum König gewählter und gekrönter Sohn Heinrich V., obwohl er bei seiner Wahl mit einem Eid versprochen hatte, nichts gegen Leben und Sicherheit des Vaters zu unternehmen und sich nicht gegen dessen Willen in die Angelegenheiten der Königsherrschaft einzumischen. Eine erste militärische Konfrontation bei Regensburg wurde dadurch verhindert, dass die wichtigsten Gefolgsleute des Kaisers, der Babenberger Markgraf Leopold III. (1095–1136) und der Herzog von Böhmen, Boriwoi, zu Heinrich V. überliefen. Bevor es zur Entscheidung auf einer nach Mainz einberufenen Reichsversammlung kommen konnte, geriet der Kaiser 1105 in die Gewalt seines Sohnes und wurde gezwungen, diesem die Reichsinsignien auszuliefern und seinen Verzicht auf den Thron zu erklären. Noch in der Gefangenschaft kämpfte Heinrich IV. aber weiter um die Rückgewinnung der Herrschaft. Brieflich beklagte er seine Situation und suchte Unterstützung bei seinem Paten Hugo von Cluny und bei den Fürsten; gegenüber dem französischen König beschwor er die Solidarität der Könige. Als ihm schließlich 1106 die Flucht nach Lüttich gelang, bereitete der Kaiser den Kampf gegen seinen Sohn vor, bis er am 7. August desselben Jahres nach kurzer Krankheit verstarb.

b) König, Fürsten und Reich

Der Konflikt mit den Fürsten prägte die Herrschaft Heinrichs IV. und beendete sie schließlich. Man kann darin die Steigerung der schon unter Heinrich III. härter gewordenen Konflikte sehen (s. Kap. IV,1,e/V,1); auffällig ist aber, dass die schriftlichen Zeugnisse aus den Reihen der Gegner immer wieder die Person Heinrichs IV. in den Mittelpunkt ihrer Anklagen stellen. Der König wird als charakterlich verdorben, unzuverlässig, gewalttätig und ausschweifend beschrieben; eine besondere Rolle spielt dabei der Vorwurf ungezügelter und widernatürlicher Sexualität. Nicht nur die Sachsen wussten von sexuellen Übergriffen zu berichten, denen ihre Frauen und Töchter durch die Leute des Königs ausgesetzt waren; auch dem König selbst wurden Ehebruch und sexuelle Ausschweifungen jeglicher Art von Jugend an zur Last gelegt. Solche Vorwürfe wurden nicht nur schriftlich niedergelegt, sondern kursierten offensichtlich in weiten Kreisen. In den sexuellen Bereich zielten auch die Anklagen, die Heinrichs zweite Gemahlin Praxedis erhob, als sie den Kaiser im Jahr 1094 verließ und in die Obhut der Mathilde von Canossa flüchtete. Heinrich, dessen Ehe mit Bertha von Turin nach dem vergeblichen Scheidungswunsch offensichtlich bis zum Tod der Kaiserin im Jahr 1087 harmonisch verlaufen war, hatte die Tochter des Großfürsten von Kiew nach dem Tod ihres ersten Gemahls, des Grafen Heinrich von Stade († 1087), im Jahr 1089 geheiratet. Warum es schon bald zum Zerwürfnis zwischen den Eheleuten kam, bleibt unklar. Nach ihrer Flucht vom Kaiserhof wurde Praxedis offensichtlich für die anti-heinrizianische Propaganda instrumentalisiert; die von ihr vorgetragenen Anschuldigungen fügten sich in den Zusammenhang der schon länger umlaufenden Gerüchte und Anschuldigungen, ohne dass wir die Glaubwürdigkeit des Zeugnisses der Kaiserin und anderer Gewährsleute für das Privatleben des Kaisers beurteilen könnten.

Obwohl also von Heinrich IV. erheblich mehr persönliche Details überliefert sind als von seinen Vorgängern, bleibt es problematisch, ein Persönlichkeitsbild des Kaisers zu entwerfen. Denn die zeitgenössischen Berichterstatter waren nicht an der Individualität des Gegenübers im modernen Verständnis interessiert, sondern orientierten sich an überlieferten Mustern und Konventionen der Persönlichkeitsschilderung. Als hätte es die umlaufenden Vorwürfe nicht gegeben, kann deshalb der schon bald nach 1106 tätige Autor einer Lebensbeschreibung Heinrichs IV. den Kaiser als einen exemplarisch frommen und gerechten Herrscher darstellen. Auch die harten Anschuldigungen der Gegenseite sind durch den Parteistandpunkt verzerrt, weshalb es schwierig bleibt, den Gehalt der in den persönlichen Bereich zielenden Vorwürfe zu überprüfen. Unter solchen Vorbehalten bleibt aber der Eindruck bestehen, dass Heinrich schon aufgrund besonderer Züge seiner Persönlichkeit und vor allem wegen seines Verhaltens immer wieder Anstoß erregte, Konflikte auslöste oder verschärfte. Schwerer dürfte zu entscheiden sein, ob es sich dabei nur um Äußerungen eines übersteigerten Herrscherbewusstseins und um sprunghaftes, oft unbeherrschtes Verhalten handelte oder ob einzelne Exzesse dem Salier zu Recht angelastet wurden.

Weiter als die Frage nach der Persönlichkeit des Kaisers führt wohl die Feststellung, dass sein Verhältnis zu den Fürsten schon früh durch gegenseitiges Misstrauen gekennzeichnet war und dass während der ganzen Herrschaftszeit Heinrichs IV. eine Mehrheit der Fürsten dem Herrscher fern stand. Das mag schon darin begründet gewesen sein, dass Heinrich nicht, wie etwa sein Vorgänger, schon während der Herrschaftszeit des Vaters als zukünftiger König im Reich präsent sein und eine eigene Position innerhalb der Herrschaftsordnung einnehmen konnte. Die Kontrolle durch Anno von Köln und Adalbert von Bremen dürfte vielmehr verhindert haben, dass der junge König eigenständige Beziehungen zu den Mitgliedern der obersten adeligen Führungsschicht aufbauen konnte. Vielleicht erklärt sich schon daraus, dass Heinrichs Berater und engste Vertrauensleute vor allem aus einer anderen Gruppe kamen: Es waren häufig Angehörige des einfachen Adels und der ihrem Status nach immer noch unfreien Ministerialität (s. Kap. VI,1,b).

Es ist mehr als ein Zufall, dass sich noch die letzte, entscheidende Revolte gegen Heinrichs Herrschaft an einer Auseinandersetzung zwischen fürstlichem Adel und Ministerialität entzündete. Als im Jahr 1104 Graf Sigehard von Burghausen in Regensburg von Bürgern und Ministerialen erschlagen wurde, unternahm der Kaiser nichts, um die Schuldigen zu bestrafen. Dadurch brachte er die Standesgenossen des Getöteten gegen sich auf. Ein vergleichbarer Eklat hatte schon am Beginn der Auseinandersetzungen mit den Sachsen gestanden: Als eine Abordnung sächsischer Fürsten im Jahr 1073 nach der gemeinsamen Feier des Festes von Peter und Paul ihre Klagen beim König vorbringen wollte, ließ dieser sie wohl demonstrativ vor der Tür warten, während er ein Spiel mit einem Ministerialen weiterführte. Solche Vorfälle beschleunigten die Entfremdung zwischen dem König und den Fürsten, darunter auch solchen, die ihm verwandtschaftlich verbunden waren oder sogar von ihm ihre Herrschaftspositionen erhalten hatten.

Warum Heinrich schon 1072 auch in einen Konflikt mit seinem Schwager, dem Schwabenherzog Rudolf von Rheinfelden, geriet, lässt sich nicht mehr klären; möglicherweise hatte die Erhebung Welfs IV. zum Herzog von Bayern Hoffnungen Rudolfs und anderer süddeutscher Großer enttäuscht. Der Herzog wurde jedenfalls beschuldigt, einen Anschlag auf den König geplant zu haben, und konnte sich nur durch Vermittlung der Kaiserin Agnes, die eigens aus Rom zu einem Hoftag nach Worms kam, der Anklage entziehen. Zur gleichen Zeit ist wohl auch der Zähringer Berthold, der Herzog von Kärnten, beim König in Ungnade gefallen. Nach der Aussöhnung der Herzöge mit Heinrich am Palmsonntag 1073 dauerte es nicht lange, bis das bleibende Misstrauen zwischen dem König und den Fürsten durch einen neuen Vorfall beleuchtet wurde. Jetzt war es der König, der beschuldigt wurde, einige Vertraute zum Mord an den beiden Herzögen angestiftet zu haben. Die gemeinsame Strafexpedition von Fürsten und König gegen die Sachsen nach den Grabschändungen auf der Harzburg im Jahr 1075 und die Verpflichtung auf die Nachfolge des Königssohnes (s. Kap. VI,1,c) erscheinen in dieser Perspektive eher als ein Intermezzo; in den Monaten nach dem Bann Heinrichs durch Gregor VII. (s. Kap. VI,2,c) schlossen sich die süddeutschen Fürsten jedenfalls bald dem sächsischen Aufstand an.

Auf der Versammlung von Tribur (1076) gewann das gemeinsame Handeln der Fürsten gegenüber dem König eine neue Qualität (s. Kap. VI,2,c). Der Unmut über den Herrschaftsstil Heinrichs äußerte sich jetzt darin, dass die Fürsten nicht nur ihre traditionelle Teilhabe an den Entscheidungen des Königs einforderten, sondern dass sie eine eigene Verantwortung für das Reich wahrnahmen, die auch gegenüber dem König zur Geltung gebracht wurde. Vor allem die süddeutschen Fürsten waren zu der Überzeugung gelangt, dass der Salier nicht zu einer für sie akzeptablen Herrschaftspraxis finden würde; die letzte Konsequenz aus dieser Überzeugung war, dass man auch nach der Lösung des Königs vom Bann an der geplanten Neuwahl eines Königs festhielt. Die Wahl Rudolfs von Rheinfelden am 15. März 1077 in Forchheim verfolgte vor allem das Ziel, einen König zu erheben, der den Anforderungen gerecht würde, denen Heinrich nicht genügt hatte, und der vor allem seine Herrschaft im Konsens mit den Fürsten und unter Beachtung ihrer Ansprüche führen würde.

Der gewählte König musste darauf verzichten, seinen Sohn zum Nachfolger zu designieren, und das Prinzip der freien Königswahl anerkennen. Damit war erstmals in der Geschichte des ottonischen und salischen Königtums die freie Wahl des Königs durch die Fürsten mit grundsätzlichem Anspruch definiert worden. In dieser Perspektive war die Wahl von Forchheim nach den Königserhebungen Heinrichs II. und Konrads II. ein weiterer Schritt auf dem Weg zu einem Königswahlrecht, das sich allerdings auch in der Folgezeit nicht gradlinig weiterentwickelte. Dabei sind aber auch die situationsbezogenen Momente der Forchheimer Wahl nicht zu übersehen: Rudolfs Verzicht auf die Designation des eigenen Sohnes war wohl vor allem eine aktuelle Reaktion auf die Erfahrungen, die man mit dem salischen Königtum gemacht hatte. Daneben dürften Vorstellungen der kirchlichen Reformer von der freien Wahl und der notwendigen Eignung (Idoneität) eines kirchlichen Amtsträgers eine Rolle gespielt haben, denn außer den süddeutschen Fürsten und Otto von Northeim waren vor allem reformorientierte Bischöfe in Forchheim zusammengekommen.

c) Fürsten, Bischöfe und Kirchenreform

Rudolf von Rheinfelden wurde bei seiner Königswahl auch auf das wichtigste Ziel der kirchlichen Reformen verpflichtet: Die Vergabe der Bischofsstühle aufgrund freier kanonischer Wahl, d. h. nach den Bestimmungen des Kirchenrechts, und ohne Simonie. Schon vor dem Ausbruch des Konflikts zwischen König und Papst waren Bischöfe wie Hermann von Bamberg und Pibo von Toul, die sich durchaus selbst auf verschiedenen Feldern der Kirchenreform engagiert hatten, nicht zuletzt wegen ihrer Einsetzung durch Heinrich IV. und ihrer engen Zusammenarbeit mit diesem in das Visier reformorientierter Kreise geraten und der Simonie bezichtigt worden (s. Kap. V,3,a). Hatten zunächst nur wenige Bischöfe wie Gebhard von Salzburg und Altmann von Passau kompromisslos die Sache Gregors VII. vertreten, so nahm nach 1076 auch Erzbischof Siegfried von Mainz Stellung gegen den König. In den Reihen der sächsischen Opposition hatten schon zuvor Bischof Burchard von Halberstadt und Erzbischof Werner von Magdeburg eine führende Rolle gespielt. Die Verschärfung des Konflikts nach der zweiten Exkommunikation des Königs 1080 und der Erhebung des Gegenpapstes 1084 führte zu einer Spaltung der deutschen Kirche in verschiedene Obödienzen, weil beide Seiten jeweils die Bischöfe absetzten, die den gegnerischen Papst anerkannten, und eigene Kandidaten erhoben. Dabei hing es jeweils von den regionalen und lokalen Machtverhältnissen ab, welche Seite sich durchsetzen konnte; in manchen Bistümern wechselte die Obödienz mehrfach.

Gregorianische Bischöfe in Deutschland
Gebhard, Erzbischof von Salzburg 1060–1088
Altmann, Bischof von Passau 1065–1091
Siegfried I., Erzbischof von Mainz 1060–1084
Adalbero, Bischof von Würzburg 1045–1090
Hermann, Bischof von Metz 1073–1090
Werner, Erzbischof von Magdeburg 1063–1078
Burchard II., Bischof von Halberstadt 1059–1088

Zweifellos kam dem Engagement für die Reformen nicht nur bei den geistlichen, sondern auch bei den weltlichen Wählern Rudolfs besondere Bedeutung zu. Allerdings dürfte es zu weit gehen, den Kampf der Fürsten gegen den König vornehmlich als einen Kampf für die reformorientierte Kirche und das Reformpapsttum zu verstehen. Gerade in den Anfangsjahren Heinrichs IV. waren die Fronten weniger klar: Während sich auch vom König eingesetzte Bischöfe für Reformziele engagierten, kann man dem ersten großen Gegner Heinrichs, Otto von Northeim, und den Sachsen sicher keine kirchlichen Motive unterstellen. Vor allem bei den süddeutschen Herzögen sind aber solche Motive unverkennbar: Welf IV. vollzog zwar manchen Schwenk, um eigene Vorteile zu erreichen, aber sein Kampf gegen den König wurde immer deutlicher durch eine Parteinahme für das Reformpapsttum motiviert. Der Welfe und Rudolf von Rheinfelden taten sich auch auf einem besonderen Feld der Kirchenreform hervor: Als Gründer und Förderer reformorientierter religiöser Gemeinschaften. Auf diesem Gebiet engagierten sich adelige Laien ebenso wie Bischöfe; vor allem der Südwesten Deutschlands wurde dadurch zu einem Zentrum der Kirchenreform.

d) Die Reformen des religiösen Gemeinschaftslebens

Die Impulse zur Reform des Klosterlebens, die seit dem 10. Jahrhundert vor allem vom burgundischen Kloster Cluny ausgingen (s. Kap. V,5,d), wurden in der zweiten Hälfte des 11. Jahrhunderts besonders durch das oberitalienische Kloster Fruttuaria, Gründung des einflussreichen Reformers Wilhelm von Dijon (990–1031), vermittelt. Von dort holte Erzbischof Anno von Köln im Jahr 1070 Mönche in sein Kloster Siegburg, das zum Zentrum einer auch noch andere Gründungen Annos erfassenden Reform wurde. Am Vorbild Fruttuarias orientierte sich auch das Kloster St. Blasien im Schwarzwald, das cluniazensische Vorstellungen und Gewohnheiten an weitere Gemeinschaften vermittelte. Noch größeren Einfluss als Zentrum monastischer Reformen übte Hirsau aus, das unter dem auch als Lehrer und Wissenschaftler berühmt gewordenen Abt Wilhelm († 1091) aus dem Regensburger Kloster St. Emmeram seit 1079 cluniazensische Gewohnheiten angenommen hatte. Die von Hirsau ausgehende Reform prägte ungefähr 120 Klöster vor allem im Südwesten Deutschlands.

Gemeinsam war allen klösterlichen Reformen das Ideal der Eigenständigkeit des von der Regel des hl. Benedikt und speziellen Gewohnheiten (Consuetudines) bestimmten monastischen Lebens. Das bedeutete vor allem Freiheit von den Herrschaftsrechten der zumeist adeligen Klostergründer; während die Siegburger Reform Annos diese Freiheit durch den Bischof gewährleistet sah, suchten die cluniazensisch geprägten Klöster ihre Freiheit in der exklusiven Bindung an den Papst. Das musste nicht zwangsläufig zur Abwendung vom Königtum führen, das zuvor der Garant klösterlicher Freiheit gewesen war. Cluny selbst stellte sich auch in der Zeit härtester Auseinandersetzungen nicht gegen die Salier, vielmehr versuchte Abt Hugo (1049–1109), der Taufpate Heinrichs IV., immer wieder, zugunsten seines Schützlings zu vermitteln; noch für den exkommunizierten König hielt man in Cluny Fürbitte. Die enge Bindung an den Papst förderte allerdings bei den Reformklöstern des deutschen Südwestens auch die Bereitschaft, sich für die Ziele des Reformpapsttums zu engagieren. Wilhelm von Hirsau wurde durch eine persönliche Begegnung mit Gregor VII. im Jahr 1075 zum überzeugten Gregorianer, der auch in Deutschland gegen den König predigte.

Solche persönlichen Verbindungen trugen vielleicht stärker als ideologische Übereinstimmungen dazu bei, dass das Engagement für die Klosterreformen in Südwestdeutschland weitgehend mit dem Kampf gegen das salische Königtum zusammenfiel. Die Verbindungen der Reformklöster untereinander bildeten ein Kommunikationsnetz, in dem nicht nur die Anliegen des cluniazensischen Mönchtums, sondern auch die Ideen der gregorianischen Kirchenreform transportiert wurden. Ähnliches gilt für das Engagement des Laienadels: Adelige Herren, die gegen den König kämpften, werden schon deshalb die Möglichkeit genutzt haben, ihre Klöster nicht in königlichen Schutz zu geben, sondern an den Papst zu binden. Aber nicht jeder adelige Klostergründer, der seine Gründung an den Vorgaben Hirsaus oder St. Blasiens ausrichtete, stand im Konflikt mit dem König, und die Beteiligung am Kampf gegen Heinrich IV. führte nicht zwangsläufig zum Engagement für die Klosterreformen. Allerdings wurden auch im Adel für verschiedene Interessen die gleichen Kommunikationswege genützt: So wie herausragende Gegner Heinrichs IV. ihre familiären Bindungen und ihre herrschaftlichen Ansprüche nützten, um Unterstützung und Gefolgschaft zu finden, vermittelten sie im gleichen Kreis auch ihre monastischen Vorstellungen und Anregungen. Von besonderer Bedeutung war dabei Rudolf von Rheinfelden, der gemeinsam mit der Kaiserin Agnes das seiner Familie gehörende Kloster St. Blasien förderte und auf Reformkurs brachte.

Ein zweiter Reformimpuls stand noch deutlicher unter gregorianischen Vorzeichen. Schon die Lateransynode von 1059 hatte ein Leben nach dem Vorbild der Apostel auch für solche Kleriker gefordert, die nicht nach der Regel des hl. Benedikt lebten. Solche Formen des religiösen Gemeinschaftslebens waren erstmals von der 816 unter Kaiser Ludwig dem Frommen erlassenen Kanonikerregel (*Institutio canonicorum*) normiert worden. Die in der Forschungsliteratur häufig streng beachtete Unterscheidung zwischen Klöstern, deren Mönche nach der Benediktsregel lebten, und Stiften (auch „Stifter“ genannt), deren Mitglieder als Kanoniker bezeichnet werden, wurde in der Praxis der Folgezeit allerdings nicht konsequent durchgehalten. Parallel zu den monastischen Reformen wurde im 11. Jahrhundert auch für die Kanonikergemeinschaften der Domkapitel und anderer Stifte die Forderung nach einer strenger geregelten Lebensweise erhoben; als Orientierung diente dabei etwa die Augustinusregel, die auf eine Ordnung zurückging, die noch der hl. Augustinus († 430) für den Klerus seiner Bischofskirche Karthago aufgestellt hatte.

Vorbildfunktion für die Lebensweise der Regularkanoniker, wie die nach einer der strengeren Regeln lebenden Klerikergemeinschaften in der Forschung genannt werden, erlangte das Privileg, das Papst Urban II. im Jahr 1092 für das schwäbische Stift Rottenbuch ausstellte. Zentrale Forderungen waren ein Leben in Gemeinschaft und ohne persönlichen Besitz gemäß dem Ideal der Urkirche sowie der Gehorsam gegenüber dem Papst. Rottenbuch war eine Gründung der Familie der Welfen; Welf IV. leitete nicht nur die Reform dieses Stiftes in die Wege, sondern öffnete auch das Hauskloster Weingarten für die von Hirsau ausgehende Reform und übertrug dieses schließlich an den hl. Peter und damit in den Schutz des Papstes. Beraten wurde der Welfe von Bischof Altmann von Passau, neben Erzbischof Gebhard von Salzburg und den Bischöfen Adalbero von Würzburg und Hermann von Metz einer der überzeugtesten Anhänger Gregors VII. in Deutschland. Die gregorianischen Bischöfe sorgten für die Ausbreitung der Regularkanoniker; diese Verbindung gründet vielleicht noch tiefer, denn nach der jetzt von Uta-Renate Blumenthal erneuerten These war der Papst selbst vor seiner Erhebung nicht Mönch, sondern Regularkanoniker gewesen.

Die Attraktivität der Reformklöster und regulierten Stifte für Bischöfe und vor allem adelige Laien ist allerdings nicht ausschließlich durch politische Motive oder durch soziale Bindungen zu erklären. Ein wichtiges Motiv der Gründung einer religiösen Gemeinschaft war immer die Sorge für das Seelenheil des Gründers und seiner Familie. Auch in dieser Hinsicht erwartete man sich größere Sicherheit, wenn man das eigene

Heil der Fürbitte einer strenger lebenden und den aktuellen Idealen folgenden Gemeinschaft anvertraute. Die Adelsfamilien büßten allerdings Herrschaftsrechte ein, wenn sie ihre Gründungen dem Papst unterstellten und auf ihre Rechte als Eigenkirchenherren verzichteten. Diese Verluste wurden aber in der weiteren Entwicklung dadurch kompensiert, dass die Gründerfamilien faktisch oder sogar, wie im Fall Rottenbuchs, durch päpstliches Privileg die Vogtei, die Ausübung der weltlichen Schutzherrschaft über die Gemeinschaften, behielten. In langfristiger Perspektive wurden solche Vogteirechte zu einem wichtigen Instrument des Ausbaus adeliger Territorialherrschaft

e) Das neue Umfeld der Auseinandersetzungen

Der Konflikt zwischen König und Papst und die damit verbundenen Auseinandersetzungen um Ziele und Methoden der Kirchenreform wurden in einem zuvor nicht gekannten Ausmaß von Versuchen beider Seiten begleitet, ihre Standpunkte schriftlich niederzulegen und argumentativ zu begründen sowie die Argumente der Gegenseite zu verwerfen. Für die Zeugnisse dieser literarischen Auseinandersetzung hat sich der Begriff „Streitschriften" durchgesetzt; im Blick auf das Gesamtphänomen wird häufig von „Investiturstreitpublizistik" gesprochen, und in den Äußerungen der königlichen Seite hat Carl Erdmann die Anfänge „staatlicher Propaganda" feststellen wollen. Diese Terminologie darf aber nicht darüber hinwegtäuschen, dass die Öffentlichkeit, vor der dieser literarische oder „publizistische" Streit ausgetragen wurde, nach wie vor sehr begrenzt war und nicht an den Maßstäben neuzeitlicher politischer Öffentlichkeit gemessen werden kann. Monika Suchan hat jetzt die manches erklärende These aufgestellt (1997), dass viele dieser „Streitschriften" nicht dazu bestimmt waren, die gegnerische Seite zu überzeugen, sondern die jeweils eigene Partei mit Argumenten auszurüsten. Die praktische Bedeutung solcher schriftlichen Argumentationshilfen beleuchtet etwa der berühmte „Zitatenkampf von Gerstungen" im Jahr 1085, bei dem Vertreter beider Seiten ihre Argumente und entsprechende Zitate theologischer und kirchenrechtlicher Autoritäten austauschten, ohne zu einer Verständigung bereit zu sein.

Im Zentrum der Diskussionen standen die Rechtmäßigkeit der vom Papst ausgesprochenen Absetzung des Königs und der Lösung der Untertanen vom Treueid. Die traditionelle Position des sakral legitimierten Königtums wurde in Konsequenz vom Trierer Domscholaster Wenrich und in dem ca. 1090/93 wohl im Kloster Hersfeld entstandenen *Liber de unitate ecclesiae conservanda* vertreten. Gegen Wenrich verteidigte der für einige Zeit im elsässischen Stift Lautenbach lebende ehemalige Wanderlehrer Manegold die päpstlichen Maßnahmen. Für ihn war der König ein Amtsträger, der wie ein nachlässiger Schweinehirt fortgejagt werden konnte, wenn er seine Pflichten nicht erfüllte.

Eine wichtige Rolle bei der Darstellung und Ausarbeitung der königlichen Position spielte die Kanzlei, allen voran der spätere Prior des Aachener Marienstifts, Gottschalk. In den königlichen Briefen und Urkunden wurde nicht nur die Unverletzlichkeit betont, die dem König aufgrund seiner Salbung zukomme, sondern versucht, das Verhältnis von König und Papst grundsätzlich zugunsten des Herrschers zu klären. Unter neuen Vorzeichen wurde die alte **Zwei-Gewalten-Lehre** des Papstes Gelasius († 496) zur **Zwei-Schwerter-Lehre** umgebildet. Danach hatte Gott dem König das weltliche Schwert verliehen, um die Kirche nach außen zu verteidigen und im Innern den Gehorsam gegenüber der geistlichen Gewalt zu erzwingen. Diese wiederum diente dazu, die Menschen zum Gehorsam gegenüber der in Stellvertretung Gottes ausgeübten Gewalt des Königs anzuhalten. Die Gregorianer setzten ihre Version dagegen, nach der Gott beide Schwerter zunächst dem hl. Petrus verliehen hatte, der das weltliche dann zur Unterstützung der Kirche an den Kaiser weitergab.

Bei Gelasius war es darum gegangen, im Kontext der spätantiken Staatlichkeit die Eigenständigkeit der Kirche zu wahren. Im 11. Jahrhundert stellte sich das Problem ganz anders dar, weil eine institutionell gesicherte Staatlichkeit als Rahmen, in dem auch die Kirche ihre Ansprüche verwirklichen musste, nicht mehr vorstellbar war. Weltliche und geistliche Gewalt wurden vielmehr als Elemente einer einheitlichen Weltordnung verstanden, die von Gott geschaffen worden war und in die Gott jederzeit unmittelbar eingreifen konnte. Das Agieren des Herrschers konnte in diesem Horizont ebenso als Ausdruck göttlichen Willens verstanden werden wie das der Priester und Bischöfe. Das bedeutet allerdings nicht, daß zwischen Aufgaben, Ansprüchen und Bedeutung von König und Papst oder von Bischöfen und weltlichen Fürsten nicht unterschieden worden wäre; solche Differenzierungen waren aber Sache der Lebenswirklichkeit, nicht der systematischen Reflexion und begrifflichen Klärung. Zeitliche und ewige, persönliche, politische und religiöse Motive und Intentionen bestimmten das Leben, wurden nebeneinander wirksam oder bedingten sich gegenseitig, ohne daß man sich darüber Rechenschaft gegeben hätte. Erst als die kirchlichen Reformer seit Mitte des 11. Jahrhunderts daran gingen, die kirchliche Wirklichkeit an theologischen und kirchenrechtlichen Traditionen zu messen, wurden geistliche und weltliche Gewalt systematisch voneinander geschieden und einander gegenübergestellt. Die wechselseitige Zuordnung der beiden Gewalten, die sich zuvor jeweils auf der Ebene der Praxis ergeben hatte, konnten sich beide Parteien in der systematischen Reflexion nur noch als Unterordnung der einen unter die andere Seite vorstellen.

Zwei-Gewalten-Lehre/Zwei-Schwerter-Lehre

Die Zwei-Gewalten-Lehre des Papstes Gelasius I. (492–496) hat erstmals grundsätzlich das Verhältnis von kirchlichem Amt und weltlichem Herrschertum bestimmt. Von Gott zur Lenkung der Welt eingesetzt, sind beide Gewalten wechselseitig aufeinander bezogen. Dabei kommt der geistlichen Gewalt vor Gott die höhere Bedeutung zu, weil die Priester auch für die Sünden der Herrscher Rechenschaft ablegen müssen. Erst Papst Gregor VII. und seine Parteigänger leiteten aus dieser theologischen Wertung einen grundsätzlichen Vorrang des *sacerdotium* gegenüber dem *regnum* ab, während die kaiserliche Seite ebenfalls auf die ZGL zurückgriff, um die Gleichwertigkeit beider Gewalten zu behaupten. In diesem Sinn gestaltete wohl der Kanzler Heinrichs IV., Gottschalk von Aachen, die ZGL zur Zwei-Schwerter-Lehre aus. Nach dem Lukasevangelium (22,28) hatte Jesus gesagt, die von den Jüngern vorgezeigten zwei Schwerter seien „genug“; daraus folgerte Gottschalk, dass genau zwei Gewalten, die weltliche und die geistliche, von Gott gewollt seien. Mit dem weltlichen Schwert solle der König die Kirche nach außen verteidigen und im Innern den Gehorsam gegenüber der kirchlichen Hierarchie erzwingen. Mit dem geistlichen Schwert solle die Kirche die Menschen zum Gehorsam gegenüber dem König anhalten. In der weiteren Diskussion des Hochmittelalters wurde der ZSL auch eine entgegengesetzte Interpretation gegeben. Danach hatte Christus beide Schwerter dem Petrus und damit dem Papst verliehen, der das weltliche Schwert zum Nutzen der Kirche an den Kaiser weitergeben hatte und es jederzeit wieder einfordern konnte.

Ein ganz neuer Weg wurde in einer unter dem Namen eines Petrus Crassus verbreiteten Schrift eingeschlagen, deren der Autor versuchte, das Kaisertum vom Papsttum zu trennen und den Saliern einen Erbanspruch auf die Kaiserwürde in spätantiker Tradition zuzusprechen. Damit wurden erstmals Vorstellungen des römischen Rechts, das am Ende des 11. Jahrhunderts in Italien neue Beachtung fand und sogar in vereinzelten Streitfällen angeführt wurde, zur Legitimation des salischen Kaisertums eingesetzt. Das bedeutet allerdings nicht, dass die am Beginn des 12. Jahrhunderts erkennbare Entwicklung der oberitalienischen Rechtsschulen durch Legitimationsbedürfnisse der Salier motiviert oder auch nur wesentlich gefördert worden wäre.

Die Sache des gregorianischen Papsttums hat in Italien Bonizo von Sutri mit unversöhnlicher Polemik vertreten. In Südwestdeutschland bildeten Reformklöster und Gemeinschaften der Regularkanoniker die Zentren der literarischen Produktion aus gregorianischer Sicht. Bernold von Konstanz trat mit kirchenrechtlich fundierten Abhandlungen hervor und entwickelte erstmals eine Methode zur Beurteilung einander widersprechender Traditionen; als Chronist setzte er die gregorianisch gefärbte zeitgeschichtliche Darstellung des Berthold von Reichenau fort.

Heinrizianische Streitschriften und Autoren
Wenrich, Trierer Domscholaster
Liber de unitate ecclesiae conservanda, ca. 1090/93, Hersfeld
„Petrus Crassus"

Gregorianische Autoren
Manegold von Lautenbach († nach 1106)
Bonizo von Sutri († 1091)
Berthold von Reichenau († 1088)
Bernold von Konstanz († 1100)

f) Anzeichen des wirtschaftlichen und sozialen Wandels: Bauern und Städte

Während nur eine Minderheit der Fürsten den Salier unterstützte, erfuhr Heinrich immer wieder Hilfe von Gruppen, die zuvor nicht als eigenständige Akteure innerhalb der Herrschaftsordnung wirksam geworden waren. Neben Vertretern des niederen Adels waren das Bauern und Städte. Die Landbevölkerung war besonders vom Wandel der Lebensumstände und der sozialen Strukturen betroffen: Die Konsolidierung der politischen Verhältnisse im 10. Jahrhundert, die Entwicklung der kirchlichen Grundherrschaften, die Belebung des Handels und nicht zuletzt die Steigerung der landwirtschaftlichen Erträge durch die Entwicklung oder die allmähliche Durchsetzung technischer Innovationen hatten eine Zunahme der Bevölkerung ermöglicht, die seit der Mitte des 11. Jahrhunderts spürbar wurde. Zugleich steigerten Intensivierung und Ausbau der fürstlichen Herrschaft, aber auch die umfangreiche Bautätigkeit vieler Bischöfe den herrschaftlichen Druck auf die Hörigen der großen Grundherrschaften, die sich mit immer neuen Abgabeforderungen und Frondiensten konfrontiert sahen. Langfristig führten diese Entwicklungen zur Strukturveränderung der Grundherrschaft, die eine größere Selbstständigkeit der Bauern brachte. Zunächst aber klagte die Landbevölkerung vielfach über den Herrschaftsdruck und suchte beim König Hilfe gegen die als neu und unberechtigt empfundenen Forderungen der geistlichen und weltlichen Grundherren.

Mehrfach kämpften schwäbische und fränkische Bauernheere für den König, der sich andererseits in Sachsen gerade mit dem Widerstand freier Bauern gegen die königliche Herrschaftsintensivierung konfrontiert sah. Die Aufgebote von Bauern waren aber nicht nur im Hinblick auf ihre militärischen Fähigkeiten zumeist den militärischen Spezialisten, den Verbänden der adeligen Vasallen und der für den Waffendienst ausgebildeten Dienstleute, unterlegen. Gerade im 11. Jahrhundert wandelte sich vielmehr die Landbevölkerung, die aus rechtlich differenzierten Verbänden von Angehörigen der Grundherrschaften und einer zurückgehenden Zahl von Freien bestand, zum Bauernstand, als dessen unterscheidendes Merkmal zunehmend der Verzicht auf das Führen der Waffen verstanden wurde. Zu dieser Zeit wurde auch überhaupt erstmals von „Bauern“ gesprochen, zuvor gab es keine gemeinsame Bezeichnung für die agrarisch tätige Landbevölkerung. Im Westfrankenreich war schon am Beginn des 11. Jahrhunderts ein neues soziales Deutungsmuster vertreten worden, das die Menschen in „Beter“, „Krieger“ und „Arbeiter“ einteilte; die letzte Gruppe war mit der Landbevölkerung identisch.

Die Zusammenarbeit des späten salischen Königtums mit den aufstrebenden Städten stellte noch keine planvoll betriebene „Städtepolitik“ dar. Heinrich IV. und sein Nachfolger griffen vielmehr in bestimmten Situationen auf die noch relativ bescheidenen Ressourcen einzelner Städte zurück und statteten diese im Gegenzug mit Privilegien aus, ohne aber umfassend und grundsätzlich städtische Freiheiten gegen die Ansprüche der bischöflichen Stadtherren zu fördern. Dass Gruppen innerhalb der Städte überhaupt die Möglichkeit hatten, gegen ihren Stadtherren Partei zu ergreifen und dem König Hilfe zu gewähren, war das Ergebnis einer kontinuierlichen Stadtentwicklung, die seit dem Ende des 10. Jahrhunderts festzustellen war und einen ersten Höhepunkt in der zweiten Hälfte des 11. Jahrhunderts erreichte. In dieser Zeit schlug sich das Wachstum der Städte in wichtigen Baumaßnahmen nieder: Bestanden die Bischofsstädte östlich des Rheins zunächst aus einem kleinen befestigten Bezirk, der Stadtburg mit dem Dom und weiteren bischöflichen Gebäuden, sowie der anschließenden Siedlung der Kaufleute und Handwerker, so wurde im 11. Jahrhundert auch die Marktsiedlung in die befestigte Stadt einbezogen.

Erhebungen der Stadtbürger gegen ihren Bischof, so die nur mit Mühe niedergeschlagene der Kölner gegen Bischof Anno im Jahr 1074 oder die Vertreibung des Wormser Bischofs im Jahr zuvor, waren allerdings noch nicht Ausdruck eines umfassenden städtischen Strebens nach politischer Mitwirkung, sondern entzündeten sich zumeist an konkreten Konflikten mit dem Stadtherrn. Erste Stadtrechtsprivilegien bischöflicher Stadtherren sind aus dem lothringischen Westen bezeugt; am Beginn des 12. Jahrhunderts entstanden auch östlich des Rheins neue Städte, die von ihren Herren mit besonderen Rechten ausgestattet wurden. Modellfall der weiteren Entwicklung war Freiburg, die Gründung der Zähringer Herzöge, die im Jahr 1120 ein besonderes Stadtrecht erhielt. Die umfassende Verfassungsentwicklung der deutschen Städte setzte allerdings erst gegen Ende des 12. Jahrhunderts ein.

4. Die Sicherung der Kirchenreform unter Papst Urban II.

Nach dem Tod Gregors VII. 1085 einigten sich die Reformer erst mit einiger Verzögerung auf den einflussreichen Abt Desiderius von Montecassino als neuen Papst. Viktor III., der offensichtlich eher zu Kompromissen mit dem deutschen König bereit war, starb aber schon im Jahr 1087. Unter seinem Nachfolger Urban II. setzte sich das Reformpapsttum endgültig durch. Der Kardinalbischof Odo von Ostia war schon von Gregor VII., für den er als Legat in Deutschland gewirkt hatte, als ein möglicher Nachfolger genannt worden. Mit der entschiedenen Verteidigung gregorianischer Positionen verband der ehemalige Prior von Cluny die liturgisch bestimmte Frömmigkeit und Spiritualität sowie den Pragmatismus des cluniazensischen Mönchtums.

1095 konnte Urban das Gehorsamsversprechen des Kaisersohnes Konrad entgegennehmen; bei der persönlichen Begegnung führte Konrad das Pferd des Papstes am Zügel und leistete damit den Stratordienst. Die Verständigung mit dem jungen Salier brachte dem Papst allerdings langfristig keinen Vorteil, weil Konrad nach seiner Absetzung durch die deutschen Fürsten im Jahr 1098 weiter an Bedeutung verlor, bis er im Jahr 1101 in Florenz starb. Auch wenn die Annäherung zwischen Heinrich IV. und seinen deutschen Gegnern die Stellung der Gregorianer im Reich weiter schwächte, war der Sieg Urbans II. über den kaiserlichen Papst Clemens III. nicht mehr gefährdet. Im Jahr 1095 konnte Urban zwei wichtige Synoden abhalten, die in der Kirche große Resonanz fanden. In Piacenza wurden Beschlüsse aus der Zeit Gregors VII. gegen Simonie und Klerikerehe erneuert. Zu einem epochalen Ereignis wurde die zunächst mit den gleichen Fragen befasste Synode von Clermont, an deren Ende der Papst zum Kreuzzug aufrief, nachdem er in Piacenza das Hilfsgesuch des byzantinischen Kaisers entgegengenommen hatte.

Die Nachfolger Gregors VII.
Viktor III., 1086–1087, Desiderius, Abt von Montecassino
Urban II., 1088–1099, Odo, Kardinalbischof von Ostia, zuvor Prior von Cluny

Während der Kreuzzugsaufruf in der französischen Heimat des Papstes und bei den Normannen ein breites Echo fand, blieb der deutsche Adel wegen des anhaltenden Konfliktes zwischen Kaiser und Papst weitgehend unbeteiligt; allein Herzog Gottfried von Niederlothringen († 1100) im Westen schloss sich dem Unternehmen an, das ihn im Jahr 1099 zum Herrscher von Jerusalem machen sollte. Berührt wurde Deutschland allerdings von Exzessen der Kreuzzugsbegeisterung, wie sie auch bei späteren Kreuzzugsaufrufen auftraten: Durchziehende Kreuzfahrergruppen lösten im Jahr 1096 in den rheinischen Bischofsstädten schwere Judenverfolgungen aus. Die Bischöfe als Schutzherren der städtischen Juden waren zu schwach, gegen die Kreuzfahrergruppen vorzugehen; dies machte der Kaiser, der selbst in Italien festgehalten war, allerdings dem Mainzer Erzbischof Ruthard (1089–1109) zum Vorwurf. Noch im Jahr 1090 hatte Heinrich die Juden von Speyer und Worms nach karolingischem Vorbild mit Privilegien ausgestattet; 1097 erlaubte er den Juden, die sich unter dem Druck der Verfolgungen hatten taufen lassen, gegen den Protest des Erzbischofs und des kaiserlichen Papstes die Rückkehr zum eigenen Glauben.

VII. Heinrich V.: Die Beilegung des Investiturstreits und das Ende des salischen Königtums

1106	Lothar von Süpplingenburg wird Herzog von Sachsen
1107	Begegnung des Papstes Paschalis II. mit Philipp I. und dessen Sohn Ludwig VI. (1108–1137) von Frankreich in Saint-Denis
1107	Vertrag von Westminster
1110	Verlobung Heinrichs V. mit Mathilde von England
April 1111	Vertrag von Ponte Mammolo („Pravileg")
13. 4. 1111	Kaiserkrönung Heinrichs V. in Rom
16. 9. 1112	Exkommunikation Heinrichs V. durch Erzbischof Guido von Vienne
1112	Konflikte Heinrichs V. mit Herzog Lothar von Sachsen und Erzbischof Adalbert von Mainz
1113	Konflikt um sächsische Erbschaften
7. 1. 1113	Heirat Heinrichs V. mit Mathilde von England
1114	Niederlage Heinrichs V. am Niederrhein
1115	Niederlage Heinrichs V. gegen die Sachsen am Welfesholz
1116–1118	Zweiter Italienzug
1118	Erhebung Mauritius von Bragas zum Gegenpapst Gregor VIII.
1119	Verhandlungen in Mouzon
Sept. 1121	Reichsversammlung in Würzburg
1122	Wormser „Konkordat"
1124	Abbruch eines Kriegszugs gegen den französischen König
23. 5. 1125	Tod Heinrichs V.

1. Ausgleichsbemühungen und Eklat: Heinrich V. und das Papsttum bis 1112

a) Von den Investiturverboten zum Investiturstreit

Seit den bahnbrechenden Forschungen von Rudolf Schieffer (1981) wird die Auseinandersetzung um die Bischofsinvestitur, die der Epoche den in der Forschung und im deutschen Geschichtsbewusstsein gebräuchlichen Namen gegeben hat, nicht mehr als Auslöser des Konfliktes zwischen Heinrich IV. und Gregor VII. gewertet. Gregor VII. scheint vielmehr erst im Zusammenhang des Kampfes gegen den Salier auf die Bedeutung der Investiturproblematik aufmerksam geworden zu sein. Erst nach der Exkommunikation des Königs brandmarkte eine römische Synode im Herbst 1078 jede Investitur eines Geistlichen durch einen Laien als Simonie und erließ ein entsprechendes Verbot. Das ist jedenfalls das erste umfassende Investiturverbot des Papstes, das eindeutig bezeugt ist; in Frankreich war ein entsprechendes Verbot schon einige Monate früher verkündet worden. Der Geschichtsschreiber Arnulf von Mailand kennt allerdings ein Investiturverbot, das schon auf der römischen Frühjahrssynode von 1075 erlassen worden sein soll. Das könnte eine Reaktion auf die Mailänder Konflikte und eine Konsequenz aus der Exkommunikation der königlichen Räte gewesen sein. Der Papst habe dem König die Investitur von Bischöfen verboten, weil und solange er mit seinen gebannten Räten verkehrte. Möglicherweise ist der Bericht des Mailänder Geschichtsschreibers aber erst im Jahr 1080 entstanden und hat ein Investiturverbot dieses Jahres zurückprojiziert.

Auch in den Folgejahren erscheinen die päpstlichen Investiturverbote eher als Kampfmittel gegen den König; Urban II. erneuerte zwar immer wieder die Verbote Gregors VII., brachte diese Heinrich IV. gegenüber aber nicht zur Sprache. Breiter überliefert sind die päpstlichen Investiturverbote etwa seit der Jahrhundertwende, als die Investiturfrage in den Vordergrund der Diskussion trat. Das hing nicht zuletzt damit zusammen, dass mit Heinrich V. ein König herrschte, der nicht vom Papst gebannt worden war. Deshalb konnte man sich darum bemühen, unbelastet von der persönlichen Situation des Königs konkrete Sachfragen anzugehen. Obwohl Paschalis II. wiederholt Investiturverbote erließ, trat in Deutschland zunächst ein anderes Problem in den Vordergrund: Seit der zweiten Exkommunikation Heinrichs IV. im Jahr 1080 galten alle von diesem erhobenen Bischöfe in den Augen des Reformpapsttums als schismatisch; bei einer Verständigung zwischen dem König und dem Papst musste vor allem auch darüber entschieden werden, ob diese Bischöfe im Amt bleiben konnten.

Die Päpste der Zeit Heinrichs V.
Paschalis II., 1099–1118
Gelasius II., 1118–1119
Calixt II., 1119–1124

b) Das Investiturproblem in Frankreich und England

Dass die Frage der Bischofsinvestitur im deutschen Reich erst durch den erbitterten Konflikt zwischen König und Papst ihre besondere Brisanz erhielt, bestätigt der Vergleich mit der Situation in Frankreich und England. In Frankreich war vielleicht sogar das erste allgemeine Investiturverbot verkündet worden, auf einer Synode, die der päpstliche Legat Hugo von Die im Jahr 1076 in Autun abhielt. Auf der Synode in Clermont 1095 hatte Urban II. das Verbot der Laieninvestitur noch dadurch verschärft, dass den Geistlichen jede Lehnshuldigung gegenüber einem weltlichen Herrn verboten wurde. Gleichzeitig wurde der französische König Philipp I. (1060–1108) exkommuniziert, allerdings nicht wegen des Investiturproblems, sondern weil er seine Gemahlin verstoßen hatte und eine zweite Ehe eingegangen war. Auch in der Folgezeit wurden die verschiedenen Probleme zwischen dem Reformpapsttum und dem französischen König nicht miteinander vermischt; gegen die Investitur kämpfte vor allem der zum Erzbischof von Lyon aufgestiegene Legat Hugo (1082–1106).

König Philipp verzichtete wohl nicht zuletzt mit Rücksicht auf die Probleme um seine Ehe stillschweigend auf die Investitur als Ritus, ohne allerdings die Verfügung über die Bischofskirchen aufzugeben. Am Anfang des 11. Jahrhunderts kam es zu begrenzten Konflikten mit der Kirche: Im Jahr 1100 in Beauvais, wo die Rechtmäßigkeit einer vom Königssohn Ludwig VI. unterstützten Bischofswahl bezweifelt wurde, und im Jahr 1106 in Reims, als Paschalis II. den vom König ausgewählten Kandidaten ablehnte und eine kanonische Wahl einforderte. Dabei ging es aber nicht um den Investiturvorgang, der wohl in Frankreich keine Rolle mehr spielte; Streitpunkt war vielmehr jeweils die Person des Kandidaten und die Beteiligung des Herrschers an dessen Auswahl. Die

Lösung bestand jeweils darin, dass eine der beiden Parteien auf ihren Kandidaten verzichtete: in Beauvais akzeptierte der Papst schließlich den vom Königssohn unterstützten, in Reims akzeptierte der König den vom Papst geweihten Kandidaten. Dass gerade im letzten Fall der Konflikt nicht grundsätzlich das Verhältnis von Kaiser und Papst berührte, ergibt sich schon daraus, dass es 1107, also schon vor der endgültigen Klärung, zu einer Begegnung des Papstes mit dem König und dem Thronfolger kam, bei der ein Freundschaftsbündnis abgeschlossen wurde.

Die Frage der Lehnshuldigung der Bischöfe wurde bei den konkreten Streitfällen in Frankreich unterschiedlich behandelt: der Bischof von Beauvais musste wohl ein bloßes Treueversprechen abgeben, der Erzbischof von Reims aber leistete dem König den Lehnseid. Allerdings ist in der Forschung umstritten, inwieweit beide Formen der Eidesleistung tatsächlich auseinander gehalten wurden. Ohnehin war die Problemlage in Frankreich auch deshalb weniger brisant als im deutschen Reich, weil der König in Frankreich nicht der einzige weltliche Herrscher war, mit dem die Kirche zu rechnen hatte. Der französische König beherrschte am Anfang des 11. Jahrhunderts nur einen engen Bereich um Paris und die Île-de-France, die so genannte Krondomäne; die Verfügungsgewalt des Königs über die Bischofsstühle reichte nur wenig über diesen Raum hinaus. Andere Bischöfe hatten es mit den Kronvasallen, den weitgehend eigenständig herrschenden Fürsten, zu tun, während wieder andere weder vom König noch von einem Fürsten unmittelbar abhängig waren.

In England war das Verbot der Lehnshuldigung von größerer Brisanz. Dort hatten die Normannen nach der Eroberung von 1066 ihre Herrschaft konsequent mithilfe des Lehnswesens organisiert und die kirchlichen Ämter darin einbezogen. Gregor VII. nahm an dieser Praxis wohl deshalb keinen Anstoß, weil er vor allem darum bemüht war, im Kampf gegen den deutschen König und die von diesem und dem Gegenpapst eingesetzten Bischöfe den neuen englischen Herrscher auf seine Seite zu ziehen. Zum Konflikt zwischen König und Kirche kam es erst, als der – auch noch von einem König investierte – Erzbischof Anselm von Canterbury (1093–1109), der große frühscholastische Theologe, aus politischen Gründen England verließ und in Rom sowie im Kontakt mit Hugo von Lyon die von Urban II. erneuerten Investiturverbote kennen lernte. Als Anselm nach England zurückkehrte, weigerte er sich im Jahr 1100, sich vom neuen König Heinrich I. (1100–1135) als Erzbischof investieren zu lassen und ihm den Lehnseid zu leisten. Beide Kontrahenten wandten sich an den Papst, der den königlichen Anspruch auf Investitur des Bischofs zurückwies, aber um Verständigung bemüht war. Obwohl Paschalis II. im Jahr 1102 erstmals selbst auf einer Fastensynode ein Verbot des Lehnseides aussprach, blieb das Thema aber wohl in direkten Schreiben an den König unerwähnt. Im Verlauf der weiteren Eskalation des Konfliktes kam es ähnlich wie 30 Jahre zuvor in Deutschland zur Exkommunikation von Beratern des Königs, der selbst zunächst verschont blieb. Im so genannten Vertrag von Westminster (1107) wurden die strittigen Fragen so geregelt, dass der Papst zwar nicht grundsätzlich dem Lehnseid zustimmte, sondern nur darauf verzichtete, die Eidesleistung als Weihehindernis zu ahnden. In einem Schreiben an Anselm von Canterbury formuliert er die Hoffnung, Gott werde den König dazu bewegen, zu einem späteren Zeitpunkt die Forderung der Lehnshuldigung fallen zu lassen. Grundsätzlich musste der König die freie kanonische Wahl der Bischöfe garantieren, doch blieb sein Einfluss dadurch gewährleistet, dass die Wahl in seiner Anwesenheit stattfinden sollte.

c) Verständigungsversuche und Eklat

Ob die Klärungen in Frankreich und England die Diskussion im deutschen Reich beeinflussten, ist unklar. Für den Papst war Heinrich V. ein von den Auseinandersetzungen der vergangenen Jahrzehnte weitgehend unbelasteter Verhandlungspartner; Stefan Weinfurter hat jetzt sogar die These aufgestellt, dass die Erhebung gegen Heinrich IV. besonders durch das gemeinsame Engagement des Kaisersohnes und der beteiligten Fürsten für die Kirchenreform und das Reformpapsttum motiviert gewesen sei. Wie schon im Jahr 1076 waren ja auch am letzten Aufstand gegen Heinrich IV. viele Fürsten beteiligt, die sich vor allem für die monastischen Reformen engagiert hatten; dass auch Heinrich V. davon beeindruckt gewesen wäre, lässt sich allerdings nicht nachweisen. Seine Entscheidung, an die Spitze der Erhebung zu treten, ist hinreichend durch die Erkenntnis motiviert, nur auf diesem Weg den Thron für sich selbst retten zu können.

Heinrichs Verhalten in der Folgezeit lässt jedenfalls nicht erkennen, dass er zu besonderem Entgegenkommen gegenüber den Zielen und Ansprüchen des Papstes bereit gewesen wäre. Sein vorrangiges Ziel war die Kaiserkrönung in Rom; bei den Verhandlungen darüber wurde er vom Papst mit der Forderung konfrontiert, auf die Investitur der Bischöfe zu verzichten. Dazu war der König nicht bereit, denn Heinrich und seine Umgebung sahen durch einen Investiturverzicht grundlegende königliche Herrschaftsrechte bedroht. Gerade die Auseinandersetzungen nach der Exkommunikation Heinrichs IV. und die strittigen Bischofserhebungen in vielen deutschen Bistümern hatten dazu geführt, dass genauer gefragt worden war, warum der König überhaupt seine in ottonischer und salischer Zeit gewachsenen Ansprüche an die Kirchen erheben konnte. Von königlicher Seite war dabei immer wieder angeführt worden, dass der König die Kirchen umfassend mit Reichsbesitz und Herrschaftsrechten ausgestattet hatte, woraus die Verpflichtung der Kirchen zum *servitium regis* (s. Kap. II,2,b) abgeleitet wurde. Weil herrschaftliche und soziale Bindungen nicht durch abstrakte Vorstellungen und schriftliche Vereinbarungen gesichert wurden, sondern vornehmlich durch demonstratives symbolisches Handeln, musste auch die Verpflichtung der Bischöfe gegenüber dem König immer wieder auf solche Weise bestätigt werden. Über die Symbole und Rituale, die das leisteten, ließ sich nicht beliebig verfügen: Nachdem sich die Investitur mit Ring und Stab als allgemein übliches und akzeptiertes Ritual herausgebildet hatte, konnte man sie nicht problemlos ersetzen, denn ein Wechsel der Symbole hätte eine Änderung des Verhältnisses von König und Bischöfen zum Ausdruck bringen und bewirken können.

Während seiner Frankreichreise (1106/07), die dem Papst durch den Abschluss des Freundschaftsbündnisses mit den französischen Königen wichtige Unterstützung brachte, wurde auf einer Synode in Châlons ergebnislos verhandelt. Zur Vorbereitung einer Verständigung, die zwischen König und Papst persönlich abgeschlossen werden sollte, sandte Heinrich im Jahr 1109 die Erzbischöfe von Köln und Trier mit einer Gesandtschaft nach Rom. In diesem Zusammenhang entstand wohl der Traktat *De investitura episcoporum*, der Traditionsbelege für die Investitur durch den Herrscher anführt. Dabei wurde auch auf **falsche Investiturprivilegien** zurückgegriffen, die wahrscheinlich gegen Ende des 11. Jahrhunderts in Italien entstanden waren und nicht nur die Bischofsinvestitur, sondern auch die entscheidende Rolle bei der Papstwahl als Privilegien auswiesen, die den Kaisern Karl dem Großen und Otto dem Großen jeweils von den Päpsten ihrer Zeit verliehen worden seien. Im Mittelpunkt der Argumentation des Traktates und der folgenden Verhandlungen standen aber die Besitztümer und Herrschaftsrechte, die den Kirchen vom König und seinen Vorgängern verliehen worden waren und für die man den Begriff der **Regalien** verwendete. Darauf antwortete der Papst, als Heinrich im Winter 1110/11 nach Rom zog, mit einem radikalen Lösungsvorschlag: Er wollte für die Kirche auf alle vom Reich stammenden Rechte und Besitztümer verzichten, im Gegenzug sollte der König die Investiturpraxis aufgeben. Behalten sollten die deutschen Kirchen nur die regelmäßigen Abgaben, die Zehnten, sowie freiwillige Leistungen der Laien. Heinrich ging auf diesen Vorschlag ein und bestätigte am 9. Februar in Sutri einen Vorvertrag.

falsche Investiturprivilegien
So bezeichnet die Forschung ein Ensemble von vier Texten, die als Privilegien der Päpste Hadrian I. (772–795) und Leo VIII. (963–965) gestaltet sind. Den Kaisern Karl dem Großen bzw. Otto dem Großen werden darin jeweils von den Päpsten das Recht auf die Investitur der Bischöfe und weitere Rechte gegenüber Papst und Bischöfen zugestanden. Zweck der Fälschungen war es offensichtlich, der seit langem geübten Praxis eine kirchenrechtliche Basis zu verschaffen und damit besonders die materiellen Grundlagen der Kaiserherrschaft in Italien zu sichern. Entstanden sind die Fälschungen wahrscheinlich zwischen der Mitte der achtziger Jahre des 11. Jahrhunderts und den ersten Jahren des 12. Jahrhunderts in kaisertreuen Kreisen Italiens.

Regalien
Der zentrale Begriff der Regalien war erst seit relativ kurzer Zeit gebräuchlich und wurde offensichtlich noch unterschiedlich verwendet: Wahrscheinlich sah man im 11. Jahrhundert in Italien in den Regalien vor allem kaiserliche Rechte, die finanziellen Nutzen erbrachten. In Deutschland kannte man den Begriff wohl erst nach 1100 und bezog ihn auf das Gut der Reichskirchen. Bei den Verhandlungen mit Heinrich V. verzichtete Paschalis II. für die Kirche auf die Regalien. Umstritten ist, ob das Angebot des Papstes einen Verzicht auf alle weltlichen Besitztümer meinte oder nur die vom Reich verliehenen Besitztümer und Rechte vom Eigengut der Kirchen unterscheiden wollte; der König verstand aber wohl jeden Besitz der Kirche als einen, der irgendwann einmal vom Reich verliehen worden war.
In Sutri wurde ein Vorvertrag abgeschlossen, der erstmals detailliert auflistete, was man unter den Regalien verstand: Herrschaftspositionen mit entsprechenden Rechten und Gütern, nämlich Herzogtümer, Markgrafschaften, Grafschaften, Reichsvogteien und Zentgerichte (ländliche Gerichte); Städte; die finanziell nutzbaren Rechte an Münzen, Zoll und Märkten sowie einzelne Pfalzen (königliche Residenzen mit Wirtschaftshöfen), Burgen und Heeresdienste.

Eine Realisierung der Vereinbarungen hätte die Herrschaftsordnung im Reich radikal gewandelt: Bischöfe und Äbte hätten die Grundlagen ihrer seit langem selbstverständlichen Herrschaftsstellung eingebüßt, aber auch die weltlichen Fürsten wären betroffen gewesen. Sie hätten solche Besitztümer und Rechte, die sie von Kirchen zu Lehen genommen hatten, an den König zurückgeben müssen. Es ist nicht klar, ob die Verhandlungspartner diese Konsequenzen in allen Einzelheiten überschauten. Den Papst mag das Ideal geleitet haben, die Kirche von der Verstrickung in weltliche Aufgaben zu befreien; ob der König tatsächlich eine Realisierung der Beschlüsse erwartete, lässt sich nicht sicher beurteilen. Vielleicht ging es ihm auch nur darum, erst einmal die Kaiserkrönung sicherzustellen. Die Betroffenen, Bischöfe und Fürsten, reagierten jedenfalls mit Empörung, als die Vereinbarung während der Kaiserkrönung am 12. Februar 1111 verkündet wurde. Der ausgebrochene Tumult verhinderte die Fortsetzung der Zeremonie; daraufhin führte Heinrich Papst und Kardinäle als Gefangene aus Rom weg und erpresste von ihnen das Privileg von Ponte Mammolo, das dem Kaiser die Investitur vor der Weihe erlaubte und den Bischöfen die Weihe eines nicht Investierten verbot. Außerdem verpflichtete sich Paschalis II. eidlich, den König nie zu exkommunizieren, und krönte ihn am 13. April 1111 zum Kaiser.

Das erpresste Privileg wurde von den Reformern schnell als „Pravileg", als Schandmal, verurteilt und 1112 vom Papst zurückgenommen, der verkündete sich den Verurteilungen seiner Vorgänger anzuschließen. Auf verschiedenen Synoden wurde Heinrich exkommuniziert, allerdings ohne unmittelbare Beteiligung des Papstes, der sich bis ans Lebensende an seinen Eid hielt. Der Versuch einer radikalen Lösung hatte damit in die Katastrophe geführt, anstatt einer Verständigung hatte man eine dramatische Eskalation des Konfliktes bewirkt, die an die Zeiten Heinrichs IV. anschloss. Der König hatte allerdings erreicht, was für alle Könige nach Otto II. vorrangiges Ziel ihrer ersten Herrschaftsjahre gewesen war: die Kaiserkrönung. Von nicht zu unterschätzender persönlicher und symbolischer Bedeutung war auch, dass der Kaiser nach der Rückkehr vom Italienzug den Leichnam seines Vaters feierlich im Speyerer Dom beisetzen konnte, nachdem der Papst den Verstorbenen postum vom Bann gelöst hatte.

Eine weitere vordringliche Aufgabe der herrscherlichen Agenda hatte Heinrich V. im Vorfeld der Kaiserkrönung in Angriff genommen, indem er sich mit der englischen Königstocher Mathilde († 1167) verlobt hatte. Die beträchtliche Mitgift der Braut hatte nicht nur die Finanzierung des Romzuges ermöglicht und dem König einen wichtigen Verbündeten im Westen eingebracht, sondern sie bildete auch einen wichtigen Schritt auf dem Weg zur Zukunftssicherung seiner Herrschaft. Gerade dieser Aspekt dürfte den Herrscher auch dazu bewogen haben, die erst achtjährige, also noch längst nicht heiratsfähige Mathilde zur Königin krönen zu lassen.

2. Zwischen Konflikt und Verständigung: Kaiser, Papst und Fürsten bis zum Wormser „Konkordat"

a) Herrschaftsausbau und Konflikte

Die Gemeinschaft mit den Fürsten, unter deren Zeichen Heinrich V. im Aufstand gegen seinen Vater angetreten war, begann sich etwa seit Italienzug und Kaiserkrönung zunehmend aufzulösen. Wiederum bildete Sachsen ein Zentrum der Konflikte, wiederum entzündeten sich die Auseinandersetzungen an den Versuchen des Königs, seine Herrschaft mit Burgen und dem Einsatz von Ministerialen auszubauen sowie durch den Einzug adeliger Erbschaften, auf die auch verschiedene sächsische Familien Anspruch erhoben, die königlichen Herrschaftsgrundlagen zu vergrößern. Aus ähnlichen Gründen kam es zu einem Konflikt mit dem Mainzer Erzbischof Adalbert (1109–1137), den Heinrich selbst eingesetzt hatte. Am Mittelrhein konkurrierten beide beim Bestreben, ihre Herrschaft auszubauen und neue Herrschaftsrechte an sich zu ziehen. Der Erzbischof wurde schon 1112 gefangen gesetzt; ebenso erging es im Jahr 1114 dem Grafen Ludwig von Thüringen, während der ebenfalls von Heinrich eingesetzte, aber in die sächsischen Konflikte verwickelte Herzog Lothar von Sachsen (König 1125, † 1137) nach einer *deditio* begnadigt wurde. Dieses Ritual der Unterwerfung scheint aber damals nicht mehr als privilegierte Möglichkeit der Aussöhnung verstanden worden zu sein (s. Kap. II,2,c), sondern als Demütigung, die der seit den Kämpfen gegen Heinrich IV. erreichten Stellung der Fürsten nicht gerecht wurde.

Die harte Behandlung der Gegner überdeckte schon den Glanz der Hochzeit mit Mathilde, die Heinrich am 7. Januar 1114 gefeiert hatte, und beschleunigte die zunehmende Entfremdung zwischen dem Kaiser und weltlichen wie geistlichen Fürsten. Im Sommer 1114 unterstützten die wichtigsten Großen Lothringens und Westfalens eine Erhebung des Kölner Erzbischofs Friedrich (1100–1131); nach einer Niederlage des Kaisers bei Andernach griffen auch die Sachsen unter Führung Herzog Lothars erneut zu den Waffen. Am 11. Februar 1115 wurde das kaiserliche Heer am Welfesholz von den Sachsen vernichtend geschlagen, in der Folge wurde Heinrich aus dem Norden und Nordwesten des Reichs verdrängt.

Die Konflikte, die die zweite Hälfte der Herrschaftszeit Heinrichs prägten, resultierten also zu einem großen Teil aus den Versuchen des Kaisers, die Grundlagen seiner Herrschaft in Deutschland zu erweitern und die Ressourcen des Königtums intensiver zu nutzen. Damit setzte Heinrich fort, was seine Vorgänger begonnen hatten; wie schon sein Vater und Großvater trat er dadurch in Konkurrenz zu den weltlichen und geistlichen Großen, die ihren Herrschaftsausbau in ähnlicher Weise betrieben. Möglicherweise versuchte Heinrich V. sogar, nach englischem Vorbild eine allgemeine Reichssteuer zu erheben und damit ein in Deutschland noch unbekanntes Instrument zu Sicherung und Ausbau der königlichen Ressourcen anzuwenden. Die Erhebung der Sachsen war jedenfalls auch durch Berichte angefacht worden, der Kaiser wolle ihnen eine neue Steuer auferlegen, und sogar die rheinischen Bischofsstädte, bislang zuverlässige Verbündete des salischen Königtums, fühlten sich offensichtlich durch die für den König zu erbringenden Leistungen zunehmend überfordert. Die Erhebung des Kölner Erzbischofs war von den Bürgern der Stadt mitgetragen worden; bald darauf erzwangen die Mainzer Bürger die Freilassung ihres Erzbischofs Adalbert (1112).

Der Vergrößerung der Machtgrundlagen des Königtums diente auch der zweite Italienzug, den Heinrich von 1116 bis 1118 trotz der angespannten Situation im Reich unternahm. Schon bei der Rückkehr von der Kaiserkrönung hatte ihn Markgräfin Mathilde von Canossa zum Erben ihres umfangreichen Eigenbesitzes in Italien eingesetzt. Kurz zuvor hatte Mathilde allerdings noch die Schenkung ihrer Güter an den Papst bestätigt, die sie Jahrzehnte zuvor versprochen hatte. Welche Bedeutung diese Schenkungen besaßen, welche Vorstellungen die Markgräfin selbst damit verbunden hatte und weshalb sie kurz vor ihrem Tod den Kaiser begünstigte, lässt sich nicht mehr feststellen. Im weiteren Verlauf des 12. Jahrhunderts sollte es darüber zu langen Auseinandersetzungen zwischen Papst und Kaiser kommen; nach dem Tod Mathildes im Jahr 1115 gelang es Heinrich V. allerdings zunächst, ohne päpstlichen Widerstand das Erbe zu übernehmen und in Oberitalien Rechte und Besitztümer der Mathilde an verschiedene Herrschaftsträger zu vergeben.

Für die Zeit seiner Abwesenheit hatte der Salier seinen staufischen Neffen, Herzog Friedrich II. (1105–1147), und Pfalzgraf Gottfried zu Reichsverwesern bestellt. Vor allem Friedrich und sein Bruder Konrad (König 1138, † 1152), behaupteten nicht nur die Positionen des Kaisers, sondern setzten dessen Anstrengungen zum Herrschaftsausbau konsequent fort; vom Schwabenherzog hieß es später, er habe „am Schwanz seines Pferdes stets eine Burg mit sich gezogen". Beide Staufer agierten in Regionen, in denen sich Reichsgut sowie salischer und staufischer Besitz ergänzten, und beiden gelang es, mit den kaiserlichen Ressourcen auch die eigenen staufischen Positionen zu vergrößern: Friedrich vor allem am Mittelrhein und im Elsaß, Konrad in Franken.

b) Die Lösung des Investiturproblems

Während seines zweiten Aufenthaltes in Italien konnte Heinrich V. Anfang des Jahres 1117 feierlich in Rom einziehen, nachdem Paschalis II. die Stadt wegen Auseinandersetzungen mit städtischen Adelsfamilien hatte verlassen müssen. Nach dem Tod des Papstes im Jahr 1118 wurde sein Kanzler Johannes von Gaeta erhoben (Gelasius II.). Der Kaiser nutzt die Gelegenheit, um mit dem gerade in Rom anwesenden Erzbischof Mauritius von Braga nochmals einen Gegenpapst (Gregor VIII.) zu kreieren, der aber nur vorübergehend bei einigen römischen Adelsfamilien Unterstützung fand. Auch in Deutschland reagierte die Mehrheit der Fürsten ablehnend auf das neue Papstschisma. Nur die schnelle Rückkehr des Kaisers konnte eine geplante Reichsversammlung verhindern, auf der man über sein Vorgehen hatte urteilen wollen. Unter dem Druck der Fürsten musste Heinrich erneut eine Verständigung mit dem Reformpapsttum suchen; erste Schritte wurden im Juni 1119 auf einer Reichsversammlung in Mainz eingeleitet, die einen Reichsfrieden verkündete und die Anerkennung des neuen Papstes Calixt II. aussprach. Mit Erzbischof Guido von Vienne war ein entfernter Verwandter der salischen Familie zum Papst erhoben worden, der aber wohl vor allem aufgrund machtpolitischer Gegensätze im burgundischen Raum seit langem zu den erbittertsten Gegnern des Kaisers gehörte. Gleichwohl wurden durch Vermittlung Bischof Wilhelms von Champeaux und Abt Pontius' von Cluny erste Verhandlungen aufgenommen, die eine persönliche Begegnung von Kaiser und Papst in Mouzon (24. Oktober 1119) vorbereiteten. Trotz der Bereitschaft Heinrichs, auf die Investitur zu verzichten, scheiterte der Verständigungsversuch an der Frage, wie der königliche Anspruch auf den Reichsdienst der Kirchen gesichert werden sollte, und an der Behandlung der vom Kaiser im Konflikt eingesetzten Bischöfe.

Während Erzbischof Adalbert von Mainz nach Mouzon mit sächsischer Unterstützung gegen den erneut exkommunizierten Heinrich kämpfte, bemühte sich die Mehrheit der Fürsten um einen Ausgleich. Auf einer Reichsversammlung in Würzburg (29. September 1121) wurde ein „äußerst sicherer Friede" (*pax firmissima*) abgeschlossen; zugleich musste der Kaiser versprechen, dem Papst Gehorsam zu leisten, während die Fürsten sich verpflichteten, gegenüber dem Papst Stellung und Rechte des Reichs (*honor regni*) zu wahren. Im Mittelpunkt der folgenden Verhandlungen stand die Frage der Regalien; die Möglichkeit, auch in diesem Punkt zur Verständigung zu kommen, war in den Diskussionen seit dem Ende des 11. Jahrhunderts dadurch vorbereitet worden, dass man gelernt hatte, zwischen den geistlichen Aspekten des Bischofsamtes, den Spiritualien, und den weltlichen, den Temporalien, zu unterscheiden. Auf diese Weise versuchte der Kanonist und Bischof Ivo von Chartres († 1115/16), in den Auseinandersetzungen um Bischofserhebungen in Frankreich schon gegen Ende des 11. Jahrhunderts zu vermitteln. Entsprechend dieser Unterscheidung gelangte man bei den Verhandlungen, die im Herbst 1122 mit päpstlichen Legaten geführt wurden, zu einer Trennung der Investitursymbole: Während der König auf die Investitur mit Ring und Stab verzichtete, weil diese Symbole fortan dem Bereich der Spiritualia vorbehalten blieben, wurde das Zepter als Symbol für die Übertragung der weltlichen Herrschaftsrechte durch den König, der Temporalia, eingeführt.

Die Ergebnisse wurden am 23. September 1122 vor Worms verkündet. Die seit Gottfried Wilhelm Leibniz († 1716) in anachronistischer Terminologie als „Wormser Konkordat" bezeichnete Übereinkunft besteht aus zwei Urkunden, die jeweils vom Kaiser bzw. im Namen des Papstes von den Legaten ausgestellt wurden. Im *Heinricianum* (s. **Quelle**) sicherte der Kaiser neben dem Verzicht auf die Spiritualieninvestitur die freie kanonische Wahl der Bischöfe und Äbte zu. Das *Calixtinum* (s. **Quelle**) gestatte, die Wahlen im deutschen Reich jeweils in Gegenwart des Kaisers abzuhalten, und räumte diesem das Reicht ein, bei strittigen Wahlen in Übereinstimmung mit den Bischöfen eine Entscheidung zu treffen. Die Verleihung der Regalien durch das Zepter sollte im deutschen Reich unmittelbar vor, in Burgund und Italien innerhalb von sechs Monaten nach der Weihe erfolgen.

Das Wormser „Konkordat": Das Heinricianum

Johannes Bühler, Die sächsischen und salischen Kaiser. Nach zeitgenössischen Quellen, Leipzig 1924, S. 396.

In Namen der heiligen und unteilbaren Dreieinigkeit. Ich, Heinrich, Kaiser und Augustus der Römer, überlasse aus Liebe zu Gott der heiligen römischen Kirche und dem Herrn Papst Calixtus sowie zum Heile meiner Seele Gott, den heiligen Aposteln Gottes Petrus und Paulus und der heiligen katholischen Kirche jede Investitur mit Ring und Stab und gewähre allen Kirchen in meinem König- und Kaiserreiche kanonische Wahl und freie Weihe. Die Besitzungen und Regalien des heiligen Petrus, die seit Ausbruch dieses Streites bis zum heutigen Tage zur Zeit meines Vaters und unter mir genommen wurden und die ich besitze, gebe ich dieser heiligen römischen Kirche zurück, soweit sie aber nicht in meinem Besitze sind, werde ich für ihre Rückgabe gewissenhaft sorgen. ... All dies wurde mit der Zustimmung und dem Rate der Fürsten, deren Namen folgen, beschlossen: Adalbert, Erzbischof von Mainz; Friedrich, Erzbischof von Köln; Bruno, Erzbischof von Trier ... Herzog Heinrich, Herzog Friedrich ...

Das Wormser „Konkordat": Das Calixtinum

Johannes Bühler, Die sächsischen und salischen Kaiser. Nach zeitgenössischen Quellen, Leipzig 1924, S. 397.

Ich, Bischof Calixtus, Diener der Diener Gottes, bewillige dir, meinem geliebten Sohne Heinrich, von Gottes Gnaden Kaiser und Augustus der Römer, dass die Wahl der Bischöfe und Äbte des deutschen Reiches, die zu deinem Königreiche gehören, in deiner Gegenwart ohne Simonie und irgendwelche Vergewaltigung vollzogen werde und dass du im Falle eines Streites unter den Parteien nach gütlicher Vereinbarung oder durch Richterspruch des Metropoliten und der Bischöfe dieser Provinz dem besseren Teile deine Zustimmung und Hilfe gewährest. Der Erwählte soll dann von dir ohne jegliche Bezahlung die Regalien durch Verleihung des Stabes erhalten und dir leisten, wozu er demgemäß von Rechts wegen verpflichtet ist. Wer in anderen Teilen deines Kaiserreiches geweiht wurde, soll innerhalb von sechs Monaten ohne jegliche Bezahlung die Regalien durch Verleihung des Stabes von dir erhalten und dir leisten, wozu er demgemäß von Rechts wegen verpflichtet ist. Sämtliche Belange der römischen Kirche sind jedoch hierbei ausgenommen. ...

Die päpstlichen Zugeständnisse wurden vom Mainzer Erzbischof Adalbert und auf der im März 1123 in Rom abgehaltenen Synode kritisiert, die in der weiteren kirchenrechtlichen Entwicklung der westlichen Kirche als erstes hochmittelalterliches Konzil (**1. Laterankonzil**) in die Reihe der Konzilien mit allgemeiner Geltung (ökumenische Konzilien) aufgenommen wurde. Calixt II. konnte die Konzilsteilnehmer allerdings davon überzeugen, dass sie die Ergebnisse nicht billigen, sondern nur tolerieren mussten, um den Frieden zu gewährleisten. Auf einem Fresko im Lateranpalast, das eine in der Realität gar nicht zustande gekommene Begegnung von Kaiser und Papst darstellte, war dementsprechend nur das Heinricianum in der Hand des Kaisers zu erkennen, während das Calixtinum mit den päpstlichen Zugeständnissen nicht abgebildet wurde.

1. Laterankonzil
Die Regelungen des Wormser „Konkordats“ wurden auf einer Synode bestätigt und verkündet, die Papst Calixt II. im Jahr 1123 im römischen Lateranpalast abhielt. Als 1. Laterankonzil ist diese Synode in der Tradition der katholischen Kirche in die Reihe der allgemeinen, für die ganze Kirche geltenden Synoden einbezogen worden, die als ökumenische Konzilien bezeichnet werden. In dieser Reihe wird das 1. Laterankonzil als 9. ökumenisches Konzil gezählt. Weitere Beratungsgegenstände waren zentrale Themen der Kirchenreform und der kirchlichen Entwicklungen des 11. Jahrhunderts: Simonie und Zölibat, Gottesfrieden sowie der Schutz der Kreuzfahrer.

Die kaiserliche Urkunde wird noch heute im Vatikan verwahrt, das Calixtinum ist ausschließlich in späteren Abschriften überliefert. Ohnehin war die Urkunde nur von den päpstlichen Legaten ausgestellt worden, eine Ausfertigung mit der Unterschrift des Papstes sollte wohl bei einem Romzug des Kaisers übergeben werden, der offensichtlich geplant, aber auf Grund verschiedener Umstände nicht realisiert wurde. Ein weiterer Unterschied ist in der Forschung intensiv diskutiert worden: Heinrich verzichtete gegenüber dem hl. Petrus und damit gegenüber der römischen Kirche grundsätzlich auf die Investitur mit Ring und Stab, während die Zugeständnisse des Papstes an den Kaiser persönlich adressiert waren. Gegenüber Heinrichs Nachfolgern waren die Päpste also streng genommen nicht an die Vereinbarungen von Worms gebunden; dieser Vorbehalt relativiert sich aber, wenn man berücksichtigt, dass schriftlich fixierten Rechtsvereinbarungen im Kontext der Zeit ohnehin nur eingeschränkte Bedeutung zukam. Das Wormser „Konkordat“ war kein Verfassungsdokument, das im Folgenden immer wieder hervorgeholt worden wäre, sondern es diente vor allem dem aktuellen Ausgleich. Für Heinrich V. war wichtig, dass sein Verhältnis zum Papst geregelt und dass ihm dabei ermöglicht wurde, die tradierten Ansprüche des Königs gegenüber Bischofskirchen und Abteien des Reichs aufrecht zu erhalten. Diese Ansprüche waren nirgendwo schriftlich fixiert, sondern lagen in der Gewohnheit begründet, und auf gleichem Weg wirkten auch die Wormser Vereinbarungen weiter: indem man sich bei den einzelnen Bischofserhebungen weitgehend daran orientierte und auf diese Weise die geltende Praxis modifizierte.

In langfristiger Perspektive wahrte die an den Wormser Vereinbarungen orientierte Praxis die Möglichkeiten des deutschen Königs, auf die Auswahl der Bischöfe entscheidenden Einfluss zu nehmen. Umstritten ist, in welchem Ausmaß die Einführung eines besonderen Symbols für die Vergabe der Regalien und die darin ausgedrückte Differenzierung von weltlichen und geistlichen Aspekten des Bischofsamtes auf die weitere Ausgestaltung der Herrschaftsordnung in Deutschland einwirkte. Im Gegensatz zu den Zielen mancher Kirchenreformer trat durch diese Scheidung der herrschaftliche Aspekt des Bischofsamtes noch deutlicher hervor, die Unterschiede zwischen den geistlichen und weltlichen Fürsten wurden weiter abgebaut. Der Akt der Regalienvergabe mit dem Zepter hat möglicherweise Tendenzen verstärkt oder erst ausgelöst, das Verhältnis zwischen den geistlichen Fürsten und dem König als Lehnsbindung zu deuten, und dadurch die Entwicklung des Lehnrechts im deutschen Reich beschleunigt. In den Wormser Vereinbarungen wird allerdings die Lehnshuldigung der Geistlichen, die Paschalis II. im Vertrag mit dem englischen König geduldet hatte (s. Kap. VII,1,b), nicht erwähnt, und es ist unklar, ob eine solche Huldigung in der Zeit Heinrichs V. überhaupt schon praktiziert wurde.

Das weitere Verhältnis zwischen den geistlichen Fürsten und dem König wurde jedenfalls nicht nur von den Wormser Vereinbarungen bestimmt, sondern wohl noch deutlicher von der Entwicklung, die das Verhältnis zwischen König und Fürsten überhaupt seit der Zeit Heinrichs IV. genommen hatte. Wie schon bei der Königswahl Rudolfs von Rheinfelden in Forchheim (s. Kap. VI,3,b) waren die Fürsten dem König bei der Vorbereitung des Ausgleichs mit dem Papst als Sachwalter des Reichs entgegengetreten. Die Mitverantwortung der Fürsten für die Königtum und Reich betreffenden Entscheidungen kam auch im Heinricianum zum Ausdruck, das von geistlichen und weltlichen Fürsten unterschrieben worden war, darunter Welf V. und der Staufer Friedrich II.

c) Bündnis und Abgrenzung: Heinrich V. und das englische und französische Königtum

Sächsische Große unterschrieben das Heinricianum nicht, Sachsen blieb dem herrschaftlichen Zugriff des Kaisers auch weiterhin entzogen, während sich seine Stellung im Süden des Reichs konsolidierte. Ein weiterer Handlungsraum wurde dem Salier durch die Verbindung mit dem englischen König erschlossen. Der überraschende Tod des englischen Thronfolgers im Jahr 1120 eröffnete vielleicht sogar Aussichten auf eventuelle Ansprüche der Kaiserin Mathilde, doch blieb diese Perspektive eher vage, zumal der englische König eine zweite Ehe einging, deren Kinderlosigkeit in den ersten Jahren noch nicht absehbar war. Allerdings wurde die Verbindung zwischen salischem und anglonormannischem König immer enger, und Heinrich V. unterstützte seinen Schwiegervater in dessen Auseinandersetzungen mit dem französischen König Ludwig VI.

Gegen einen Feldzug des Kaisers nach Frankreich konnte der Kapetinger ungewöhnlich große Unterstützung mobilisieren, woraufhin Heinrich V. sein Unternehmen abbrach, bevor es zur militärischen Konfrontation kommen konnte (1124); nicht nur Gefolgsleute aus der Krondomäne, sondern auch eine Reihe großer Fürsten folgten dem Ruf des Königs. Unter Führung des Abtes von Saint-Denis, Suger (1122–1151), wurde die Verteidigungsbereitschaft symbolkräftig inszeniert: Der König nahm vom Altar des hl. Dionysius eine Fahne auf und stellte sich so unter den Schutz des Heiligen. Diese Vorgänge hat man häufig als Initialzündung für die Entstehung eines französischen Nationalbewusstseins gewertet; zu beachten ist allerdings, dass sich das Bewusstsein historischer und politischer Identität zunächst mit dem Norden Frankreichs verknüpfte. Suger selbst, dem wir den ausführlichsten Bericht von diesem Ereignis verdanken, spricht von der *Francia,* und das wurde im Folgenden auch der zunehmend politisch aufgeladene Begriff für Nordfrankreich, der aber noch nicht den Süden oder Westen des heutigen Frankreich umfasste.

Suger ist der Kronzeuge nicht nur für die Ausbildung politischer Identität im Norden Frankreichs, sondern auch für erste ethnisch-politisch gefärbte Ressentiments gegenüber dem Nachbarn im Osten. Dem Abt von Saint-Denis ging es allerdings nicht nur um das französische Königtum, sondern auch um die Bedeutung, die seiner Abtei für Legitimation und Praxis französischer Köngisherrschaft zukommen sollte. Diese Verbindung erklärt nicht zuletzt das religiöse Pathos, mit dem Suger sich gegen den Salier und seine deutschen Gefolgsleute wendet: Diese sollten verfolgt werden wie die Heiden, also die Muslime in Palästina beim Kreuzzug. Das war wohl darin begründet, dass der Zug des Kaisers auf das Zentrum der Francia und damit auch auf Saint-Denis zielte; für Suger war das gleichbedeutend mit einem Angriff auf seinen Heiligen, Dionysius, also ein Sakrileg ersten Ranges. Die Feindschaft Sugers gegenüber Heinrich V. erklärt sich allerdings nicht nur aus der Bedrohung von Saint-Denis, sondern auch aus der Parteinahme des französischen Königtums für das Reformpapsttum. Die Verbindung zum Papst wurde langfristig zu einer Konstante und zu einem identitätsstiftenden Faktor des französischen Königtums, während der Kampf der Salier gegen den Papst zunehmend die Wahrnehmung des Kaisertums in Europa und besonders in Frankreich beeinflusste.

In diesem Zusammenhang war es wiederum Suger, der erstmals das Bild des Deutschen als eines kulturell unterlegenen, dafür martialisch auftretenden Barbaren zeichnete. Unangenehm aufgefallen war dem Abt von Saint-Denis der Bayernherzog Welf V., der mit der deutschen Delegation an den ergebnislos verlaufenen Verhandlungen der Synode von Châlons teilgenommen hatte. Dass man aus deutscher Perspektive im Gegenzug Anstoß an der romanischen Kultur nehmen konnte, das hatte mehr als ein halbes Jahrhundert zuvor ausgerechnet der in Lothringen wirkende Abt Siegfried von Gorze demonstriert, der besonders die Kleidungsgewohnheiten westlich des Rheins ins Visier genommen hatte. Der Abt wollte damit allerdings gegen die Eheverbindung Kaiser Heinrichs III. mit Agnes von Poitou angehen, und daran störte ihn nicht die romanische Herkunft der Braut, sondern die zu nahe Verwandtschaft der Brautleute.

Solche Vorstufen nationaler Stereotypen blieben aber vorerst punktuell und situationsbezogen, sie zeigen noch keine grundlegende Entfremdung zwischen dem östlichen und dem westlichen Nachfolgereich des karolingischen Frankenreichs an. Die erfolgreiche Mobilisierung gegen den Angriff Heinrichs V. belegt allerdings, dass es der seit 987 herrschenden Königsfamilie der Kapetinger gelungen war, ihrem Königtum und seinen Herrschaftsansprüchen ebenso Konstanz und Akzeptanz zu verschaffen, wie es Ottonen und Salier in ihrem Herrschaftsbereich seit 919 erreicht hatten. Das französische Königtum behauptete sich allerdings weiterhin auf einer ungleich schmaleren Basis, und der Herrschaftsanspruch der Kapetinger besaß eine weit geringere Reichweite als der Anspruch salischer Königsherrschaft.

d) Das Ende des salischen Königtums und die Regelung der Nachfolge

Beim Abbruch des Zuges gegen den französischen König sah sich Heinrich V. erneut mit der Auflehnung einer Stadt konfrontiert: Die Wormser Bürger hatten die königliche Pfalz zerstört und Partei für ihren vertriebenen Bischof Burchard II. ergriffen. Die Eroberung der Stadt war der letzte Erfolg Heinrichs, der nach kurzer Krankheit am 23. Mai 1125 mit erst 39 Jahren in Utrecht starb. Dort wurden seine Eingeweide bestattet, während der Leichnam des Kaisers in der Grablege seines Vaters und seiner Großeltern in Speyer beigesetzt wurde. Weil das Kaiserpaar keinen Sohn hatte, stellte sich die Frage einer Regentschaft der Kaiserin nicht. Nach der Beisetzung verschwand Mathilde gewissermaßen spurlos aus der Geschichte des Reichs; sie zog sich nach England zurück, wo sie noch eine wichtige Rolle spielen sollte. Auch dort trat sie als „Kaiserin“ auf, aber ohne irgendwelche Interessen im deutschen Reich zu verfolgen. Durch ihre zweite Ehe mit Gottfried von Anjou wurde sie zur Stamm-Mutter der Plantagenets, des neuen englischen Königshauses.

Für viele Fürsten bedeutete Heinrichs früher Tod die Chance, sich jetzt radikal vom salischen Königtum zu lösen und der im Ganzen negativ bewerteten Königsherrschaft zumindest der letzten beiden Salier eine Alternative entgegenzusetzen. Diese Stimmung fand ihren Ausdruck in einem **Brief**, mit dem die zur Beisetzung des Kaisers in Speyer versammelten Fürsten gemeinsam zur Wahl eines neuen Königs einluden. Darin heißt es, Kirche und Reich hätten bisher unter großer Bedrückung gelitten.

Das Reich stand jetzt vor einer Situation, die es seit 100 Jahren nicht mehr gegeben hatte: der König war gestorben, ohne einen Nachfolger zu hinterlassen. Das bedeutete, dass man erst einmal ein Verfahren finden musste, um die Thronfolge zu regeln. Allerdings gab es einen Kandidaten, der aus seiner nicht nur verwandtschaftlich begründeten Nähe zum verstorbenen Kaiser einen Anspruch auf dessen Nachfolge ableitete: Herzog Friedrich II. von Schwaben, der Sohn der Schwester Heinrichs V., Agnes. Seinem Neffen und dessen Bruder Konrad hatte Heinrich V. auf dem Totenbett das salische Erbe zugesprochen. Dabei bleibt unklar, warum nicht auch die Nachkommen des Babenberger Markgrafen Leopold von Österreich, den Agnes in zweiter Ehe geheiratet hatte, einen Erbanspruch erhoben. Die Entscheidung über das Königtum fiel in einem komplizierten Verfahren auf einer turbulenten Wahlversammlung in Mainz, und sie fiel gegen den Staufer. Mit Lothar von Supplingenburg wurde statt des Erben der erbittertste Gegner des verstorbenen Kaisers zum König erhoben. Die Kandidatur des Staufers war allerdings alles andere als aussichtslos gewesen. Das spricht dafür, dass sich auch in den langen Kämpfen der beiden letzten Salier längst keine einheitliche Front gegen das salische Königtum herausgebildet hatte.

Aus dem Brief der bei der Beisetzung Heinrichs V. in Speyer versammelten geistlichen und weltlichen Fürsten an Bischof Otto von Bamberg
MGH Const. 1, S. 165 f., Nr. 112.

Gedenke der Bedrückung, unter der die Kirche mit dem gesamten Reich bis heute gelitten hat, und bete darum, dass die göttliche Vorsehung bei der Einsetzung einer anderen Person so für ihre Kirche und das Reich sorgen möge, dass jene zukünftig vom schweren Joch der Knechtschaft frei sein wird und nach eigenen Gesetzen leben kann und dass wir alle mit dem gesamten uns anvertrauten Volk im Diesseits Ruhe und Frieden genießen können.

Auswahlbibliographie

Lexika, Nachschlagewerke und Bibliographien

Lexikon des Mittelalters. 10 Bde. München/Stuttgart/Weimar 1980–1999. *Das grundlegende Nachschlagewerk zu allen Bereichen der mittelalterlichen Geschichte.*

Allgemeine Deutsche Biographie (ADB). Hrsg. durch die Historische Commission bei der königl. Akademie der Wissenschaften. 45 Bde. und Bd. 46–55: Nachträge. Bd. 56: Generalregister. Leipzig 1875–1912. Ndr. Berlin 1967–1971. *Umfangreiches biographisches Lexikon mit zahlreichen Artikeln zu Personen der Epoche; im Detail ergänzungsbedürftig, aber zur Grundlageninformation immer noch hilfreich.*

Neue Deutsche Biographie (NDB). Hrsg. v. d. Historischen Kommission der Bayerischen Akademie der Wissenschaften. Berlin 1953 ff. (Bisher Bde. 1–19). *Aktualisierung der ADB, weniger Beiträge zum 10./11. Jahrhundert.*

Wattenbach, W./Holtzmann, R.: Deutschlands Geschichtsquellen im Mittelalter. Die Zeit der Sachsen und Salier. Neuausgabe besorgt v. F.-J. Schmale. Teil 1: Das Zeitalter des Ottonischen Staates (900–1050). Weimar 1967. Teil 2: Das Zeitalter des Investiturstreits (1050–1125). Weimar 1976. Teil 3: Italien (1050–1125) – England (900–1135). Nachträge zum ersten und zweiten Teil. Darmstadt 1971. *Umfassende Quellenkunde, gegliedert nach Herkunft und literaturgeschichtlichem Kontext der Quellen. Die Nachträge im dritten Teil sind jeweils ergänzend zum ersten und zweiten Teil heranzuziehen.*

Jahresberichte für deutsche Geschichte. Neue Folge. 1952 ff. Seit 1991 hrsg. v. der Berlin-Brandenburgischen Akademie der Wissenschaften. *Chronologisch-systematisch gegliederte fortlaufende Bibliographie zur deutschen Geschichte. Seit 1991 auch als CD-Datenbank mit jährlichem Update verfügbar.*

Historische Bibliographie. Hrsg. v. d. Arbeitsgemeinschaft außeruniversitärer historischer Forschungseinrichtungen in der Bundesrepublik Deutschland. München 1987 ff. *Umfassende, chronologisch-systematisch gegliederte Bibliographie vor allem zur deutschen Geschichte. Seit 1990 auch als Online-Datenbank verfügbar.*

Fachzeitschriften

Beiträge zur ottonisch-salischen Zeit finden sich in allen deutschen und internationalen Zeitschriften zur Geschichte, Mediävistik, Kirchengeschichte, Kunstgeschichte und Kulturgeschichte. Besonders hervorgehoben seien:

Deutsches Archiv für Erforschung (*bis Bd. 7:* Geschichte) des Mittelalters (DA). 1937–1944; 1951 ff. Vorgänger: (Deutsches) Archiv/Neues Archiv der Gesellschaft für ältere deutsche Geschichtskunde 1820–1874; 1876–1935. *Zeitschrift der MGH mit Beiträgen zu allen Bereichen der fränkischen und deutschen Geschichte des Mittelalters und Studien zu wichtigen Quellentexten. Der umfangreiche, über Autoren- und Sachregister erschlossene Rezensionsteil ist besonders wichtig für die bibliographische Erarbeitung eines Themas.*

Frühmittelalterliche Studien. Berlin 1967 ff. *Zeitschrift des Instituts für Frühmittelalterforschung der Universität Münster. Zahlreiche grundlegende Beiträge zur ottonischen Zeit.*

Quellen und Forschungen aus italienischen Archiven und Bibliotheken. Rom 1898 ff. Tübingen 1954 ff. *Zeitschrift des Deutschen Historischen Instituts in Rom mit Beiträgen zur Reichsgeschichte, zur Geschichte des Regnum Italiae und zu zentralen Quellen.*

Quellensammlungen

Monumenta Germaniae Historica. *Sammlung der schriftlichen Quellen zur fränkischen und deutschen Geschichte des Mittelalters in kritischen Editionen; z. T. mehrfache Neubearbeitung zentraler Texte. Historiographische Werke zur Epoche in den Reihen:* Scriptores in folio, Scriptores rerum Germanicarum in usum scholarum, Scriptores rerum Germanicarum. Nova series, Deutsches Mittelalter. Kritische Studientexte. *Herrscherurkunden in:* Die Urkunden der Deutschen Könige und Kaiser (Diplomata regum et imperatorum Germaniae). *Hilfreich zur Orientierung sind die Internet-Seiten der MGH:* www.mgh.de.

Hartmann, W.: Frühes und hohes Mittelalter 750–1250. In: Deutsche Geschichte in Quellen und Darstellung. Hrsg. v. R. A. Müller. Bd. 1. Stuttgart 1995. *Kompakte Sammlung zentraler Quellen in Übersetzung mit Einführung in die Grundprobleme der Epoche.*

Lautemann, W.: Mittelalter. In: Geschichte in Quellen. Hrsg. v. W. Lautemann/M. Schlenke. Bd. 2. München [3]1989. *Umfangreiche Sammlung zentraler Quellen in Übersetzung.*

Ausgewählte Quellen zur deutschen Geschichte des Mittelalters. Freiherr vom Stein-Gedächtnisausgabe (Reihe A). Begründet v. R. Buchner, fortgeführt v. F.-J. Schmale. Darmstadt 1955 ff. *Zweisprachige Quellenausgabe. Zur ottonisch-salischen Zeit*: Bde. 8–15 u. 21/22.

Die Geschichtsschreiber der deutschen Vorzeit in deutscher Bearbeitung. 2. Gesamtausgabe. Hrsg. v. O. Holder–Egger/W. Wattenbach u. a. 96 Bde. Leipzig 1884–1941. 3. Gesamtausgabe hrsg. v. K. Langosch. Bd. 30, 83, 97–104. Leipzig u. a. 1944–1962. *Ältere Quellenübersetzungen in Einzelbänden, z. T. anderswo nicht greifbare Texte.*

Böhme, W.: Die deutsche Königserhebung im 10.–12. Jahrhundert. Heft 1: Die Erhebungen von 911–1105. In: Historische Texte/Mittelalter, hrsg. v. A. Borst/J. Fleckenstein. Bd. 14,1. Göttingen 1970. *Zusammenstellung der relevanten Quellen ohne Übersetzung.*

Eine Auswahl wichtiger erzählender Quellen zur fränkischen und deutschen Geschichte bietet eine zweisprachige CD-Rom-Ausgabe: Quellensammlung zur Mittelalterlichen Geschichte/Quellensammlung zur Mittelalterlichen Geschichte. Fortsetzung. Heptagon Berlin.

Regestenwerke

Kurze, chronologische Orientierung über die Daten der politischen Ereignisgeschichte auf der Grundlage von Urkunden und Geschichtsschreibung. Hilfreich zur Ermittlung der Quellen zu einzelnen Ereignissen und Daten.

Boehmer, J. F./Appelt, H.: Die Regesten des Kaiserreiches unter Konrad II. 1024–1039. (Regesta Imperii 3/1/1). Graz 1951.

Boehmer, J. F./Graff, Th.: Die Regesten des Kaiserreiches unter Heinrich II. (Regesta Imperii 2/4). Wien u. a. 1971.

Boehmer, J. F./Mikoletzky, H. L.: Die Regesten des Kaiserreiches unter Otto II. (Regesta Imperii 2/2). Wien u. a. 1950.

Boehmer, J. F./Ottenthal, E. v.: Die Regesten des Kaiserreiches unter Heinrich I. und Otto I. (Regesta Imperii 2/1). Wien u. a. 1893, erg. Ndr. 1967.

Boehmer, J. F./Struve, T.: Die Regesten des Kaiserreiches unter Heinrich IV. 1056 (1050) – 1106. (Regesta Imperii 3/2/3). 1. Lieferung: 1056 (1050) – 1065. Köln/Wien 1984.

Boehmer, J. F./Uhlirz, M.: Die Regesten des Kaiserreiches unter Otto III. (Regesta Imperii 2/3). Wien u. a. 1956.

Boehmer, J. F./Zimmermann, H.: Papstregesten 911–1024. (Regesta Imperii 2/5). Wien u. a. [2]1998.

Boehmer, J. F.: Regesta Imperii. II. Sächsische Zeit: 919–1024. 6. Register. Erarbeitet v. H. Zimmermann. Köln/Wien 1982.

Lübke, Ch.: Regesten zur Geschichte der Slaven an Elbe und Oder. 5 Bde. Berlin 1984–1988.

Übergreifende Literatur

Althoff, G.: Die Ottonen. Königsherrschaft ohne Staat. Stuttgart 2000. *Verständliche, einführende und zusammenfassende Darstellung der Grundprobleme ottonischer Herrschaft auf der Grundlage der aktuellen Forschungen zu Praxis, Struktur und Möglichkeiten des Königtums.*

Arnold, B.: German Knighthood 1050–1300. *Darstellung der Entwicklung des Rittertums und der in salischer Zeit hervortretenden Ministerialität.*

Bernward von Hildesheim und das Zeitalter der Ottonen. Katalog der Ausstellung Hildesheim 1993. 2 Bde. Hildesheim u. a. 1993. *Opulent ausgestatteter Katalog zur Kulturgeschichte der späten Ottonenzeit mit kurzen einführenden Beiträgen zu Grundfragen der Epoche.*

Boshof, E.: Die Salier. Stuttgart [4]2000. *Materialreiche Dynastiegeschichte mit umfangreicher Bibliographie.*

Boshof, E.: Königtum und Königsherrschaft im 10. und 11. Jahrhundert. München 1993. *Komprimierter Überblick über die Ereignisgeschichte, kommentierende Darstellung von Forschungsproblemen und ausführliche Bibliographie.*

Bosl K.: Die Reichsministerialität der Salier und Staufer (MGH Schriften 10). 2 Bde. Stuttgart 1950/51. *Grundlegende, in manchen Details zu korrigierende Darstellung von Entwicklung und Bedeutung der Reichsministerialität.*

Brühl, C.: Deutschland – Frankreich. Die Geburt zweier Völker, Köln/Wien 1990, [2]1994. *Breite Darstellung von Gemeinsamkeit und Auseinanderentwicklung des westfränkisch-französischen und ostfränkisch-deutschen Reichs mit pointierten, z. T. polemischen Wertungen.*

Brühl, C.: Fodrum, Gistum, Servitium regis. Studien zu den wirtschaftlichen Grundlagen des Königtums im Frankenreich und in den karolingischen Nachfolgestaaten Deutschland, Frankreich und Italien vom 6. bis zur Mitte des 14. Jahrhunderts. 2 Bde. Köln 1968. *Grundle-*

gende Studien zu den materiellen Ressourcen des Königtums.

Ehlers, J.: Die Kapetinger. Stuttgart 2000. *Detailreiche Geschichte der Herrscherdynastie, die im 10. Jahrhundert die Nachfolge der Karolinger im westfränkischen Reich antrat.*

Europas Mitte um 1000. Beiträge zur Geschichte, Kunst und Archäologie. Hrsg. v. A. Wieczorek/H.-M. Hinz. 2 Bde. Stuttgart 2000. *Breite Aufsatzsammlung zur Geschichte der slawischen Völker Ostmitteleuropas sowie der Ungarn und ihrer Austauschbeziehungen mit dem ottonischen Reich und der christlich-lateinischen Kultur.*

Europas Mitte um 1000. Katalog. Hrsg. v. A. Wieczorek/H.-M. Hinz. Stuttgart 2000. *Materialreicher Überblick über Sach- und Schriftkultur des ottonischen Reichs und seiner östlichen Nachbarn.*

Fichtenau, H.: Lebensordnungen des 10. Jahrhunderts. 2 Bde. Stuttgart 1984, Tb. München 1992. *Quellennahe Einzelstudien zur Mentalität, Vorstellungswelt und Lebensumfeld der ottonischen Zeit.*

Fried, J.: Der Weg in die Geschichte. Die Ursprünge Deutschlands bis 1024. Berlin 1994. *Pointiert formulierte Synthese der politischen, sozialen und kulturellen Entwicklung vom fränkischen Reich der Karolinger bis zum Ende der ottonischen Epoche.*

Giese, W.: Der Stamm der Sachsen und das Reich in ottonischer und salischer Zeit. Studien zum Einfluß des Sachsenstammes auf die politische Geschichte des deutschen Reichs im 10. und 11. Jahrhundert und zu ihrer (!) Stellung im Reichsgefüge mit einem Ausblick auf das 12. und 13. Jahrhundert. Wiesbaden 1979. *Grundlegende Darstellung der Bedeutung Sachsens für Königtum und Reichsgeschichte. Die ethnische Identität der Sachsen und die Kontinuität ihrer politischen Vorstellungen werden allerdings in der aktuellen Forschungsdiskussion skeptischer eingeschätzt.*

Hlawitschka, E.: Vom Frankenreich zur Formierung der europäischen Staaten- und Völkergemeinschaft 840–1046: Darmstadt 1986. *Überblick über Ereignisse, Probleme, Forschungsdiskussionen und Literatur zwischen der späten Karolingerzeit und der Zeit Heinrichs III.*

Kaiserin Theophanu. Begegnung des Ostens und Westens um die Wende des ersten Jahrtausends. Hrg. v. A. van Euw u. P. Schreiner. 2 Bde. Köln 1991. *Beiträge zur ottonischen Kaiserin aus Byzanz und zum kulturellen Austausch zwischen Osten und Westen.*

Keller, H.: Die Ottonen. München 2001. *Komprimierte Darstellung der zentralen Ereignisse und Probleme der Epoche von einem der besten Kenner.*

Keller, H.: Zwischen regionaler Begrenzung und universalem Horizont. Deutschland im Imperium der Salier und Staufer 1024–1250. Berlin 1986. *Gut lesbare, problemgeschichtliche Orientierung und Detailinformationen verbindende Synthese der politischen, sozialen und kulturellen Entwicklung Deutschlands im Hochmittelalter.*

Landfrieden. Anspruch und Wirklichkeit. Hrsg. v. A. Buschmann/E. Wadle. Paderborn 2002. *Neuere Beiträge zur Entwicklung von Gottes- und Landfrieden seit dem 11. Jahrhundert.*

Lübke, Ch.: Fremde im östlichen Europa. Von Gesellschaften ohne Staat zu verstaatlichten Gesellschaften (9.–11. Jahrhundert). Köln u. a. 2001. *Darstellung und Analyse der Herrschaftsbildungen und der politischen Verdichtung bei den slawischen Nachbarn des ottonischen Reichs im Spiegel der sozialen, wirtschaftlichen und kulturellen Austauschbeziehungen des ostmitteleuropäischen Raumes.*

Maurer, H.: Der Herzog von Schwaben. Grundlagen, Wirkungen und Wesen seiner Herrschaft in ottonischer, salischer und staufischer Zeit. Sigmaringen 1978. *Exemplarische Darstellung von Grundlagen und Entwicklung herzoglicher Herrschaft.*

The New Cambridge Medieval History. Bd. 3. C. 900–c. 1024. Hrsg. v. T. Reuter. Cambridge 1999. *Chronologische und systematische Kapitel zur europäischen Geschichte, darunter Beiträge zur Geschichte Sachsens, Bayerns, Lothringens und Italiens in ottonischer Zeit.*

Offergeld, Th.: Reges pueri. Das Königtum Minderjähriger im frühen Mittelalter. Hannover 2001. *Stellung und Funktion der minderjährigen Könige des Frühmittelalters bis zu Otto III. werden ausführlich im jeweiligen politischen Kontext analysiert und als Schlüssel zum Verständnis von Grundlagen, Bedingungen und Wirkung königlicher Herrschaft genutzt. Mit einem Ausblick auf Heinrich IV. und die Stauferzeit.*

Otto der Große, Magdeburg und Europa. 2 Bde. Hrsg. v. M. Puhle. Mainz 2001. *Katalog der wichtigen Magdeburger Ausstellung mit einführenden Essays zu zentralen Themen.*

Reich und Kirche vor dem Investiturstreit. Festschrift Gerd Tellenbach. Hrsg. v. K. Schmid. Sigmaringen 1985. *Beiträge zum Verhältnis von Kirche, Mönchtum und Königtum in ottonischer und salischer Zeit.*

Reuter, T.: Germany in the early middle ages. London [3]1997. *Innovative Verbindung chronologischer und strukturgeschichtlicher Darstellung vom ostfränkischen Reich bis zur Zeit Hein-*

richs III. Überkommene Vorstellungen von der staatlichen Qualität ottonisch-salischer Königsherrschaft werden im Blick auf die Ressourcen und Handlungsmöglichkeiten sowie den personalen Zuschnitt der Herrschaftsordnung korrigiert.

Schneidmüller, B.: Die Welfen. Herrschaft und Erinnerung (819–1252). Stuttgart 2000. *Interessant geschriebene Dynastiegeschichte der karolingischen, burgundischen und hochmittelalterlichen Welfen mit weiterführenden Überlegungen zu Traditionen, Selbstverständnis und Konstitution mittelalterlicher Adelsgeschlechter.*

Il secolo di ferro. Mito e realità del secolo X. Settimane di studio del centro italiano di studi sull'alto medioevo 38. Spoleto 1991. *Beiträge zu Herrschaftsordnung, Kultur und Mentalität des 10. Jahrhunderts in Europa.*

Il secolo XI: una svolta? (Annali dell'Istituto storico italo-germanico. Quaderno 35). Hrsg. v. C. Violante/J. Fried. Trient 1993. *Beiträge zum viel diskutierten Wendecharakter des 11. Jahrhunderts.*

Tellenbach, G.: Die westliche Kirche vom 10. bis zum frühen 12. Jahrhundert. In: Die Kirche in ihrer Geschichte 2, F1. Göttingen 1988. *Klassische Darstellung der früh- und hochmittelalterlichen Kirchengeschichte und ihrer Bedeutung für die politische Geschichte.*

Weinfurter, St.: Herrschaft und Reich der Salier. Grundlinien einer Umbruchzeit. Sigmaringen 1991. *Prägnante Synthese mit besonderem Blick auf den sozialen und ideengeschichtlichen Wandel.*

Wolter, H.: Die Synoden im Reichsgebiet und in Reichsitalien von 916–1056. Paderborn 1988. *Chronologisch-systematische Darstellung von Verlauf, Beratungsgegenständen und Ergebnissen der kirchlichen Versammlungen.*

I. Karolingische Grundlagen und neue Bedingungen

Althoff G.: Adels- und Königsfamilien im Spiegel der Memorialüberlieferung. Studien zum Totengedenken der Billunger und Ottonen. München 1984. *Grundlegende, methodisch wegweisende Studie zum Niederschlag, den der Aufstieg der Ottonen zum Königtum und der Aufstieg der Billunger zum sächsischen Herzogtum jeweils in den Überlieferungen des liturgischen Gedenkens gefunden haben.*

Althoff, G.: Amicitiae und Pacta. Bündnis, Einung, Politik und Gebetsgedenken im beginnenden 10. Jahrhundert. Hannover 1992. *Erschließung, Aufbereitung und Auswertung der Quellen aus dem Bereich des liturgischen Gedenkwesens, die für die neuere Beurteilung der Anfänge des ottonischen Königtums zentrale Bedeutung besitzen.*

Althoff, G. und Keller, H.: Heinrich I. und Otto I. Neubeginn auf karolingischem Erbe, 2 Bde. Göttingen 1985, ²1994. *Weithin akzeptierte Neudeutung der Anfänge des ottonischen Königtums im Konsens mit den Großen.*

Becher, M.: Rex, Dux und Gens. Untersuchungen zur Entstehung des sächsischen Herzogtums im 9. und 10. Jahrhundert. Husum 1996. *Weitreichende Neubewertung von Bedingungen und politischem Rahmen des Aufstiegs der Ottonen. Das sächsische Herzogtum erweist sich nicht als Voraussetzung, sondern als Ergebnis ottonischer Königsherrschaft.*

Ehlers, J.: Die Entstehung des deutschen Reiches, München ²1998. *Systematisch orientierte Darstellung der politischen und kulturellen Faktoren, die von der Auflösung des Karolingerreichs bis ins 11. Jahrhundert die Entwicklung und Integration des ostfränkisch-deutschen Reichs bestimmt haben.*

Hartmann, W.: Ludwig der Deutsche. Darmstadt 2002. *Umfassende, biographisch orientierte Darstellung der politischen, kulturellen und sozialen Entwicklung im Reich des ostfränkischen Karolingers, dessen jahrzehntelange Herrschaft wichtige Voraussetzungen für die Entstehung des deutschen Reichs geschaffen hat.*

Köpke, R./Dümmler, E.: Kaiser Otto der Große (Jahrbücher der Deutschen Geschichte). Leipzig 1876. *Grundlegende Aufarbeitung der Ereignisgeschichte mit ausführlichen Quellenbelegen.*

Laudage, J.: Otto der Große (912–973). Eine Biographie. Regensburg 2001. *Breit angelegte Darstellung der politischen Geschichte mit Diskussion aktueller Forschungsbeiträge.*

Ottonische Neuanfänge. Hrsg. v. B. Schneidmüller/St. Weinfurter. Mainz 2001. *Aktuelle Beiträge zu Einzelfragen der ottonischen Geschichte vor 1000.*

II. Grundlagen und Praxis der Königsherrschaft

Althoff, G.: Spielregeln der Politik im Mittelalter. Kommunikation in Frieden und Fehde. Darmstadt 1997. *Methodische Neuorientierung der Forschung zur mittelalterlichen Herrschaftsordnung auf der Grundlage anthropologischer Fragestellungen zu Regeln, Funktion und Ausdrucksformen sozialer und politischer Kommunikation.*

Althoff, G.: Verwandte, Freunde und Getreue. Zum politischen Stellenwert der Gruppenbindungen im früheren Mittelalter. Darmstadt

1990. *Studien zur zentralen Bedeutung personaler Bindungen im Rahmen der mittelalterlichen Herrschaftsordnung.*

Alvermann, D.: Königsherrschaft und Reichsintegration. Eine Untersuchung zur politischen Struktur von *regnum* und *imperium* zur Zeit Kaiser Ottos II. (967) 973–983. Berlin 1998. *Anwendung und Fortschreibung der von E. Müller-Mertens erarbeiteten Fragestellungen zu Itinerar und Reichsstruktur für die Zeit Ottos II. mit wichtigen Ergebnissen im Hinblick auf die Integration des* Regnum Italiae.

Benz, K.-J.: Untersuchungen zur politischen Bedeutung der Kirchweihe unter Teilnahme der deutschen Herrscher im hohen Mittelalter. Ein Beitrag zum Studium des Verhältnisses zwischen weltlicher Macht und kirchlicher Wirklichkeit unter Otto III. und Heinrich II. Kallmünz 1975. *Grundlegende Studie zur Beteiligung des Königs an der kirchlichen Liturgie.*

Bernhardt, J. W.: Itinerant kingship and royal monasteries in early medieval Germany. Cambridge 1993. *Darstellung der Leistungen, die vor allem die ottonischen Stifte und Klöster Sachsens für die Versorgung des umherziehenden Königs und die Erschließung und wirtschaftliche Nutzung der königlichen Zentrallandschaften erbracht haben.*

Corbet, P.: Les saints ottoniens. Sainteté dynastique, sainteté royale et sainteté féminine autour de l'an mille. Beihefte zur Francia 32. Sigmaringen 1986. *Zur Bedeutung der Heiligenverehrung ottonischer Frauen für Mentalität und Politik der Zeit.*

Finck von Finckenstein, A.: Bischof und Reich. Untersuchungen zum Integrationsprozeß des ottonisch-frühsalischen Reiches. Sigmaringen 1989. *Personengeschichtliche Erfassung des Reichsepiskopats und seiner Bedeutung für Königsherrschaft und Reichsintegration bis in die Zeit Heinrichs III.*

Fleckenstein, J.: Die Hofkapelle der deutschen Könige. 2 Bde. Stuttgart 1959/1966. *Grundlegende personengeschichtliche Erforschung der Hofkapelle und ihrer Funktionen von der Karolingerzeit bis zur Zeit Heinrichs III.*

Fößel, A.: Die Königin im mittelalterlichen Reich. Herrschaftsausübung, Herrschaftsrechte, Handlungsspielräume. Stuttgart 2000. *Systematische Darstellung von Aufgaben und Möglichkeiten der Königin in der Herrschaftsordnung.*

Herrschaftsrepräsentation im ottonischen Sachsen. Hrsg. v. G. Althoff/E. Schubert. Sigmaringen 1998. *Beiträge zur öffentlichen Darstellung der Königsherrschaft in Baukunst, Liturgie, Buchmalerei und symbolischen Handlungen.*

Keller, H.: Ottonische Königsherrschaft. Organisation und Legitimation königlicher Macht. Darmstadt 2002. *Sammlung zentraler Beiträge zu Grundlagen und Praxis ottonischer Königsherrschaft.*

Körntgen, L.: Königsherrschaft und Gottes Gnade. Zu Kontext und Funktion sakraler Vorstellungen in Historiographie und Bildzeugnissen der ottonisch-frühsalischen Zeit. Berlin 2001. *Quellenkritisch ansetzende Erörterungen zu Grundlagen, Bedeutung und Reichweite der Vorstellungen vom sakralen Königtum.*

Leyser, K.: Herrschaft und Konflikt. König und Adel im ottonischen Sachsen. Göttingen 1984. Engl.: Rule and Conflict. London 1979. *Methodisch wegweisende Darstellung des Wechselverhältnisses von Herrschaft und Konflikt in ottonischer Zeit.*

Müller-Mertens, E.: Die Reichsstruktur im Spiegel der Herrschaftspraxis Ottos des Großen. Berlin 1980. *Methodische Grundlegung der Forschungen zu Itinerar und Reichsstruktur am Beispiel der Herrschaft Ottos des Großen.*

Schieffer, R.: Der geschichtliche Ort der ottonisch-salischen Reichskirchenpolitik. Opladen 1998. *Klärendes Resümee der Diskussionen um Funktion und Systemcharakter der Förderung und Nutzung der Reichskirche durch das Königtum.*

Vogtherr, Th.: Die Reichsabteien der Benediktiner und das Königtum im hohen Mittelalter. Sigmaringen 2000. *Systematische Bestandsaufnahme der Reichsklöster, ihrer Stellung in der Herrschaftsordnung und ihrer Leistungen für das Königtum.*

Zielinski, H.: Der Reichsepiskopat in spätottonischer und salischer Zeit. 1. Bd. Stuttgart 1984. *Personengeschichtliche Erfassung des Reichsepiskopats und seiner Bedeutung für Königsherrschaft und Reichsintegration von der Zeit Heinrichs II. bis zum Ende des salischen Königtums.*

III. Königsherrschaft zwischen Konflikt und Konsens

Adalbert von Prag. Brückenbauer zwischen dem Osten und Westen Europas. Hrsg. v. H. H. Henrix. Baden-Baden 1997. *Beiträge zu Leben, Wirkung und Umfeld des europaweit verehrten Märtyrers, dessen Kult von Kaiser Otto III. nachdrücklich gefördert wurde.*

Althoff, G.: Otto III. Darmstadt 1996. *Prägnante Darstellung der Probleme der Herrschaft Ottos III. unter der leitenden Frage nach den Handlungsmöglichkeiten des Herrschers im Rahmen der personalen Herrschaftsordnung.*

Bischof Burchard von Worms 1000–1025. Hrsg. v. W. Hartmann. Mainz 2000. *Beiträge zum kanonistischen und administrativen Werk sowie zum reichsgeschichtlichen und kirchengeschichtlichen Umfeld eines der bedeutendsten Reichsbischöfe der späten Ottonenzeit.*

Eickhoff, E.: Kaiser Otto III. Die erste Jahrtausendwende und die Entfaltung Europas. Stuttgart 1999. *Breit angelegte, erzählende Darstellung der Herrschaftszeit Ottos III. im europäischen Rahmen mit detaillierten Quellenbelegen.*

Eickhoff, E.: Theophanu und der König. Otto III. und seine Welt. Stuttgart 1996. *Ausgreifende erzählende Darstellung der ottonischen Welt, in der sich der junge König und seine Mutter bewegten.*

Fried J.: Otto III. und Boleslaw Chrobry. Das Widmungsbild des Aachener Evangeliars, der „Akt von Gnesen" und das frühe polnische und ungarische Königtum. Eine Bildanalyse und ihre historischen Folgen. Stuttgart [2]2001. *Weitreichende Thesen zur imperialen Konzeption Ottos III.*

Görich, K.: Otto III. Romanus Saxonicus et Italicus. Kaiserliche Rompolitik und sächsische Historiographie. Sigmaringen 1993, [2]1995. *Kritische Auseinandersetzung mit dem von Percy Ernst Schramm geprägten Bild einer literarisch vermittelten Rombegeisterung des Kaisers und der darauf zurückgeführten Renovatio-Politik.*

Hirsch, S./Bresslau, H.: Jahrbücher des Deutschen Reiches unter Heinrich II. (1002–24). 3 Bde. (Jahrbücher der Deutschen Geschichte). Berlin 1862–75. *Grundlegende Aufarbeitung der Ereignisgeschichte mit ausführlichen Quellenbelegen.*

Hoffmann, H.: Mönchskönig und rex idiota. Studien zur Kirchenpolitik Heinrichs II. und Konrads II. Hannover 1993. *Pointierte, stellenweise überzeichnete Entgegensetzung des literarisch und theologisch gebildeten und vielseitig interessierten letzten Ottonen auf der einen und des von der adeligen Laienwelt geprägten ersten Saliers auf der anderen Seite.*

Otto III. – Heinrich II.: eine Wende? Hrsg. v. B. Schneidmüller /St. Weinfurter. Sigmaringen 1997. *Beiträge zu unterschiedlichen oder gegensätzlichen Handlungsweisen und Leitvorstellungen der beiden letzten ottonischen Herrscher.*

Polen und Deutschland vor 1000 Jahren. Die Berliner Tagung über den „Akt von Gnesen". Hrsg. v. M. Borgolte. Berlin 2002. *Beiträge zur Deutung des Treffens zwischen Otto III. und Boleslaw I. Chrobry sowie zum Verhältnis zwischen dem ottonischen Reich und seinen östlichen Nachbarn.*

Riché, P.: Gerbert d'Aurillac. Le pape de l'an mil. Paris 1987. *Biographisch orientierte Darstellung des Papstes und seiner Zeit.*

Uhlirz, K. u. M.: Jahrbücher des Deutschen Reiches unter Otto II. und Otto III. (973–1002). 2 Bde. (Jahrbücher der Deutschen Geschichte). Leipzig 1902 bzw. Berlin 1954. Ndr. 1967. *Grundlegende Aufarbeitung der Ereignisgeschichte mit ausführlichen Quellenbelegen.*

Weinfurter, St.: Heinrich II. Herrscher am Ende der Zeiten. Regensburg 2000. *Umfassende, biographisch orientierte Darstellung mit dem Versuch, die Einbindung des Herrschers in den Zeithorizont ebenso nachvollziehbar zu machen wie seine eigenen Vorstellungen und Handlungsmotive.*

IV. Ottonische Tradition und neuer Herrschaftsanspruch

Bresslau, H.: Jahrbücher des Deutschen Reichs unter Konrad II. 2 Bde. (Jahrbücher der Deutschen Geschichte). Leipzig 1879/1884. *Grundlegende Aufarbeitung der Ereignisgeschichte mit ausführlichen Quellenbelegen.*

Erkens, F.-R.: Konrad II. Herrschaft und Reich des ersten Salierkaisers. Regensburg 1998. *Konzentrierte Darstellung der politischen Geschichte zur Zeit des ersten Saliers.*

Fraunknecht, E.: Der Traktat *De ordinando pontifice.* Hannover 1992. *Studie zu Herkunft und Vorlagen eines Traktats, der das Eingreifen Heinrichs III. in Sutri kritisiert, mit neuer Edition.*

Müller-Mertens, E./Huschner, W.: Reichsintegration im Spiegel der Herrschaftspraxis Kaiser Konrads II. Weimar 1992. *Fortschreibung der von E. Müller-Mertens entwickelten Methode der Itinerarforschung für die Zeit des ersten Saliers.*

Die Salier und das Reich. 3 Bde. Hrsg. v. St. Weinfurter. Sigmaringen 1991. *Beiträge zu Grundlagen und Wirkungen der Herrschaftsordnung aus reichs-, landes-, kirchen- und ideengeschichtlicher Perspektive.*

Wolfram, H.: Konrad II. 990–1039. Kaiser dreier Reiche. München 2000. *Umfassende Darstellung der Reichsgeschichte zur Zeit des ersten Saliers mit weitem Blick auf strukturelle Grundfragen der Herrschaftsordnung.*

V. Problematischer Übergang

Black-Veldtrup, M.: Kaiserin Agnes (1043–1077). Quellenkritische Studien. Köln 1995. *Problemorientierte Darstellung von Person und Funktion der Kaiserin mit besonderem Blick auf ihre Leistung in der Regentschaft und ihre Stellung zur Kirchenreform.*

Jenal, G.: Erzbischof Anno II. von Köln (1956–1075) und sein politisches Wirken. Ein Beitrag zur Geschichte der Reichs- und Territorialpolitik im 11. Jahrhundert. 2 Bde. Stuttgart 1974/1975. *Ausführliche quellenkritische Erörterungen zum bischöflichen Herrschaftsausbau und zur reichspolitischen Bedeutung Annos während der Unmündigkeit Heinrichs IV.*

VI. „Königsherrschaft im Streit"

Beulertz, St.: Das Verbot der Laieninvestitur im Investiturstreit. Hannover 1991. *Quellenkritische Sichtung von Überlieferung und Rezeption der päpstlichen Investiturverbote.*

Blumenthal, U.-R.: Gregor VII. Papst zwischen Canossa und Kirchenreform. Darmstadt 2001. *Prägnante, biographisch orientierte Darstellung der kirchenpolitischen Leistung Gregors VII.*

Blumenthal, U.-R.: Der Investiturstreit. Stuttgart 1981. *Prägnante Überblicksdarstellung mit umfassender Bibliographie.*

Cowdrey, H. E. J.: Pope Gregory VII. 1073–1085. Oxford 1998. *Umfassende Darstellung und Diskussion der kirchenpolitischen Probleme des Pontifikates auf der Grundlage minutiöser Quelleninterpretationen.*

Englberger, J.: Gregor VII. und die Investiturfrage. Quellenkritische Studien zum angeblichen Investiturverbot von 1075. Köln 1996. *Nicht in allen methodischen Schritten überzeugender Versuch, die Existenz eines ersten päpstlichen Investiturverbots quellenkritisch zu widerlegen.*

Erkens, F.-R.: Die Trierer Kirchenprovinz im Investiturstreit. Köln/Wien 1987. *Analyse einer im Investiturstreit weitgehend königstreuen Region.*

Fenske, L.: Adelsopposition und kirchliche Reformbewegung im östlichen Sachsen. Entstehung und Wirkung des sächsischen Widerstandes gegen das salische Königtum während des Investiturstreits. Göttingen 1977. *Personengeschichtliche Untersuchung zur Verbindung zwischen den königsfeindlichen Adelsgruppen in Sachsen und der kirchlichen Reformbewegung.*

Frauenknecht, E.: Die Verteidigung der Priesterehe in der Reformzeit. Hannover 1997. *Edition und Studien zu Herkunft und Verbreitung von Texten des späten 11. und frühen 12. Jahrhunderts.*

Goez, W.: Kirchenreform und Investiturstreit 910–1122. Stuttgart 2000. *Einführende, z. T. stark vereinfachende Darstellung der verschiedenen Ansätze und Themen kirchlicher Reform im Hochmittelalter.*

Hartmann, W.: Der Investiturstreit. München [2]1996. *Prägnanter Überblick über die Probleme der spätsalischen Reichsgeschichte und der Kirchenreform mit kommentierender Darstellung zentraler Forschungsdiskussionen und Bibliographie.*

Investiturstreit und Reichsverfassung. Hrsg. v. J. Fleckenstein. Sigmaringen 1973. *Wichtige ältere Beiträge zum politischen Wandel in der Zeit des Investiturstreits und zum Wormser Konkordat.*

Jakobs, H.: Der Adel in der Klosterreform von St. Blasien. Köln/Graz 1968. *Grundlegende Darstellung zur Mitwirkung der adeligen Laien an den südwestdeutschen Klosterreformen.*

Macht und Ordnungsvorstellungen im Hohen Mittelalter. Hrsg. v. St. Weinfurter/F. M. Siefarth. Neuried 1998. *Prägnante einführende Beiträge zum Wandel der politischen Vorstellungen in salischer Zeit.*

Meyer von Knonau, G.: Jahrbücher des Deutschen Reiches unter Heinrich IV. und Heinrich V. 7 Bde. Leipzig 1880–1909. *Grundlegende Aufarbeitung der Ereignisgeschichte mit ausführlichen Quellenbelegen.*

Mirbt, C.: Die Publizistik im Zeitalter Gregors VII. Leipzig 1894. *Überblick über die so genannten „Streitschriften" im Umfeld des Investiturstreits.*

Robinson, I. S.: Henry IV of Germany. 1056–1106. Cambridge 1999. *Umfassende Darstellung der Reichsgeschichte in biographischer Perspektive.*

Robinson, I. S.: Authority and Resistance in the Investiture contest. Manchester 1978. *Analyse zentraler Themen und Argumentationen in den „Streitschriften" des Investiturstreits.*

Schieffer, R.: Die Entstehung des päpstlichen Investiturverbots für den deutschen König. Hannover 1981. *Weithin akzeptierte Neudeutung von Anlass und Ausbruch des Konfliktes zwischen Heinrich IV. und Gregor VII.*

Schlick, J.: König, Fürsten und Reich 1056–1159. Herrschaftsverständnis im Wandel. Stuttgart 2001. *Ideengeschichtlich bestimmte Untersuchung zum Hervortreten der Fürsten und zu ihrem Selbstverständnis in spätsalischer und frühstaufischer Zeit.*

Struve, T.: Die Salier und das römische Recht. Ansätze zur Entwicklung einer säkularen Herrschaftstheorie in der Zeit des Investiturstreites. Stuttgart 1999. *Studie zur frühen Rezeption des römischen Rechts in Italien im Kontext der salischen Herrschaftslegitimation.*

Suchan, M.: Königsherrschaft im Streit. Konfliktaustragung in der Regierungszeit Heinrichs IV. Stuttgart 1997. *Verlaufsorientierte Analyse der Konflikte Heinrichs IV. und quellenkritisch weiterführende Untersuchung von Funktion und Pragmatik der Streitschriftenliteratur.*

Szabo-Bechstein, B.: Libertas Ecclesiae. Ein Schlüsselbegriff des Investiturstreits und seine Vorgeschichte. 4.–11. Jahrhundert. Rom 1985. *Begriffsgeschichtliche Untersuchung zu einem zentralen Begriff der Kirchenreformen.*

Tellenbach, G.: Libertas. Kirche und Weltordnung im Zeitalter des Investiturstreites. Stuttgart 1936. *Einflußreiche Deutung des ideengeschichtlichen Hintergrundes.*

Zimmermann, H.: Der Canossagang von 1077. Wirkungen und Wirklichkeit. Wiesbaden 1975. *Zusammenfassende Klärungen zu Verlauf, Bedeutung und Wirkungsgeschichte der Bußleistung Heinrichs IV. vor Canossa.*

VII. Heinrich V.

Fried, J.: Der Regalienbegriff im elften und zwölften Jahrhundert. In: DA 29 (1973) 450–528. *Umfassende Analyse von Entstehung und Bedeutungswandel des Regalienbegriffs in Italien und Deutschland.*

Märtl, C. (Hrsg.): Die falschen Investiturprivilegien. Hannover 1992. *Edition und einleitende Studien zu Herkunft und Wirkung der Fälschungen.*

Meyer von Knonau, G.: Jahrbücher des Deutschen Reiches unter Heinrich IV. und Heinrich V. Bd. 6/7 (Jahrbücher der Deutschen Geschichte). Leipzig 1907/1909. *Grundlegende Aufarbeitung der Ereignisgeschichte mit ausführlichen Quellenbelegen.*

Minninger, M.: Von Clermont zum Wormser Konkordat. Die Auseinandersetzungen um den Lehnsnexus zwischen König und Episkopat. Köln/Wien 1978. *Darstellung und Analyse der Verhandlungen, die zwischen Kaiser und Papst um Lehnsbindung und Treueid der Bischöfe geführt wurden.*

Reformideen und Reformpolitik im spätottonisch-frühsalischen Reich. Hrsg. v. St. Weinfurter. Mainz 1992. *Beiträge zur politischen Bedeutung kirchlicher Reformvorstellungen um das Jahr 1100.*

Schilling, B.: Guido von Vienne – Papst Calixt II. Hannover 1998. *Umfassende quellenkritische Analyse von Werdegang, Vorstellungen und kirchenpolitischer Bedeutung des Papstes, der das Wormser Konkordat abgeschlossen hat.*

Personen- und Sachregister

Die fett gesetzten Seitenzahlen verweisen auf Inserte.